Andrew Goddard

Ethik für Eilige

Andrew Goddard

Pocket Guide
Ethik
FÜR EILIGE

aus dem Englischen übersetzt
von Christa Prummer-Lehmair
und Robert A. Weiß

Kreuz

Für die einstigen und die derzeitigen Studenten
von Wycliffe Hall, Oxford

Inhalt

Einleitung

Die ethische Herausforderung

Es scheint, als würden wir heute mit Unmengen von Informationen und Entscheidungen konfrontiert, die uns ständig vor ethische Fragen und Dilemmata stellen. Oft erscheinen sie uns völlig neu und beispiellos. Und auch wenn die Problemstellungen gar nicht so neuartig sind, verfügen doch immer weniger Menschen über ein philosophisches oder religiöses System, das ihnen als Orientierung für ihr Verhalten dienen könnte.

Manchmal sehen wir uns selbst vor derartige Entscheidungen gestellt. Dann wird uns bewusst, dass der Weg, den wir einschlagen, erhebliche Auswirkungen auf unsere persönliche Entwicklung und unser weiteres Leben haben wird. Häufiger erleben wir hingegen bei anderen, etwa in unseren Familien, bei unseren Freunden oder im Kollegenkreis, dass sie mit komplexen, schwierigen Situationen zu kämpfen haben.

Mehr und mehr handelt es sich dabei jedoch um Menschen, die wir gar nicht persönlich kennen, sondern an deren Schicksal wir durch die Massenmedien teilhaben. Das können Charaktere aus unserer Lieblingssoap sein oder real existierende Menschen, über die in den Nachrichten berichtet wird, weil sie in einer realen Situation eine schwierige Entscheidung für sich oder für andere treffen müssen.

Es ist interessant, sich einmal die Zeit zu nehmen und festzuhalten, mit welchen größeren ethischen Fragen wir durch Rundfunkmeldungen und Zeitungsartikel konfrontiert werden. So wurden Ende 2004 in Rundfunk und Fernsehen innerhalb einer Woche unter anderem die folgenden gewichtigen Moralfragen aufgeworfen:

- Ein schwer krankes Baby, das knapp ein Jahr alt ist, liegt im Krankenhaus. Die Ärzte sind der Meinung, das Kind sollte nicht wiederbelebt werden, falls seine Atmung erneut aussetzt. Die Eltern hingegen meinen, ihre Tochter sei eine Kämpfernatur, und wollen sie nicht sterben lassen. Was soll also geschehen? Haben die Ärzte das Recht, die medizinische Behandlung zu verweigern?
- Ist die Fuchsjagd mit Hunden ein so grausamer Sport, dass man ihn verbieten sollte, oder sollte er denen, die ihn weiterhin ausüben wollen, unter strengeren Auflagen gestattet sein?
- War es in Anbetracht der inzwischen allgemein anerkannten Tatsache, dass der Irak über keine Massenvernichtungswaffen verfügte, falsch, den Irak anzugreifen? Oder ist die Vernichtung des Regimes von Saddam Hussein eine ausreichende Rechtfertigung für den Krieg?
- Sollten die Regierungen mehr als bisher unternehmen, um die durch die globale Erwärmung hervorgerufenen Umweltprobleme zu bekämpfen, selbst wenn damit ein niedrigerer Lebensstandard für das jeweilige Land verbunden wäre?

- Sind die persönlichen und religiösen Ansichten eines Politikers zu moralischen Fragen ein ausreichender Grund, um ihn für ungeeignet zu erklären, ein politisches Amt zu führen?
- Sollte die Zuwanderung in unser Land beschränkt werden?
- Die Tochter eines Abgeordneten, der bei einem Bombenattentat der IRA ums Leben gekommen ist, hat sich mit dem Bombenleger getroffen, weil sie hoffte, ihn so besser verstehen zu können. Ist dies ein Verhalten, das anderen Opfern von Gewaltverbrechen als Vorbild dienen sollte?

Die meisten dieser Themen sind für uns insofern »akademisch«, als wir diese Entscheidungen nicht selbst treffen müssen. Es wird jedoch häufig von uns erwartet, dass wir dazu Stellung beziehen. Wahrscheinlich hat jeder zu mindestens einem dieser Beispiele seine feste Meinung. Manchmal gründet diese auf fundiertem Wissen, manchmal mehr auf einem Bauchgefühl. Oft sind wir einfach nur verwirrt, unsicher oder wissen nicht, was wir darüber denken sollen. Das rührt daher, dass wir kein in sich geschlossenes moralisches Weltbild haben und uns daher aus unseren jeweiligen Antworten auf einzelne moralische Fragen Stück für Stück eines »zusammenbasteln«. Immerhin können wir uns glücklich schätzen, dass wir – im Gegensatz zu Ärzten, Politikern, Opfern von Verbrechen und Eltern schwer kranker Kinder – nicht unmittelbar vor so tief greifenden Entscheidungen wie in diesen komplexen Fällen stehen.

Allerdings wäre es falsch zu glauben, wir seien völlig unbedarft und könnten ausschließlich auf die Meinung und den Sachverstand anderer vertrauen. Jeder von uns trifft ständig ethische Entscheidungen, auch wenn wir uns selten bewusst machen, was wir da eigentlich tun und wie wir es tun. Bevor Sie weiterlesen und wir die einzelnen ethischen Streitpunkte näher beleuchten, wäre es vielleicht hilfreich, wenn Sie sich eine kleine Liste mit einigen der wichtigsten ethischen Fragen machen, mit denen Sie in den letzten Wochen zu tun hatten. Wahrscheinlich haben Sie selbst zu dem einen oder anderen dieser Themen eine sehr dezidierte Haltung.

Beim ethischen Denken kommt es ganz wesentlich darauf an, die eigenen Ansichten einmal aus der Distanz zu betrachten – auch wenn es ungewohnt ist – und sich diverse Fragen über sich selbst und die anderen zu stellen, die an der moralischen Debatte beteiligt sind. Es könnte sich lohnen, wenn Sie das einmal für sich selbst an einem Thema ausprobieren, bei dem Sie sich Ihrer Meinung ganz sicher zu sein glauben.

- Warum haben Sie zu diesem Thema diese moralische Überzeugung?
- Was hat Ihre Überzeugung geprägt? Das könnten Ihre Erziehung sein, Ihre Erfahrung, Ihre Fachkenntnis auf dem betreffenden Gebiet, Ihr Glaube oder auch Ihr Geschlecht.
- Welche Argumente würden Sie anführen, um Ihre Meinung zu untermauern?

- Was halten Sie für das stärkste Gegenargument zu Ihrer Meinung? Was würden Sie entgegensetzen?

Auf Ihrer Liste mit derzeit brisanten ethischen Fragen stehen vermutlich auch solche, bei denen Sie sich Ihrer Meinung nicht so sicher sind. Als Vorbereitung auf die nachfolgenden Diskussionen in diesem Buch wäre es sinnvoll, wenn Sie sich überlegen, was Sie benötigen, um zu einer Entscheidungsfindung zu gelangen.

Eines der Hauptziele dieses Buches ist es, Ihnen einen Leitfaden zur Diskussion einiger wichtiger aktueller Ethikfragen an die Hand zu geben – das sind Fragen, die Leben und Tod, Sexualität, Gewalt, die Politik und die Gesellschaft betreffen. Jedes Kapitel befasst sich zunächst mit einigen für die Diskussion unerlässlichen Grundlagen. Und bei jedem Thema werden wir uns den kontroversen Argumenten widmen, die Gegner und Befürworter vorbringen. Bei so einer Punkt-für-Punkt-Abhandlung besteht allerdings die Gefahr, dass man am Ende zwar viele Teile des Puzzles zusammengetragen hat, aber noch immer keine oder nur eine vage Ahnung vom Gesamtbild hat.

Tiefer schürfen

Die meisten von uns gehen durchs Leben, ohne je vor einem großen, schlagzeilentauglichen ethischen Dilemma zu stehen. Trotzdem ist uns allen auch bewusst, dass es ab einem gewissen Punkt möglicher-

weise nicht mehr ausreicht, ethische Fragen oberflächlich abzuhandeln. Plötzlich befinden wir uns
vielleicht in der Lage, dass wir selbst ungeheuer
schwierige moralische Entscheidungen zu treffen haben. Wie wir uns dann verhalten, wird größtenteils
dadurch bestimmt, was für ein Mensch jeder von uns
aufgrund seiner sehr viel weniger spektakulären Entscheidungen im Alltagsleben geworden ist. Ausschlaggebend ist dabei nicht unbedingt unsere ethische Fachkenntnis des speziellen Problems. Zwei
andere Faktoren sind wahrscheinlich viel wichtiger:
unsere tiefer gehenden Einstellungen zu grundlegenderen Fragen moralischer und spiritueller Art (was
wir zuweilen unsere »Werte« nennen) sowie die Charaktereigenschaften, die wir ausgebildet haben (unsere Tugenden und unsere Laster). Unsere Lebens-
einstellung – unsere Weltsicht – und welcher Typ von
Mensch wir sind definieren unser Verhalten, wenn
große Moralfragen nicht mehr in weiter Ferne und
»akademisch« sind, sondern in schmerzliche Nähe
rücken und persönlich und real werden.

Wenn wir über Ethik nachdenken, besteht daher eine vordringliche Aufgabe darin, die Streitfrage, die mit
ihr assoziierten Vorstellungen und Argumente sowie
unseren persönlichen Charakter und unsere Weltsicht
im Zusammenhang zu sehen. Dazu gehört, dass man
sich überlegt, was hinter der Frage steckt. Wir müssen
herausfinden, wie ein schwieriges moralisches Dilemma mit weitergehenden Fragen zusammenhängt,
was wir über diese Fragen denken und wie wir sie für
uns beantworten, auch wenn wir nicht in einer Krisen-

situation stecken. Wenn wir uns die vorhin aufgestellte Liste mit den Nachrichtenmeldungen ansehen, stellen wir fest, dass sie eine Reihe von sehr viel elementareren Fragen aufwerfen, Fragen, die uns philosophisch oder religiös erscheinen mögen. Solche Auflistungen sind immer selektiv – es ist bei einer ethischen Debatte unvermeidlich, dass die Frage, worum es eigentlich und in einem tieferen Sinn geht, von unterschiedlichen Menschen unterschiedlich beantwortet wird. Aber zu den grundlegenden moralischen Fragen, die unsere Liste aufwirft, zählen sicherlich folgende:

- Welche Einstellung habe ich zum Tod und zu seiner Unausweichlichkeit, wenn es um Menschen geht, die mir sehr nahestehen?
- Was können und sollten meiner Meinung nach Ärzte tun, um leidenden Menschen zu helfen?
- Inwiefern sollten der Freiheit des Menschen durch Gesetze Grenzen gesetzt werden? Bis zu welchem Grad bin ich bereit, anderen ein Verhalten zuzugestehen, das ich selbst aus moralischen Gründen ablehne?
- Mische ich mich nur in die Konflikte anderer ein, wenn ich mich selbst bedroht fühle, oder bin ich bereit, Opfer auf mich zu nehmen, um anderen in ihrer Not zu helfen?
- Inwiefern stelle ich durch mein persönliches Verhalten als Konsument mein Umweltbewusstsein unter Beweis?
- Kann und sollte ich meine persönlichen Moralvorstellungen in meinem Beruf außer Acht lassen?

- Wie gehe ich mit Menschen um, die anders sind als ich und mit denen ich mich nur schwer verständigen kann?
- Wie reagiere ich auf Menschen, die mir Leid zugefügt haben?

Ein weiteres Anliegen dieses Buches ist es also, Ihr Bewusstsein dafür zu schärfen, welche grundlegenderen Fragen sich hinter jeder moralischen Streitfrage verbergen. So wird hoffentlich bald klarer werden, dass die jeweiligen Lösungsansätze für verzwickte ethische Problemstellungen in einem wesentlich größeren Zusammenhang zu sehen sind – nämlich als Ausdruck der individuellen Lebensanschauung. Unsere Antworten auf ethische Einzelfragen sind gekoppelt an unsere Antwort auf die eine große ethische Frage: »Wie sollen wir unser Leben führen?«

Indem wir die verborgenen Tiefen in einem einzelnen komplexen ethischen Fall ausloten, gelingt es uns manchmal, Zusammenhänge zwischen Fragen zu erkennen, die oberflächlich betrachtet vielleicht gar nichts miteinander zu tun haben. Dies wiederum kann uns zu einem umfassenderen Verständnis verhelfen. So können wir nämlich Spannungsfelder oder Widersprüche in unserem eigenen Denken oder in dem anderer Leute erkennen. Ich habe beispielsweise im Zusammenhang mit der Fuchsjagd vorgeschlagen, dass wir uns die tiefer gehende Frage stellen sollten, inwiefern das Gesetz unsere persönliche Freiheit einschränken darf oder soll, wenn es um ein Verhalten geht, das andere als ausgesprochen unmoralisch empfinden. Das kann uns zu einer ganzen Reihe weiterer interessanter ethischer Fragen führen, die damit im Zusammenhang stehen. Halte ich es zum Beispiel für logisch, dass ich mich für ein gesetzliches Verbot der Jagd stark mache, weil ich Jagen für grausam halte, und gleichzeitig gegen diejenigen zu Felde ziehe, die strengere gesetzliche Regelungen gegen Abtreibung fordern, weil ich deren Bestrebungen für unvereinbar mit den Menschenrechten halte?

Jetzt könnte es sinnvoll sein, wenn wir zu der eingangs erwähnten ethischen Streitfrage zurückkehren, zu der Sie Ihre dezidierte Meinung haben, und anfangen, etwas tiefer zu schürfen:

- Wirft das Thema grundlegendere und weiter gehende Fragen auf, etwa in der Art, welche Einstellungen wir zu Leben, Tod, Leiden, zwischenmenschlichen Beziehungen, Liebe oder Freiheit haben?
- Welches Verhältnis besteht zwischen Ihrem Standpunkt zu diesem ethischen Problem und Ihrer Haltung zu den tiefer gehenden Fragen?
- Inwiefern wirkt sich Ihre Haltung zu den tiefer gehenden Fragen auf Ihre konkreten Entscheidungen und Ihre Sichtweisen im Alltag aus?
- Inwiefern könnte Ihre Einstellung zu diesen grundlegenderen Fragen Ihre Einstellung zu anderen kontroversen Ethikfragen beeinflussen?

Diese Methode des »Tiefer-Schürfens« kann Ihnen auch dabei helfen, Ihre persönliche Haltung zu einem bestimmten Problem zu finden, bei dem Sie sich unsicher sind. Wenn wir ein oder zwei zugrunde liegende Fragen formulieren können, die mit diesem Problem zusammenhängen, und herausfinden, welche Einstellung wir dazu in unserem Alltag einnehmen und welche konkreten Entscheidungen wir dazu treffen, dann stoßen wir oft auf den Kern dessen, was unsere Entscheidung letztlich ausmachen sollte.

Moralische Entscheidungen treffen

Wir haben bereits angefangen zu erforschen, welche Faktoren bei einer moralischen Entscheidungsfindung mitwirken. Oft beginnen Einführungen in die Ethik mit einer ganzen Reihe komplizierter Systeme und Fachtermini, anhand derer die Leser herausfinden können, was sie sind oder gern wären: Utilitaristen, Deontologen, Konsequentialisten, Intuitionisten, Naturalisten, Relativisten oder sonst eine Variante von Ethikern. Anstatt uns lange damit aufzuhalten, wollen wir lieber vier Faktoren näher betrachten. Diese vier Faktoren fasst jeder Mensch ein wenig anders auf und lässt sie auch mit einer unterschiedlichen Gewichtung in sein Urteil einfließen; dennoch bestimmen sie in ihrer Gesamtheit, wie wir Entscheidungen für unser Handeln treffen.

Die Welt, in der wir agieren

Wie sehen wir die Welt als Ganzes und den jeweiligen Aspekt der Lebenswelt, mit dem wir bei einer bestimmten ethischen Entscheidung zu tun haben? Das lässt sich teilweise durch den Prozess des »Tiefer-Schürfens« herausfinden, aber zur Beantwortung dieser Frage müssen wir auch überlegen, wie wir mit gewissen Aspekten unserer Welt umgehen wollen. Hinsichtlich der Frage der Abtreibung beispielsweise müssen wir uns darüber Gedanken machen, was ein Embryo ist, und wenn es um Tierversuche geht, müssen wir uns vergegenwärtigen, was unserer Ansicht nach das Tier vom Menschen unterscheidet. Hier sind wir auf die Erkenntnisse verschiedener Wissenschaftszweige angewiesen (etwa der Biologie oder der Medizin), auch wenn diese für gewöhnlich nicht ausreichen, um zu einem ethischen Urteil zu gelangen.

Die Beschränkungen, unter denen wir agieren

Wenn wir moralische Entscheidungen treffen, stellen wir fest, dass wir dabei nicht vollkommen ungebunden sind. Wir unterliegen Beschränkungen, die uns durch andere Menschen und durch andere Wirkkräfte auferlegt werden. Dies können äußere Beschränkungen sein, etwa das Gesetz eines Landes, das ein bestimmtes Handeln vorschreibt und ein anderes verbietet. Daneben gibt es auch innere Beschränkungen, wie unser Gewissen, die uns zu verstehen geben können, dass etwas grundsätzlich falsch ist und bekämpft werden muss. Diese Faktoren, die uns sagen, was wir tun oder nicht tun sollen, sind natürlich nicht unabänderlich – Gesetze lassen sich außer Kraft setzen, das Gewissen kann man formen –, aber sie sind Teil dessen, was unsere Denkweise bildet. Schwieriger wird es, wenn es um Beschränkungen geht, die einen vermeintlich universellen und allgemein verbindlichen Anspruch haben, welcher jedoch nicht von allen Menschen anerkannt wird. Dazu zählen Verweise auf Naturgesetze, göttliche Gebote oder bestimmte Arten von Offenbarungen.

Das Ziel unseres Agierens

Mit unserem Handeln verfolgen wir Ziele, Zwecke und Intentionen. Wir hoffen, dass infolge unseres Handelns die Welt, in der wir agieren, zum Besseren verändert wird. Bei der moralischen Entscheidungsfindung ist es deshalb wichtig, sich darüber klar zu werden, was man mit jeder Handlung zu erreichen sucht. Wenn wir beispielsweise einem leidenden Patienten ein Medikament verabreichen, haben wir dann die Absicht, ihn umzubringen oder seine Schmerzen zu lindern? Wenn wir in einem Krieg eine Rakete abfeuern, tun wir es dann mit der Intention, feindliche Truppen anzugreifen oder ein Massaker unter der Zivilbevölkerung anzurichten? Eine Frage, die in vielen Diskussionen immer wieder auftaucht und eine Trennlinie zwischen verschiedenen Methoden der Entscheidungsfindung markiert, ist die, ob der Zweck die Mittel heiligt. Wer die konsequentialistische Denkweise vertritt, wird dies zweifellos bejahen. Andere hingegen werden argumentieren, dass in manchen Situationen die Konsequenzen einer Handlung zwar als positiv zu bewerten sind (etwa wenn einem unfruchtbaren Paar zu einem Kind verholfen werden kann), dass das Mittel zu diesem Zweck jedoch gegen die Moral verstößt.

Die Person, die agiert

Unser Handeln verändert nicht nur die Welt, sondern auch uns selbst. Infolge unserer ethischen Entscheidungen und unserer entsprechenden Handlungen entwickeln wir uns zu einer bestimmten Persönlichkeit. Was wir tun, offenbart nicht nur, was für ein Mensch wir sind, sondern formt auch den Menschen, zu dem wir werden. In den letzten Jahren gab es ein neu erwachtes Interesse an der Frage, welche Rolle Tugendhaftigkeit und Charakter in der Ethik spielen sollten. Da keiner für sich allein lebt, muss diese Frage nicht auf das Individuum beschränkt bleiben, sondern kann auch auf die Gesellschaft übertragen werden. In vielen ethischen Disputen klingt die Sorge an, welche Auswirkungen ein bestimmtes Handeln auf die Gesellschaft als Ganzes hat, und dem liegen oft unterschiedliche Ansichten darüber zugrunde, ob wir die Entwicklung zu einem bestimmten Gesellschaftstyp begrüßen oder ablehnen.

Wenngleich wir diese vier Elemente der moralischen Entscheidungsfindung bei unseren Entscheidungsprozessen und auch in den folgenden Kapiteln selten explizit benennen, sollten wir uns ihrer bewusst sein, weil sie uns dabei helfen, zu eigenen Schlussfolgerungen zu gelangen und kontroverse moralische Fragen besser zu verstehen. Manchmal beruht ein Disput darauf, dass diese vier Faktoren unterschiedlich gewichtet werden. Häufig lassen sich Meinungsverschiedenheiten auf unterschiedliche Weltanschauungen zurückführen oder darauf, dass manche Menschen bestimmte Faktoren (wie die Zehn Gebote) als Beschränkung akzeptieren und andere nicht. Wenn wir uns dessen bewusst sind, können wir moralische Differenzen und ihre Wurzeln leichter aufspüren.

Leseanleitung

Dieses Buch kann natürlich nicht umfassend sein, doch es versucht einen großen Teil der brennendsten ethischen Fragen zu behandeln, mit denen wir zu Beginn des 21. Jahrhunderts konfrontiert sind. Sie lassen sich in drei Bereiche unterteilen: beginnendes Leben, gemeinsames Leben, endendes Leben. Mit diesen Kategorien soll daran erinnert werden, dass die Ethik das Leben in seiner Gesamtheit umfasst und dass größere Differenzen in den ethischen Sichtweisen oft aus einem unterschiedlichen Verständnis dessen resultieren, was Sinn und Zweck des menschlichen Daseins ist, was Menschsein bedeutet und was ein gutes Leben ausmacht.

Der erste Bereich befasst sich mit Themen wie künstlicher Befruchtung, Embryonenforschung und Abtreibung, also mit dem Beginn des menschlichen Lebens und den damit verbundenen Entscheidungen.

Diese Fragen werden unter dem Begriff »Medizinethik« zusammengefasst. Daran schließt eine Diskussion von Themen an, die uns vor Augen führen, wie wir als Menschen in der Gemeinschaft und in globaleren Dimensionen zusammenleben: Hier geht es um Krieg, um die Art und Weise, wie wir mit Tieren umgehen, um Umwelt, politisches Asyl und Zuwanderung, sexuelle Beziehungen und Armut. Und zum Schluss wollen wir uns vergegenwärtigen, wie wir uns verhalten, wenn sich das Leben dem Ende zuneigt, und uns insbesondere der Frage der Sterbehilfe widmen. Obwohl Sie dieses Buch am besten von Anfang bis Ende lesen sollten, ist es so konzipiert, dass auch jedes Kapitel für sich allein verständlich ist. So können Sie sich ein bestimmtes Thema aussuchen, ohne alles lesen zu müssen. An mehreren Stellen finden Sie Querverweise auf Diskussionen in anderen Kapiteln, die von Belang sein könnten.

Auch wenn jedes Kapitel unterschiedliche Standpunkte beleuchtet, kann dieses Buch nicht neutral sein. Man sollte sich aber bewusst machen, dass dies für alle Publikationen gilt. Bei jedem Menschen wird das, was er persönlich für wichtig hält, bereits die Art und Weise beeinflussen, wie er ein Thema einführt. Deshalb will ich ganz offen sagen, dass ich als Christ schreibe. Infolgedessen werden mein Verständnis ethischer Fragen und meine persönlichen Schlussfolgerungen zu bestimmten Themen von den Lehren der Bibel und der zweitausendjährigen Weisheit der Christenheit geprägt sein – wenigstens hoffe ich das. Manchmal werde ich relevante Bibelpassagen heranziehen und die Ansichten der christlichen Kirchen einfließen lassen. Die Kapitel sind jedoch nicht explizit auf eine streng christliche Sichtweise hin ausgerichtet, und ich will auch nicht eine religiöse Meinung gegenüber anderen bevorzugen. Zweifellos werden zumindest in manchen Punkten meine eigenen Ansichten durchscheinen, vor allem bei den Schlussfolgerungen der Kapitel. Es wird jedoch vonseiten des Lesers nichts vorausgesetzt. In den Kapiteln sollen einfach nur Themen angeschnitten werden, die für Gläubige jeglicher Richtung wie auch für Nichtgläubige von Belang sind – und dies soll auf eine Art und Weise geschehen, die es dem Leser erlaubt, seine eigenen Schlüsse zu ziehen.

Künstliche Befruchtung beim Menschen

Kaum etwas im Leben bereitet Menschen so viel Freude wie die Geburt ihrer Kinder. Und kaum etwas im Leben kann so traumatisch sein wie der unerfüllte Wunsch nach einem eigenen Kind. In der Menschheitsgeschichte ist Unfruchtbarkeit – die Unfähigkeit, neues Leben hervorzubringen – stets eine schmerzliche, in manchen Kulturen auch eine beschämende und demütigende Erfahrung. Selbst wenn sie selten körperlichen Schmerz hervorruft, sind die seelischen Wunden oftmals sehr tief. Die Bedeutung der Fortpflanzung zeigt sich auch daran, dass das erste Gebot Gottes an die Menschen gemäß den jüdischen und christlichen Schriften lautet: »Seid fruchtbar und mehret euch.« (Gen 1,28)

Ist der Mensch außerstande, dieses Gebot zu erfüllen, ergreift er mitunter verzweifelte Maßnahmen. Dies belegen nicht nur zahlreiche Geschichten aus der Bibel, sondern auch andere Beispiele überall auf der Welt und zu allen Zeiten. Im alten Israel ließen sich die Frauen der großen Patriarchen (wie Sara und Rahel) in einer Art Leihmutterschaft Kinder von Sklavinnen gebären, oftmals mit verheerenden Folgen für die familiären Beziehungen. Es gab auch den (für uns bizarr anmutenden) Brauch des Levirats, der Schwagerehe, wie sie im Deuteronomium 25 festgelegt, in der Erzählung von Boas und Rut (Rut 4,10) bestätigt und als Frage an Jesus im Evangelium formuliert ist (Lk 20,27–33). Wenn demzufolge ein Mann stirbt, ohne einen Erben zu hinterlassen, hat sein Bruder die Witwe zu heiraten und dem Verstorbenen einen Erben zu zeugen! Sowohl in der Historie als auch in gegenwärtigen Gesellschaften sind Fälle bekannt, in denen ungewollt Kinderlose die Kinder anderer Leute entführen, um so ihren Mangel zu kompensieren. Ein derartiger Fall ereignete sich im Dezember 2004 in den USA. Eine Frau, die kurz zuvor eine Fehlgeburt erlitten hatte, ermordete die hochschwangere Bobbie Jo Stinnett und entnahm der Leiche den Fötus, um das Baby als das Ihre auszugeben. Anscheinend kommt so etwas gar nicht so selten vor, es gab sogar schon eine Fernsehdokumentation über das neue Phänomen des »Fötusdiebstahls«.

Als positiveres Beispiel ist die in vielen Gesellschaften institutionalisierte Form der Adoption zu erwähnen. Ungewollt Kinderlosen wird dadurch die Fürsorge für Kinder ermöglicht, deren Eltern sich nicht ausreichend um sie kümmern können.

Diese Beispiele zeigen, welche unterschiedlichen Maßnahmen Menschen ergreifen, um das Problem der Unfruchtbarkeit zu überwinden. Allerdings werden in der Bibel und in anderen religiösen Überlieferungen diejenigen hoch verehrt, die sich einfach Gott als dem Spender allen Lebens zuwenden und ihn bitten, er möge »ihren Schoß öffnen«. Das klassische jüdische Beispiel dafür ist Hanna, die unfruchtbare Frau des Elkana. Seine andere Frau hatte ihm Kinder geschenkt und demütigte Hanna aufgrund ihrer Kinderlosigkeit. In ihrer tiefen Not betete Hanna zu Gott und wurde erhört. Sie wurde schwanger, und »als die Zeit abgelaufen war, gebar sie einen Sohn und nannte ihn Samuel, denn sie sagte: Ich habe ihn vom Herrn erbeten.« (1 Sam 1,20) Dies gemahnt uns an das tiefe Geheimnis, das die Entstehung neuen Lebens umgibt. Wir erfahren neues Leben als ein Geschenk, und selbst nichtreligiöse Menschen sprechen oft vom »Wunder« der Geburt.

In Anbetracht des Leids, das Unfruchtbarkeit hervorruft, stehen wir vor folgender ethischer Frage: Welche Mittel menschlichen Handelns sind gerechtfertigt, wenn wir in den normalen, natürlichen Prozess der geschlechtlichen Fortpflanzung eingreifen, um die gute Gabe eines neuen menschlichen Lebens zu ermöglichen?

Wie Babys gemacht werden: biologische Grundlagen und Techniken

Wir wissen heute, dass die Bausteine neuen menschlichen Lebens die männlichen Samenzellen und die weiblichen Eizellen sind, die sogenannten Gameten. Jede dieser Zellen (und jeder von uns hat Hunderttausende davon) trägt einen einzigartigen Satz des menschlichen Genoms in sich (siehe dazu auch das Kapitel über *Genforschung*, S. 110). Diese Einzigartigkeit erklärt, warum auch Kinder von denselben Eltern so unterschiedlich sein können. Damit aus diesen Gameten neues Leben entstehen kann, muss eine Empfängnis (oder »Befruchtung« oder »Fertilisation«) stattfinden, bei der die Samenzelle und die Eizelle zu einer neuen Zelle miteinander verschmelzen: dem befruchteten Ei, auch Zygote oder Embryo genannt. Die moralischen Fragen, die eine Empfängnis mittels künstlicher Befruchtungstechniken aufwirft, werden auch im Kapitel *In-vitro-Fertilisation* (S. 68) diskutiert. Hier konzentrieren wir uns zunächst auf diejenigen Methoden, bei denen nicht unmittelbar ein Embryo erzeugt wird, sondern mit menschlichen Samen- und Eizellen gearbeitet wird.

Künstliche Befruchtungstechniken werden angewandt, wenn die natürliche Produktion oder Reifung von Gameten gestört ist oder die Gameten nicht zur Verschmelzung gebracht werden können. Durch die Entnahme von Spermien oder Eizellen versucht der Mensch, dieses Problem zu beheben. Die am wenigsten umstrittene Methode der künstlichen Befruchtung – die auch eine der frühesten war – ist die der Insemination. Wenn die Ursache der Unfruchtbarkeit darin besteht, dass die Spermienproduktion gestört ist oder das Sperma nicht in die Fortpflanzungsorgane der Frau gelangt, bietet sich diese Technik an, denn hierbei findet der Samentransfer auf künstlichem Weg (also nicht durch Geschlechtsverkehr) statt. Angeblich wurde bereits 1790 erstmals eine Empfängnis beim Menschen durch Insemination ermöglicht. In der Vieh- und Pferdezucht ist künstliche Besamung heute der Normalfall.

Man unterscheidet traditionell zwei Formen der Insemination. Auch wenn der medizinische Vorgang bei beiden identisch ist, besteht weitgehend Einigkeit darin, dass sie sich in ihren moralischen Problemstellungen wesentlich unterscheiden. Die eine Möglichkeit besteht darin, das Sperma des Ehemanns zu verwenden, dann spricht man von *homologer Insemination*. Wird hingegen das Sperma eines Samenspenders benutzt, bezeichnet man dies als *heterologe* oder *donogene Insemination*. Der berüchtigte erste Fall einer donogenen Insemination ereignete sich 1884 im Jefferson Medical College in Philadelphia. Dr. William Pancost teilte seinen Studenten mit, er habe herausgefunden, dass ein Paar, das er behandelte, keine Kinder bekommen konnte, weil der Mann unfruchtbar war. Auf die Frage, was er tun solle, antworteten ihm die Studenten scherzhaft, der bestaussehende Student solle das erforderliche Sperma zur Verfügung stellen! Dr. Pancost nahm den Vorschlag ernster, als er wohl gemeint war – unter dem Vorwand, die Frau lediglich untersuchen zu wollen, sedierte er sie und führte ihr das Sperma ein. Völlig ahnungslos brachte die Frau neun Monate später das erste durch eine Samenspende gezeugte Kind zur Welt. Ein Vierteljahrhundert später, im Jahr 1909, wurde die Sache zwar publik, doch erst 1945 berichtete das *British Medical Journal* von vier Fällen von donogener Insemination, woraufhin diese Methode erstmals in der Öffentlichkeit und auch in kirchlichen Kreisen diskutiert wurde.

Bei beiden Formen der Insemination kommt die Empfängnis auf natürliche Weise im Körper der Mutter zustande, wo der Samen mit der Eizelle verschmilzt. Eine weitere Form der künstlichen Befruchtung ist der sogenannte »intratubare Gametentransfer« (GIFT-Methode). Dabei wird das Sperma nicht einfach nur eingespritzt, sondern Sperma des Mannes und Eizellen der Frau[1] (die ihr vorher entnommen worden sind) werden außerhalb des weiblichen Körpers vermischt und dann in den Eileiter eingeführt, bevor die Befruchtung stattgefunden hat. Diese Technik unterscheidet sich von der In-vitro-Fertilisation dadurch, dass bei der IVF die Befruchtung außerhalb des weiblichen Körpers durchgeführt wird (daher der Name *in vitro*: »im Glas«).

Es steht wohl weitgehend außer Zweifel, dass die Motivation zur Entwicklung dieser Techniken in den letzten Jahrzehnten zumindest teilweise darin bestand, das durch die Unfruchtbarkeit hervorgerufene Leid zu lindern. Natürlich sollte man auch das Streben nach Erkenntnis, Prestige und Profit nicht völlig außer Acht lassen. Dennoch ist für viele Menschen das Ergebnis – also die Tatsache, dass Paare Kinder bekommen können, wenn es auf natürliche Weise nicht »klappt« – eine ausreichende Rechtfertigung für einige dieser, wenn nicht sogar für alle diese Techniken. Von einem rein konsequentialistischen moralischen Standpunkt aus könnte man argumentieren, dass der Zweck jedes dieser Mittel heiligt. Allerdings bestehen auch ernsthafte moralische Einwände dagegen. Diese sollten verstanden und berücksichtigt werden, bevor man die künstliche Befruchtung mit-

---

1 Oder einer anderen Frau, die die Eizellen gespendet hat – was allerdings im Gegensatz zu Großbritannien in Deutschland verboten ist, Anm. d. Verl.

hilfe menschlicher Gameten als moralisch unbedenklich einstuft.

»Sex bitte, wir sind Katholiken«

Allen Methoden der künstlichen Befruchtung ist gemein, dass sie den Geschlechtsverkehr zwischen Mann und Frau – also den körperlichen Akt, der das neue Leben schenkt – umgehen. Es stellt sich zunächst die moralische Frage, ob es *überhaupt* richtig sein kann, eine andere als die natürliche Methode zur Zeugung neuen menschlichen Lebens anzuwenden. Nach der offiziellen Lehre der katholischen Kirche sind künstliche Reproduktionstechniken unzulässig. Gemäß der vatikanischen *Instruktion über die Achtung vor dem beginnenden menschlichen Leben und die Würde der Fortpflanzung* (bekannter unter dem Namen *Donum Vitae*) werden alle Verfahren abgelehnt, die außerhalb der geschlechtlichen Vereinigung von Ehemann und Ehefrau auf die Erschaffung menschlichen Lebens abzielen. Die römisch-katholische Kirche argumentiert (ähnlich wie bei der Empfängnisverhütung), nach Gottes Willen habe der Geschlechtsakt zwei Ziele und zwei Sinngehalte, die nicht voneinander getrennt werden dürften: die »liebende Vereinigung«, die das Paar verbindet, und die Fortpflanzung, das durch den Geschlechtsakt ermöglichte Geschenk neuen Lebens. Wer das eine ohne das andere anstrebt – in diesem Fall also die Schaffung neuen Lebens ohne körperliche Vereinigung –, trennt, was Gott zusammengefügt hat, und handelt demnach falsch.

Von dieser Warte aus gesehen stellt sogar die Insemination mit dem Sperma des Ehemanns (die homologe Insemination) ein Problem dar, weil man sich damit vom natürlichen Zeugungsakt fortbewegt in Richtung einer reinen Reproduktion. Manche betrachten dies bereits als einen gefährlichen Weg, der von der von Gott geschaffenen Ordnung der menschlichen Beziehungen und der Fortpflanzung fortführe. Mit der vom Menschen gesteuerten Technik der Insemination sei die Erschaffung neuen Lebens kein Geschenk mehr, das man erhält, indem man sich selbst hingibt, sondern werde zu einem reinen Produkt. Der Zeugungsakt findet nicht mehr in der Intimität des Schlafzimmers statt, sondern in der technischen Welt des Labors. Ebenso wie das offizielle Verbot der Empfängnisverhütung können viele Christen (darunter auch viele Katholiken) diese Haltung des Vatikans nicht nachvollziehen. Sie teilen zwar die Meinung, dass die Schaffung neuen Lebens nicht von der Ehe und ihrem körperlichen Vollzug abgekoppelt sein sollte. Wenn jedoch aus dem Vollzug der Ehe kein neues Leben hervorgehen kann, betrachten sie die homologe Insemination eher als ein empfängnisförderndes Mittel denn als künstliche Reproduktionstechnik.

Sobald man jedoch akzeptiert hat, dass unter manchen Umständen eine Empfängnis ohne Geschlechtsverkehr moralisch vertretbar ist, drängt sich eine ganze Reihe weiterer ethischer Fragen auf – vor allem im Hinblick darauf, wie wir zu den menschlichen Gameten stehen, nachdem sie aus dem menschlichen Körper entfernt worden sind. Inwiefern billigen wir ihnen zu, Wesenheiten an und für sich zu sein? Zwar sind sie jetzt getrennt von der Person, deren genetisches Material sie tragen. Trotzdem enthalten sie nach wie vor das Potenzial zur Erschaffung eines neuen menschlichen Lebens, eines »Kindes« jenes »Elternteils«, dessen Samen- oder Eizelle verwendet wird. Hier wollen zwei Fragen gründlich durchdacht sein: *Wer* darf *wessen* Gameten verwenden? *Wer* sollte von dem Eingriff wissen, und *was* sollten die Betreffenden wissen?

Ehegatten oder Partner? Nur zu Lebzeiten oder über den Tod hinaus?

Entscheidend ist die Frage, in welcher Beziehung das Paar mit dem Kinderwunsch zu den Spendern der Gameten steht, die für die Erzeugung eines Kindes verwendet werden. Die alte Unterscheidung zwischen homologer und donogener Insemination ist dann sinnvoll, wenn es in einer Gesellschaft die klar definierte und moralisch privilegierte Kategorie »Ehemann« gibt. Heute ist dies in den meisten Gesellschaften, in denen künstliche Reproduktionstechniken zur Verfügung stehen, nicht mehr der Fall. In Großbritannien werden beispielsweise über vierzig Prozent der Kinder außerehelich geboren.[1] Infolge-

---

1 In Deutschland sind es fast dreißig Prozent aller Kinder, Anm. d. Verl.

dessen bevorzugen viele Menschen die Kategorie »Partner« oder »Partnerin« anstelle von »Gatte« oder »Gattin«. Nichtsdestoweniger ist die Verwendung des Spermas des Ehemanns zweifellos die moralisch unbedenklichste Option. Ein so gezeugtes Kind stammt biologisch von einem Mann und einer Frau ab, die eine lebenslange und ausschließliche Bindung durch die Ehe eingegangen sind. (Zur weiteren Diskussion »eheähnlicher Gemeinschaften« siehe das Kapitel *Ehe und Sexualität*, S. 232.)

Selbst wenn man argumentiert, es dürften nur die Gameten von Verheirateten verwendet werden, ergibt sich ein weiteres Problem. Ehen gehen zu Ende, wenn ein Partner stirbt, aber Gameten können über dessen Tod hinaus existieren, da Samen- und Eizellen für künftige Zwecke eingefroren und gelagert werden können. Diese Entwicklung eröffnet neue Möglichkeiten. Dass Kinder ihren Vater nie kennengelernt haben, weil er zwischen ihrer Zeugung und ihrer Geburt gestorben ist, das hat es immer schon gegeben. Jetzt ist es hingegen möglich, dass sogar die Empfängnis eines Kindes *nach* dem Tod des Vaters stattfindet.

Der berühmt gewordene Fall von Diane Blood brachte diesen ganzen Fragenkomplex ins Bewusstsein der Öffentlichkeit. Diane Bloods Ehemann Stephen starb im Februar 1995 im Alter von 30 Jahren, nachdem er ins Koma gefallen war, allerdings konnte man ihm noch Sperma entnehmen und es einfrieren. Zunächst wurde Diane Blood untersagt, in Großbritannien eine künstliche Befruchtung mit dem Sperma ihres verstorbenen Ehemanns vornehmen zu lassen, da er nicht ausdrücklich sein Einverständnis zu dieser Samenspende erklärt hatte. Nach einem langen Rechtsstreit gestattete man ihr jedoch, die Behandlung im Ausland durchführen zu lassen. Im Dezember 1998, mehr als drei Jahre nach dem Tod ihres Mannes, brachte sie ihren ersten Sohn Liam zur Welt. 2002 wurde, ebenfalls nach künstlicher Befruchtung mit Samenzellen des verstorbenen Mannes, ihr zweiter Sohn geboren. Schließlich wurde es Diane Blood 2003 nach einer Gesetzesänderung ermöglicht, den verstorbenen Mann posthum als Vater ihrer beiden Kinder eintragen zu lassen. Bei den bei Diane Blood angewendeten Verfahren handelte es sich um Invitro-Fertilisationen, aber die ethischen Probleme beginnen bereits dann, wenn man die Lagerung von menschlichen Samen- oder Eizellen zulässt.

Auf einer rein emotionalen Ebene reagieren viele Menschen mit einer Mischung aus Begeisterung und einem gewissen Unbehagen auf die Möglichkeiten, die sich hier auftun. Einerseits ist da die Freude über das neugeborene Kind, die Frucht der Liebe seiner Eltern, ein Symbol für den Triumph des Lebens über den Tod. Andererseits stehen wir vor einer ganz neuen Situation: Die so in die Welt gesetzten Kinder wachsen bei einem Elternteil auf, der die Keimzellen eines Verstorbenen verwendet hat, der nie seine formelle, ausdrückliche Zustimmung dazu gegeben hat, dass sein Sperma zur Zeugung von Kindern benutzt werden darf.

Eier von Embryonen?

Das Problem des Einverständnisses und die Frage, wie wir menschliches genetisches Material außerhalb des menschlichen Körpers betrachten, nehmen eine beinahe surreale Dimension an, wenn es um Spenden weiblicher Eizellen geht.[1]

Eine Schwierigkeit dabei ist, dass derzeit ein Mangel an Eizellspenden besteht. (Die Prozedur ist für Frauen sehr viel invasiver und unangenehmer als für Männer.) Schätzungen zufolge übersteigt in Großbritannien die Nachfrage nach Eizellen das Angebot um das Zweihundertfache. Infolgedessen haben Wissenschaftler die Möglichkeit erwogen, Eier aus dem Eierstockgewebe abgetriebener weiblicher Föten zu gewinnen. Als diese Überlegungen 2003 an die britische Öffentlichkeit gelangten, ging ein Aufschrei der Empörung und des Abscheus durchs Land. In Alptraumszenarien wurde ausgemalt, dass eine Frau nach einer Abtreibung oder einer Fehlgeburt die Eizellen ihres Fötus benutzen könnte, um ein Kind zu gebären, das gewissermaßen ihr Enkelkind ist und dessen leibliche Mutter nie geboren worden ist. Aber sofern keine anderen Wege gefunden werden, den Bedarf an Eizellspenden zu decken, ist es wohl nur eine Frage der Zeit, bis dieses Vorgehen irgendwo auf

---

1 In Deutschland ist die Eizellspende unter Strafandrohung grundsätzlich verboten. Die Ausführungen beziehen sich auf die derzeitige Situation in Großbritannien, wo das vorliegende Buch erstmalig erschien. Anm. d. Verl.

der Welt akzeptiert wird. Wer dagegen opponiert, kann leicht in den Ruf geraten, seine Motive rührten eher von gefühlsmäßigem Abscheu als von ernsthaften sittlichen Erwägungen her. (Schließlich tut der Eingriff dem bereits toten Fötus ja nicht mehr weh, und wie der Fall Diane Blood zeigt, kann leidgeprüften Menschen auf diese Weise neue Hoffnung und Freude geschenkt werden.)

Gametenspenden

Es wird allgemein anerkannt, dass es aus moralischer Sicht durchaus einen Unterschied macht, ob ein Paar, das in einer festen Beziehung lebt und für das Geschenk des Lebens offen ist, sich mithilfe des eigenen Spermas und der eigenen Eizellen seinen Kinderwunsch erfüllt, oder ob Samen- oder Eizellen von Spendern stammen. Darf ein Paar die Gameten anderer benutzen, um seine Unfruchtbarkeit zu überwinden?

Wenn Gameten herangezogen werden, die nicht von dem Paar stammen, besteht zweifellos eine erhebliche Gefahr missbräuchlicher Nutzung. Der erste bekannte Fall von donogener Insemination, der weiter oben geschildert worden ist, kommt vermutlich eher einer Vergewaltigung gleich. Es wäre auch mit allem Nachdruck zu fragen, ob künstliche Reproduktionstechniken nicht einem ungerechten Geschlechterverhältnis zwischen Männern und Frauen entspringen und es weiter verfestigen, da das Risiko besteht, dass Frauen zu »Gebärmaschinen« degradiert werden. Überdies ist es bei Kinderwunschbehandlungen auch schon zu tragischen Verwechslungen gekommen, bei denen Samenspenden irrtümlich verwendet wurden. Ein berühmtes Beispiel dafür war der 2003 vor Gericht verhandelte Fall um die Vaterschaft gemischtrassiger Zwillinge, die einem weißen Paar infolge einer Samenspendenverwechslung geboren wurden. Noch beunruhigender ist der berüchtigte Fall des amerikanischen Arztes Cecil Jacobson, eines Spezialisten für künstliche Befruchtung. Er erhielt den Spitznamen »Sperminator« und wurde zu einer fünfjährigen Haftstrafe verurteilt, weil er in arglistiger Weise sein eigenes Sperma anstelle von gespendetem Samen verwendet hatte, um Frauen zu schwängern. Man vermutet, er könnte der Vater von bis zu 75 Kindern sein.

Vielleicht sollten wir uns erst einmal darüber klar werden, was bei einer Gametenspende geschieht und wie wir dazu stehen. Handelt es sich schlicht um eine Art Organspende, die nicht mehr moralische Fragen aufwirft als die Transplantation einer gespendeten Niere? Ist es vielleicht die frühestmögliche Form einer Adoption? Oder sollten wir eine negativere Einstellung dazu haben? Handelt es sich aus moralischer Sicht um eine Art Ehebruch, weil wir einen Dritten direkt in einen der intimsten Bereiche des Ehelebens involvieren?

Man könnte argumentieren, Gametenspenden seien praktizierte Nächstenliebe gegenüber Bedürftigen. Wenn jemand außerstande ist, Kinder zu bekommen, und ich ihm oder ihr mit den erforderlichen Samen- oder Eizellen aushelfen kann, ist doch nichts falsch daran, oder? Da die meisten von uns Samen beziehungsweise Eier im Überfluss besitzen, wäre es da nicht wirklich unsere Pflicht, anderen, die es nötig haben, etwas davon abzugeben? Hier stehen wir vor dem ethischen Konflikt, dass es bestimmte Handlungen geben kann – die in gewissem Sinn vielleicht sogar Opfer sind –, zu denen wir befähigt sind und die anderen Freude und Nutzen bringen können, von denen wir aber trotzdem Abstand nehmen sollten. Ein solches Beispiel für eine moralische Beschränkung könnte es sein, wenn ein unheilbar Kranker jemandem, der dringend darauf angewiesen ist, sein Herz als Organspende anbietet – wohl wissend, dass dies seinen eigenen Tod bedeuten würde. Hinsichtlich Gametenspenden könnte man einwenden, dass die natürliche Ordnung familiärer Beziehungen und die Tatsache, dass unsere Keimzellen etwas grundlegend anderes als unsere Organe sind, uns bestimmte Grenzen setzen bei dem, was wir Bedürftigen schenken können. Das liegt daran, dass menschliche Gameten ein lebenspendendes und in gewissem Grad ein identitätsverleihendes Potenzial haben. Deshalb können Gametenspenden schädliche Auswirkungen auf das daraus entstehende Individuum, das Empfängerpaar und die Gesellschaft insgesamt haben.

Wenn sich ein Paar fremden genetischen Materials bedient, stellt sich die Frage, wie man den Spender aussucht. Üblicherweise wird bei der Durchführung von donogener Insemination Wert darauf gelegt, dass der Spender anonym bleibt, wenngleich die Frauen oder Paare, die eine Befruchtung vornehmen lassen wollen, immerhin so viel über die Spender erfahren, dass sie nach ihrer Ähnlichkeit zum sozialen Vater (etwa hinsichtlich Augen- oder Haarfarbe) ausgewählt werden können. Von Gesetzes wegen müssen alle biologischen Väter anonym registriert werden. Dies geschieht unter anderem deshalb, damit sich nicht moderne Mythen bewahrheiten wie der von dem Mann, der unwissentlich seine eigene Tochter geheiratet hat. So können außerdem Personen, die wissen, dass sie von Samenspendern abstammen, feststellen, ob sie denselben (anonymen) Vater haben. Manche hingegen sind der Meinung – vielleicht auch mit Verweis auf die biblische Tradition, Haussklavinnen als Konkubinen zu halten, oder auf den Brauch der Schwagerehe –, gespendete Gameten sollten besser von jemandem stammen, der dem Empfängerpaar persönlich bekannt, vielleicht sogar biologisch mit ihm verwandt ist. In letzterem Fall wird uns besonders eindrücklich vorgeführt, wie der Gebrauch von gespendeten Keimzellen die traditionellen Familienbeziehungen automatisch neu strukturiert: Wenn der Samenspender der Bruder des sozialen Vaters ist, ist er der biologische Vater des Kindes und zugleich dessen Onkel.

Familie im Umbruch

Auch wenn wir von so extremen Fällen absehen wie dem Onkel, der eigentlich der Vater ist, oder der Mutter, die eigentlich die Großmutter ist, so erhält doch durch donogene Insemination (also durch Verwendung von Sperma, das nicht vom Ehemann stammt) ein Kind zwei »Väter«. Da ist einerseits der soziale Vater, der das Kind innerhalb der Familie aufzieht, andererseits der leibliche Vater, dessen Gene das Kind trägt. Hier wird manchmal angemerkt, dieses Phänomen sei keineswegs so neu, wie es scheine: Schließlich habe man bei Adoption oder Stiefkindern die vergleichbare Situation, dass das Kind von anderen Eltern als den leiblichen aufgezogen wird. Allerdings besteht ein Unterschied zwischen Adoption und donogener Insemination (oder auch der Verwendung von fremden Eizellen), den viele für ganz entscheidend halten. Bei der Adoption ist bereits ein Kind vorhanden, dessen biologische Eltern – aus welchen Gründen auch immer – außerstande sind, ihren elterlichen Pflichten nachzukommen. Eine andere Person oder ein anderes Paar springt hier lediglich für die Eltern ein. Sie demonstrieren ihre Liebe gegenüber den leiblichen Eltern wie auch gegenüber dem existierenden Kind, indem sie dem Kind die Fürsorge, Erziehung und Stabilität geben, die es braucht und die es sonst nicht bekommen würde. Im Gegensatz dazu ist die donogene Insemination bewusst darauf ausgerichtet, dass ein Paar mit von Dritten gespendeten Keimzellen neues menschliches Leben schafft. Schließlich gäbe es auch noch die Möglichkeit, dass sowohl Sperma als auch Ei gespendet worden sind, dann hätte ein daraus hervorgehendes Kind vier Elternteile – oder sogar fünf, wenn die gebärende Mutter eine Leihmutter ist, die Eizelle nicht von ihr stammt und sie das Kind nicht als das Ihre beansprucht.

Selbst wer all diese Arten von Keimzellenspenden gutheißt, könnte zu dem Schluss gelangen, dass bestimmte Grenzen eingehalten werden müssen. Die Frage ist, wo wir diese Grenzen ziehen und warum wir sie genau so und nicht anders ziehen. Es gibt im Wesentlichen drei Hauptgruppen von Personen, die heute durch Gametenspenden in der Lage sind, das Geschenk eines Kindes zu erhalten, das ihnen sonst verwehrt bleiben würde.

Alleinstehende

In Großbritannien lebende Alleinstehende, insbesondere alleinstehende Frauen[1], können sich ihren Kinderwunsch jetzt mithilfe von Gametenspenden erfüllen. Das wirft die Frage auf, ob jeder Mensch ein grundsätzliches Anrecht auf ein Kind hat, unabhängig davon, ob er oder sie in einer wie auch immer ge-

---

1 Laut den Richtlinien der Bundesärztekammer ist es alleinstehenden Frauen beziehungsweise in einer gleichgeschlechtlichen Partnerschaft lebenden Frauen in Deutschland nicht gestattet, durch eine Samenspende schwanger zu werden. Es gibt aber Ärzte, die sich nicht an diese Richtlinien halten und solchen Frauen durch eine Samenspende zu einer Schwangerschaft verhelfen. Anm. d. Verl.

arteten geschlechtlichen Beziehung lebt. Wenn man jedem dieses Recht zugesteht, kann man keine Einwände gegen die Zeugung von Kindern durch Samenspende erheben (beziehungsweise gegen Leihmutterschaft, wenn es sich bei dem Betreffenden um einen Mann handelt). Will man einen solchen Anspruch nicht grundsätzlich anerkennen, wäre zu klären, unter welchen Bedingungen (Ehe, feste Partnerschaft, heterosexuelle oder homosexuelle Beziehung?) jemand das Recht erhalten soll, sich durch Gametenspenden den Kinderwunsch zu erfüllen.

Gleichgeschlechtliche Paare

Mittlerweile gibt es in Großbritannien auch für gleichgeschlechtliche Paare die Möglichkeit, Kinder zu bekommen. Für lesbische Paare ist dies schon seit geraumer Zeit Realität und mithilfe von Samenspenden auch relativ einfach. Im April 2005 ging man sogar noch einen Schritt weiter: Vicky Hill und Hayley Marlow beabsichtigten, beide »richtige« Mütter ihres Kindes zu werden. Ms. Hill wollte ihrer Partnerin eine Eizelle spenden, die mit einem Spendersamen durch In-vitro-Fertilisation befruchtet und dann in Ms. Marlows Gebärmutter eingesetzt werden sollte, sodass das Kind eine biologisch-genetische Mutter, eine gebärende Mutter und einen biologischen Vater, aber keinen sozialen Vater haben würde. Eine ähnliche Entwicklung ist neuerdings unter homosexuellen Männern festzustellen. Die britischen Millionäre Barry Drewitt und Tony Barlow machten 1999 Schlagzeilen, als sie mithilfe einer Leihmutter in den USA Väter von Zwillingen wurden und beiden das Recht auf Vaterschaft zuerkannt wurde. 2003 bekamen sie ein drittes Kind, das von derselben Eizellspenderin abstammt, aber von einer anderen Frau ausgetragen und geboren wurde. Angeblich ist bereits ein viertes Kind in Planung.

Ältere Menschen

Im Januar 2005 wurde bekannt, dass die Rumänin Adriana Iliescu nach neunjähriger Fertilitätsbehandlung ein Kind zur Welt gebracht hatte. Das Bemerkenswerte daran war, dass die Frau mit 66 Jahren als die älteste gebärende Mutter der Welt galt und damit den Rekord einer 65-jährigen Inderin gebrochen hatte, die mithilfe einer Eizellspende ihrer 26-jährigen Nichte einen Jungen geboren hatte.

Manche meinen, mit diesen neuen Möglichkeiten des technischen Fortschritts werde die Büchse der Pandora geöffnet und die natürliche, von Gott geschaffene Schöpfungsordnung in ihren Fundamenten erschüttert. Von daher werden sie rasch Beweise dafür finden, dass die so gezeugten Kinder psychologisch wie auch gesellschaftlich Schaden nehmen. Für andere repräsentieren diese Fälle eine Befreiung von als schmerzhaft empfundenen Beschränkungen, da es Menschen möglich gemacht wird, das Glück der Familie und der Elternschaft zu erleben, das ihnen sonst verwehrt bliebe.

Wie sag ich's meinem Kinde?

Ungeachtet unseres moralischen Urteils über die vielfältigen Möglichkeiten, die Gametenspenden und Verfahren wie die In-vitro-Fertilisation bieten, stellen sich weiter gehende ethische Fragen, nämlich: Wer sollte wissen, zu welchen Mitteln in jedem individuellen Fall gegriffen worden ist, und was sollte er oder sie darüber wissen? Vor allem: Was sollte man einem Kind sagen, wenn es die unvermeidliche Frage stellt: »Mama, Papa, woher komme ich?«

Glücklicherweise kennt niemand ganz genau die Einzelheiten seiner oder ihrer Zeugung. Viele unserer Zeitgenossen, von denen manche vielleicht sogar gerade dieses Buch lesen, verdanken ihre Existenz der Verwendung von Gametenspenden, ohne jedoch etwas davon zu wissen. Auf ihre Persönlichkeit und ihre Entwicklung hat diese Tatsache möglicherweise niemals nennenswerte Auswirkungen gehabt.

Bei donogener Insemination wird normalerweise stets großer Wert auf die Anonymität des Spenders gelegt, sodass weder die Eltern noch ein auf diese Weise gezeugtes Kind seine Identität erfahren. Hier zeichnet sich jedoch eine Änderung ab. Es wird zunehmend argumentiert, die Wahrung der Anonymität des Spenders verstoße gegen das Menschenrecht, wonach jeder seine biologischen Eltern kennen dürfen müsse.[1] Und in Großbritannien hat inzwischen

---

1 In Deutschland hat sich bereits das Bundesverfassungsgericht in dieser Richtung geäußert, Anm. d. Verl.

jedes Kind, das nach April 2005 durch Samenspende (oder Eizell- oder Embryonenspende) gezeugt worden ist, das Recht, mit achtzehn Jahren zu erfahren, wer der Spender oder die Spenderin war. Infolge dieser neuen Praxis wurden Bedenken laut, die Zahl der Spenden könnte drastisch zurückgehen, auch wenn nach bisheriger Rechtslage noch keinerlei Rechtsansprüche gegenüber Samenspendern geltend gemacht werden können. Welcher Medizinstudent möchte schon, dass in zwanzig Jahren eine Horde von Teenagern in seine traute Familie hereinbricht, um ihren »Papa« kennenzulernen? Insbesondere dann, wenn es mit dem eigenen Kinderwunsch in der Ehe nicht geklappt hat …

Sollte es durch diese Änderungen in Großbritannien tatsächlich zu einem Rückgang bei den Samenspenden kommen, wird eine auf Gametenspenden basierende Fertilitätsbehandlung schwieriger und vermutlich auch teurer und für weniger Menschen möglich sein. Deshalb wurde oft als Gegenargument angeführt, es gebe keinen absoluten Anspruch darauf, seine biologischen Eltern kennenlernen zu dürfen, und ein derartiges Gesetz sei zum Schaden all derer, die nur mithilfe künstlicher Befruchtung und Gametenspenden ihre Kinderlosigkeit überwinden könnten.

Natürlich ist es irrelevant, ob der Spender anonym bleibt oder nicht, wenn das Kind ohnehin nie erfährt, dass es mittels donogener Insemination gezeugt worden ist. Wenn der soziale Vater und nicht der leibliche Vater von Rechts wegen als Vater anerkannt werden kann, bedeutet das, dass die Eltern ihr durch donogene Insemination gezeugtes Kind über seine Abstammung völlig im Dunkeln lassen können.

Ein freier Markt für Ei- und Samenzellen?

Schließlich entstehen durch das Phänomen der Gametenspenden eine ganze Reihe weiterer moralischer Dilemmas, nämlich hinsichtlich des Handels mit diesen Spenden. Durch die Entnahme biologischer Mittel zur Reproduktion aus dem menschlichen Körper und das Lagern und Einfrieren von Sperma und Eizellen entsteht ein potenzieller Markt für gespendetes genetisches Material. Da die Unfruchtbarkeit auf dem Vormarsch ist (Schätzungen zufolge sind bis zu fünf Prozent aller Männcr in den westlichen Industrieländern unfruchtbar), sind diese Produkte zweifellos sehr gefragt.

Die Frage, ob – und wenn ja, wie – ein solcher Markt kontrolliert werden soll, stellt uns vor große ethische Herausforderungen. Sollen Spender eine Vergütung erhalten? (In Großbritannien gab es eine Zeit lang die paradoxe Situation, dass Samenspender Geld erhielten, Eizellspenderinnen jedoch nicht, obwohl sie eine wesentlich schwierigere und zudem auch schmerzhafte Prozedur über sich ergehen lassen mussten.) Sollte man die Anzahl der Kinder begrenzen, die mit Samenzellen ein- und desselben Spenders hervorgebracht werden können, und wer würde die Einhaltung dieser Grenze überwachen? Zwar kann man Keimzellen noch nicht bei Internetauktionen erwerben, aber das Internet ist bereits jetzt eine große Kontaktbörse für Interessenten an Ei- oder Samenzellen, etwa auf Webseiten wie www.mannotincluded.com und www.womannotincluded.com, die angeblich 750 000 Besucher monatlich haben.

Außerdem besteht auch mit Gameten die Möglichkeit, dass »Designerbabys« geschaffen werden. So wirbt eine Webseite damit, sie könne Eizellen von schönen, gesunden und intelligenten Frauen vermitteln. Sie brüstet sich damit, durch den Verkauf von Eizellen – Stückpreis 15 000 bis 150 000 Dollar – in den Jahren 1999 bis 2004 einen Umsatz von 39,2 Millionen Dollar gemacht zu haben. Was Dr. Pancosts Studenten im 19. Jahrhundert vorschlugen, ist heute mithilfe des Internets zum großen Geschäft geworden, und wieder einmal erscheint dabei die Behandlung der Frauen als besonders fragwürdig (auch wenn Sperma zu ähnlichen Konditionen gehandelt wird).

Fazit

Seitens der römisch-katholischen Kirche und anderer Institutionen und Einzelpersonen wird befürchtet, mit der Entwicklung künstlicher Befruchtungsmethoden für ungewollt kinderlose Ehepaare begebe man sich bereits auf gefährliches Terrain. Man mag diese Einschätzung teilen oder nicht, unbestritten ist, dass wir die Büchse der Pandora geöffnet haben, indem wir die Bauelemente des menschlichen Lebens vom menschlichen Körper und damit von den persönlichen Beziehungen und vom Geschlechtsverkehr losgelöst haben. Die ursprünglichen Motive und Absichten, nämlich unfruchtbaren Paaren zu helfen, sind sicherlich löblich. Fraglich ist, ob beziehungsweise auf welcher Basis man der Nutzung von Keimzellen und künstlichen Befruchtungstechniken Grenzen setzen sollte – moralischer wie rechtlicher Natur. Die Erfahrung lehrt uns, dass Keimzellen leicht Bestandteil einer marktorientierten Kultur werden können, die zur Erfüllung menschlicher Bedürfnisse natürliche Grenzen zu überwinden sucht. Dann werden Kinder weniger als Geschenk empfunden, sondern als Produkt oder als Resultat des menschlichen Willens. Es besteht die Gefahr, dass grundlegende moralische Fragen, wie die hier diskutierten, außer Acht gelassen oder nur nach persönlichem Gutdünken beantwortet werden, ohne Einschränkung durch gesellschaftliche oder rechtliche Normen und Kontrollen.

Embryonen

»Was wäre, wenn man herausfände, dass fötales Gewebe eine Delikatesse ist – könnten Sie es dann
essen?« Diese schockierende Äußerung, die dem
christlichen Theologen Stanley Hauerwas zuge-
schrieben wird, führt uns zu der Frage, was wir mit
menschlichen Embryonen glauben tun zu dürfen.
Um dies zu entscheiden, muss zunächst definiert
werden, was unter einem menschlichen Embryo zu
verstehen ist, und dafür wiederum ist es erforderlich,
die biologischen Grundlagen der Embryonalentwicklung zu begreifen. Erst dann können wir uns mit
einigen der aktuellen Diskussionen zum Thema Embryonenforschung näher befassen.

Was ist ein Embryo?
Das Geheimnis des Lebens

Der Embryo (auch »Zygote« oder »befruchtetes Ei«
genannt) entsteht bei der Empfängnis (oder »Befruchtung«) durch die Verschmelzung einer Eizelle
mit einer Samenzelle. Die Bedeutung dieses Ereig-
nisses ist eine der großen Streitfragen in der Ethikdebatte. Als es 1968 zum ersten Mal gelang, menschliche Embryonen in der Retorte zu erzeugen und
zumindest ihre frühe Entwicklung unter Laborbedin-
gungen zu beobachten, wurden in diesem Zusammenhang wichtige ethische Fragen aufgeworfen.

Nach der Befruchtung beginnt sich die Zygote zu teilen. Am dritten Tag besteht sie aus 16 Zellen, die sich nun spezialisieren: Ein Teil bildet eine äußere Zellschicht, die spätere Embryonalhülle, ein anderer Teil formt die innere Masse, aus der sich der Embryo entwickelt. Zur weiteren Reifung muss sich die Zygote im Uterus »einnisten«. Die Einnistung beginnt normalerweise am Ende der ersten Woche nach der Befruchtung und vollzieht sich im Laufe der zweiten Woche. Erst jetzt kann die Frau die Schwangerschaft feststellen.

Unmittelbar nach dieser Phase – etwa am 14. oder 15. Tag – bildet sich der sogenannte »Primitivstreifen« aus. Dieses Stadium ist deshalb so wichtig, weil der Primitivstreifen den Vorläufer des Rückenmarks und der Wirbelsäule darstellt. Von nun an ist die Teilung des Embryos zu Zwillingen nicht mehr möglich.

Ab diesem Zeitpunkt verändert sich der Embryo sehr rasch. Am Ende der vierten Woche ist er erst sechs Millimeter groß, und doch schlägt bereits sein Herz und sein Gehirn hat begonnen sich zu entwickeln.

Im Laufe des folgenden Monats nimmt der Embryo zunehmend eine menschliche Gestalt an. In diesem Stadium spricht man gemeinhin eher von einem »Fötus« als von einem Embryo, um der Tatsache Rechnung zu tragen, dass ab der neunten Woche bereits sämtliche inneren Organe vorhanden sind, auch wenn viele noch nicht ihre eigentliche Funktion erfüllen. Nach der zwölften Woche (dem ersten Schwangerschaftsdrittel) sind sämtliche wichtigen inneren Organe ausgebildet, jedoch noch inaktiv. Jetzt bewegt sich der Fötus auch, obwohl er erst zwischen der 18. und 22. Woche groß genug ist, damit seine Mutter die Stöße spürt. Dieses Strampeln des Kindes im Mutterleib hatte in der Vergangenheit, als man noch keine genauen Kenntnisse über die fötale Entwicklung besaß, eine große moralische Bedeutung.

Zwischen der 24. und der 26. Woche wird der Fötus »lebensfähig«. Er besitzt jetzt eine funktionierende Lunge, mit der er außerhalb der Gebärmutter überleben könnte – natürlich nur bei entsprechender frühgeburtlicher Intensivbetreuung. Daneben hat sich auch eine funktionierende Großhirnrinde gebildet und es gibt messbare Gehirnströme. Zehn Wochen danach, in der 35. Woche, könnte der Fötus, wenn er geboren würde, allein mit der Gabe von Milch überleben.

Der nächste große Schritt ist die Geburt. Wer aus eigener Erfahrung die Ungenauigkeit des errechneten Geburtstermins kennt, weiß, wie wenig man sich darauf verlassen kann. Die durchschnittliche Zeit von der Befruchtung bis zur Geburt beträgt 270 Tage (knapp 39 Wochen), aber die Zahl der Frühgeburten (vor der 37. Woche) nimmt zu. Alex Franks, der 1999 mit 22 Wochen geboren wurde, ist das jüngste überlebende Frühchen in Großbritannien, er wog bei der Geburt nur 482 g. Im Dezember 2004 wurde mit 25 Wochen und sechs Tagen Rumaisa Rahman geboren. Der leichtere eines Zwillingspaares gilt mit einem Geburtsgewicht von nur 243 g als das kleinste Baby der Welt.

Natürlich stellen die Geburt und der erste Atemzug außerhalb des Mutterleibs nur ein neues, wenngleich wichtiges Stadium in der Entwicklung des Menschen dar. Heutzutage hat die sichtbare Existenz neuen Lebens in den meisten Kulturen rechtliche Konsequenzen, dennoch wird die Kindstötung in vielen Kulturen noch immer toleriert und die Geburt nicht als das entscheidende Ereignis betrachtet. Einige zeitgenössische Moralphilosophen stellen sogar die Frage, ob wir dieses Stadium im Entwicklungsprozess zu wichtig nehmen und unser absolutes Verbot der Kindstötung überdenken sollten.

Der moralische Status menschlicher Embryonen

Versucht man den moralischen Status des menschlichen Embryos zu beurteilen, besteht die Schwierigkeit darin, dass sich seine Entwicklung rein biologisch vom Augenblick der Empfängnis an bis hin zur Geburt und darüber hinaus als etwas Fortlaufendes vollzieht. Der Prozess ist sowohl durch Kontinuität als auch durch Sprünge gekennzeichnet, wobei einige Stadien wichtige biologische Entwicklungsschritte markieren. Deren Bedeutung für die moralische Beurteilung ist jedoch insbesondere deshalb höchst umstritten, weil die verschiedenen Stadien eben im Wesentlichen kontinuierlich ablaufen. Vereinfacht gesagt kann jeder von uns seine Existenz durch die verschiedenen Lebensphasen bis hin zum befruchteten Ei zurückverfolgen, das sich zunächst zu einem hilflosen Baby und schließlich zu der Person, die wir heute sind, entwickelt hat. Bedeutet das, dass ein menschlicher Embryo vom Augenblick der Empfängnis an mit dem gleichen Respekt behandelt werden muss und ihm die gleichen elementaren Menschenrechte zustehen, wie wir sie für uns selbst als mündige Erwachsene oder für ein neugeborenes Baby einfordern?

Den Christen bietet die Bibel hier eine gewisse, wenngleich begrenzte Richtschnur. Denn zum einen befasst sie sich wenig mit solchen Fragen, zum anderen waren die biologischen Kenntnisse ihrer Verfasser nur sehr primitiv. Immerhin heißt es in den Psalmen, Gott habe uns im Mutterschoß gewoben (Ps 139,13–16), und im Buch Ijob wird berichtet, dass Gott an unserer Entstehung vor der Geburt beteiligt war (Ijob 10,8–12). Wir erfahren auch, Gott habe Menschen bereits im Mutterleib berufen, etwa den Propheten Jesaja (Jes 49,1). Den wichtigsten Hinweis darauf, dass der Embryo ein vollwertiger Mensch ist, sehen die Christen darin, wie Elisabet, die mit Johannes dem Täufer schwanger ist, den Gruß Marias erwidert, die den Embryo Jesus in ihrem Leib trägt (Lk 1,39–44). Die meisten Christen schließen aus diesen biblischen Texten und aus dem umfassenderen biblischen Zeugnis, dass sie den Embryo von der Empfängnis an wie ein menschliches Wesen behandeln müssen, wie jemanden (nicht etwas), den Gott als sein Abbild schuf (Gen 1) und der dementsprechend vollen Schutz und Respekt verdient. Andere sind jedoch zurückhaltender, wenn es darum geht, aus solchen Texten eine derart eindeutige Schlussfolgerung zu ziehen. Die unterschiedlichen Sichtweisen haben entscheidenden Einfluss auf die Festlegung, wie wir mit Embryonen umzugehen haben, daher ist es wichtig, sich mit den wissenschaftlichen und moralischen Argumenten, die für die verschiedenen Standpunkte vorgebracht werden, genauer zu beschäftigen.

Schon ab der Empfängnis?

Manche fordern, den Embryo bereits zum Zeitpunkt der Empfängnis als vollwertigen Menschen zu betrachten, auch wenn es sich erst um eine befruchtete Eizelle handelt, die gerade einmal so groß wie ein Pünktchen ist. Als Hauptargument wird angeführt, dass bereits bei der Empfängnis eine neue und einzigartige genetische Identität geschaffen wird, die Aussicht darauf hat, sich zu einem eigenständigen und einzigartigen menschlichen Individuum zu entwickeln. Es besteht kein Zweifel daran, dass der Embryo lebendig (und nicht tot) und menschlich (und nicht tierisch) ist, warum sollte man ihn dann also nicht wie einen Menschen behandeln und vor seinem Leben weniger Achtung haben als vor anderem menschlichen Leben?

Obwohl dem Embryo offensichtlich die Eigenschaften und Fähigkeiten fehlen, die wir mit dem Menschsein assoziieren, hat er doch das Potenzial dazu, ebenso wie ein neugeborenes Baby oder ein Kleinkind. Im Übrigen bilden sich die meisten dieser charakteristischen Eigenschaften erst viel später in der Embryonalentwicklung heraus, manche (wie das Bewusstsein) erst eine ganze Weile nach der Geburt, weshalb wir uns davor hüten sollten, sie als Voraussetzung für die Anerkennung als Menschen zu betrachten. Schließlich wird argumentiert, dass wir, falls es Anhaltspunkte für die Existenz eines Menschen zu diesem frühen Zeitpunkt gibt, trotz aller bestehenden Zweifel sicherheitshalber davon ausgehen sollten, dass wir es mit einem Mitmenschen zu tun haben. Deshalb haben in der christlichen Tradition sogar diejenigen, die einem späteren Entwicklungsstadium eine entscheidendere Bedeutung beimessen (wenn zum Beispiel von der sogenannten »Beseelung« die Rede ist) fast einstimmig dafür plädiert, das Leben des Embryos auch in früheren Phasen zu schützen.

Dieser Standpunkt ist jedoch nicht ganz unproblematisch. Viele, sowohl Christen als auch Nichtchristen, scheuen sich, einen menschlichen Embryo vom Zeitpunkt der Befruchtung an so zu behandeln, als hätte er den gleichen moralischen Stellenwert wie ein lebender, atmender Mensch oder ein Embryo auf einer späteren Entwicklungsstufe.

Erst nach der Empfängnis?

Die Einnistung in der Gebärmutter, die normalerweise in der zweiten Woche nach der Befruchtung stattfindet, wird von vielen als nächste wichtige Stufe nach der Empfängnis angesehen. Eine Vielzahl von Gründen spricht dafür, dass der Embryo vor und nach dieser Phase unterschiedlich betrachtet werden sollte:

- Im frühesten Stadium entwickeln sich einige der Zellen zum Embryo weiter, andere aber zur Plazenta – eindeutig kein menschliches Wesen –, und diese Zellen sind nicht von vornherein festgelegt. Man kann sogar von acht vorhandenen Zellen eine entfernen, ohne die normale Entwicklung der restlichen sieben zu beeinträchtigen. Die Spezialisierung erfolgt erst nach vier bis fünf Tagen.
- Erstaunlich viele befruchtete Eizellen nisten sich nicht im Uterus ein und gehen folglich zugrunde. Die Zahlen für diesen »natürlichen Schwund« variieren. Zwar sprechen einige von bis zu 70 Prozent, als gesichert gilt aber immerhin, dass es mindestens 40 Prozent sind. Vielen Menschen fällt es schwer, dieses Absterben, von dem zu diesem frühen Zeitpunkt nicht einmal die Mutter etwas bemerkt, als Tod eines menschlichen Wesens zu betrachten.
- In der Schwangerschaft besteht vor der Einnistung in die Gebärmutter keine Verbindung zur Mutter. Bis dahin gibt es lediglich einen kleinen Zellhau-

fen, der im Eileiter schwimmt. In biblischen Zeiten konnten sich die Verfasser kein menschliches Leben vorstellen, bevor es im Mutterleib gewoben wird, daher können sich Christen eigentlich nicht auf biblische Texte stützen, wenn sie argumentieren, dass die Empfängnis und nicht die Einnistung das entscheidende Stadium ist.

● In der ersten Zeit nach der Empfängnis kann es vorkommen, dass sich ein Embryo teilt und daraus zwei Menschen entstehen (eineiige Zwillinge), ja sogar dass zwei Embryonen zu einem verschmelzen. Diese zweite Möglichkeit kann unentdeckt bleiben, wie im Fall einer Frau, die erst herausfand, dass sie ein sogenanntes »genetisches Mosaik« oder eine »Chimäre« ist, als sie eine Nierentransplantation brauchte und sich keines ihrer Kinder als Spender eignete. Es stellte sich heraus, dass sie aus vier Gameten entstanden war (mit anderen Worten, aus der Verschmelzung von zwei separaten befruchteten Eizellen im frühesten Entwicklungsstadium), wobei die Zellen des einen Zwillings in ihrem Blut und die Zellen des anderen Zwillings hauptsächlich in anderen Geweben vorkamen. Wenn das Leben mit der Empfängnis beginnt, bedeutet das dann, dass sie in Wirklichkeit zwei Menschen ist?

Die Einnistung als entscheidenden Zeitpunkt in der Embryonalentwicklung anzusehen, mag bei natürlichen Schwangerschaften sinnvoll sein. Wenn Embryonen im Labor geschaffen werden, führt dieser

Ansatz allerdings nicht sehr weit. Es stellt sich die Frage, bis zu welchem Stadium man ihre Entwicklung zulässt und wie die Wissenschaftler mit ihnen verfahren dürfen. Derzeit neigen jene, die den »Empfängnis«-Standpunkt ablehnen, dazu, das Ende der zweiten Woche und die Bildung des Primitivstreifens – also den Beginn der Entwicklung von Nervensystem und Wirbelsäule – als entscheidendes Stadium anzusehen. Wie bei der Einnistung haben sich zu diesem Zeitpunkt die Zellen in Embryonal- und Plazentazellen spezialisiert und eine Zwillingsteilung ist nicht mehr möglich. Dieser Zeitpunkt ist als Ergebnis des Warnock-Reports von 1984 in die britische Gesetzgebung eingegangen. Die Philosophin Mary Warnock kam zu dem Schluss, dass der Entwicklungsstand am 14. Tag den Beginn der *individuellen* Entwicklung des Embryos kennzeichne. Laut ihrem Bericht seien Experimente nach diesem Zeitpunkt nicht akzeptabel. Diesen Standpunkt nahm in den USA auch der Ausschuss für Embryonenforschung des National Institute of Health ein, und er wurde abermals bestätigt durch den Ethikrat des amerikanischen Präsidenten, der kürzlich das Klonen für biomedizinische Forschungszwecke befürwortet hat. Tatsächlich wird der Embryo im frühen Entwicklungsstadium heute von vielen als Präembryo bezeichnet, obwohl dies zweifellos eher ein politisches und rhetorisches Konstrukt ist als eine anerkannte biologische Unterscheidung.

Ein gradueller Status?

Anstatt einen bestimmten Zeitpunkt in der Entwicklung festzulegen, sei es die Empfängnis oder ein späteres Ereignis, befürworten manche einen graduellen moralischen Ansatz, und zwar eben deshalb, weil sich auch die biologische Entwicklung graduell vollzieht. Der moralische Status des Embryos erhöht sich, je mehr er heranwächst, denn in dem Maß, in dem sich seine Entwicklungsmöglichkeiten zeigen, wird er immer mehr zu einem vollwertigen menschlichen Wesen. Daher muss sorgfältig erörtert und unterschieden werden, zu welchem Zeitpunkt welcher Umgang mit dem Embryo moralisch akzeptabel ist. Manche, wie etwa Peter Singer, gehen so weit zu behaupten, dass man nicht einmal nach der Geburt in jedem Fall von einem vollwertigen Menschen oder von der Unantastbarkeit des Lebens sprechen kann, besonders wenn bestimmte Behinderungen vorliegen.

Embryonenforschung

Der Status des menschlichen Embryos ist ein wichtiger Punkt bei einer Reihe ethischer Debatten, zum Beispiel wenn es um Abtreibung, In-vitro-Fertilisation und Klonen (siehe dazu *Genforschung*, S. 127) geht. Hierbei liegt das Hauptaugenmerk auf der Frage, ob menschliche Embryonen jemals ein legitimes Objekt wissenschaftlicher Experimente sein können.

Solche Experimente sind innerhalb gewisser Grenzen in den meisten westlichen Ländern erlaubt. Eine Ausnahme stellt Deutschland dar, wo das Embryonenschutzgesetz von 1990 die Verwendung von Embryonen für Zwecke, die nicht ihrer Erhaltung dienen, verbietet, was sich teilweise aus Deutschlands Nazi-Vergangenheit erklärt.

Für diejenigen, nach deren Ansicht das menschliche Leben ab dem Zeitpunkt der Empfängnis vollen Schutz genießen sollte, lässt sich die Embryonenforschung eigentlich überhaupt nicht rechtfertigen. Im Hinblick auf die wissenschaftliche und medizinische Forschung am Menschen gelten anerkannte moralische und rechtliche Prinzipien. Zentral dabei ist die Forderung, dass die Testperson nach Beratung und ohne Zwang ihre Einwilligung erteilt. Ist die Person nicht dazu in der Lage (zum Beispiel im Fall eines Kindes), darf unter bestimmten Umständen ein anderer in ihrem Namen zustimmen.

Ein Embryo kann natürlich nicht selbst sein Einverständnis geben. Wenn man davon ausgeht, dass ein Embryo vom frühesten Stadium an wie ein menschliches Wesen behandelt werden muss, stellt sich die Frage, ob jemand an seiner Statt einwilligen kann. Diese stellvertretende Einwilligung mag legitim sein, sofern die Testperson einen Gewinn aus dem Experiment zieht. Ist dies nicht der Fall oder ist es sogar wahrscheinlich, dass der Proband Schaden nimmt, würde man die stellvertretende Einwilligung wohl kaum gutheißen. Wir fänden es beispielsweise nicht richtig, dass die Eltern eines Kindes dem Experiment zustimmen, wenn es dem Kind nicht nützt, sondern ihm sogar schaden kann, nicht einmal dann, wenn jemand anderer, und sei es sogar ein Bruder oder eine Schwester, einen Nutzen daraus ziehen würde. Dann würde man nämlich das Kind nur als Mittel zum Zweck behandeln (oder misshandeln), weil man das Wohl einer anderen Person anstrebt, während man das des Kindes missachtet.

Folgt man dieser Argumentation und geht man davon aus, dass Embryonen genauso behandelt werden müssen wie Kinder und andere Menschen, die nicht selbst einwilligen können, ist die Embryonenforschung moralisch nicht haltbar. Schließlich ist der Nutzen solcher Forschungen für andere fragwürdig – sie dienen nicht dem Wohl des Embryos und enden letztlich mit seiner Tötung. Der Vatikan formuliert es folgendermaßen: »Den menschlichen Embryo oder den Fötus als Gegenstand oder Mittel für Experimente zu benutzen, stellt ein Verbrechen gegen deren Würde als menschliches Wesen dar« (*Donum Vitae*).

Lehnt man diese Prämisse jedoch ab – mit der Begründung, dass der Embryo erst einige Zeit nach der Befruchtung denselben Status besitzt wie andere menschliche Forschungsobjekte –, dann steht der Embryonenforschung nichts mehr im Wege. Ein Paradoxon bleibt jedoch bestehen: Für uns ist die Embryonenforschung gerade deshalb interessant, weil Embryonen menschlich sind. Daraus folgt, dass wir neue Kriterien brauchen, um Experimente an Embryonen wie auch an Menschen und Tieren zu rechtfertigen. Denn wenn der Embryo einen eigenen Status besitzt, wenn man ihn irgendwo zwischen Tier und Mensch verortet, muss man auch die Forschung mit ihm neu überdenken.

Wann?

Zunächst gilt es den Zeitpunkt festzulegen, ab dem ein Embryo nicht mehr den moralischen Richtlinien unterliegt, die wir für die Embryonenforschung entwickelt haben, und als zu »menschlich« gilt, um damit zu experimentieren. Hier kommen die Punkte ins Spiel, die wir in Bezug auf den Status des menschlichen Embryos diskutiert haben. Wie bereits festgestellt, herrscht die derzeit (fast einhellige) Meinung vor, dass die Bildung des Primitivstreifens mit 14 Tagen den entscheidenden Wendepunkt markiert. Nach 14 Tagen ist die Embryonenforschung in Großbritannien (und in den meisten anderen Ländern) verboten und alle Embryonen, mit denen experimentiert wurde, müssen vernichtet werden. Obwohl das im Augenblick die bewährte Praxis ist, besteht durchaus die Möglichkeit, dass diese Grenze einmal verschoben werden könnte, wenn sich die öffentliche Meinung dahingehend ändert, dass die Forschung an älteren Embryonen bessere Ergebnisse liefern könnte.

Warum?

Es muss auch Rechtfertigungsgründe dafür geben, warum die Embryonenforschung überhaupt notwendig ist. Was kann man mit ihrer Hilfe herausfinden und was nicht? Die wichtigsten moralischen Gründe zur Verteidigung der Embryonenforschung sind im britischen Gesetz jetzt als jene Zwecke formuliert, für die die Embryonenforschung »notwendig und wünschenswert« sei:

- Fortschritte in der Behandlung von Unfruchtbarkeit;
- Vertiefung des Wissens über die Ursachen für Fehlgeburten oder Erbkrankheiten;
- Vertiefung des Wissens über schwere Krankheiten oder die Embryonalentwicklung oder die Möglichkeit, solches Wissen bei der Entwicklung von Behandlungsmethoden für schwere Krankheiten anzuwenden;
- Entwicklung besserer Verhütungsmethoden;
- Entwicklung von Methoden zur Entdeckung von Gen- oder Chromosomenanomalien bei Embryonen vor der Implantation (siehe Diskussion bei *In-vitro-Fertilisation*, S. 77, und *Genforschung*, S. 115).

Obwohl es ein breites Spektrum an Möglichkeiten gibt, sind die Grenzen hier eng gesteckt. In Großbritannien überprüft die Human Fertilization and Embryology Authority (HFEA), die sämtliche Lizenzen für solche Experimente vergibt, sorgfältig alle Anträge auf Forschungsprojekte mit menschlichen Embryonen. Damit soll dem besonderen Status der frühesten Stadien des menschlichen Embryos in gewisser Weise Rechnung getragen und gleichzeitig die wissenschaftliche und medizinische Forschung, die im Kampf gegen Krankheiten und Unfruchtbarkeit von enormem Nutzen sein könnte, nicht zu sehr eingeengt werden. Allerdings hat die Embryonenforschung bisher noch keinen nennenswerten medizinischen Durchbruch erzielt, abgesehen von der Entwicklung und Verbesserung von Verfahren der Präimplantationsdiagnostik.

Wie?

Schließlich stellt sich die Frage, wie die Embryonen der Forschung zugänglich gemacht werden. Zunächst standen ausschließlich die »überzähligen« Embryonen, die bei der In-vitro-Fertilisation hergestellt und nicht implantiert wurden, für die Forschung zur Verfügung. In diesem Fall ist die schriftliche Zustimmung der »Eltern« erforderlich, wenn man an diesen Embryonen experimentieren will. Manche verteidigen den Gebrauch solcher Embryonen mit der Begründung, dass sie sonst auch nur vernichtet würden. Die Forschung bietet zumindest die Möglichkeit, dass sie vor ihrer Vernichtung noch dem medizinischen Fortschritt dienen. Kurz gesagt, es tut niemandem weh und kann nur nutzen. Manche schränken diese Argumentation insoweit ein, als sie nur die Verwendung jener durch In-vitro-Fertilisation erzeugten Embryonen billigen, die geschädigt sind und sich daher entweder gar nicht entwickeln würden oder schwer behindert wären.

In letzter Zeit wächst allerdings der Druck, Embryonen eigens für Forschungszwecke herzustellen – besonders angesichts der möglichen Vorteile für die Stammzellenforschung (siehe *Genforschung*, S. 110). Dies kann mithilfe von Spendergameten geschehen, aus denen Embryonen erzeugt werden, die nicht zur Einpflanzung vorgesehen sind, oder durch das Klonen von bereits existierenden Embryonen. Doch auch wer Embryonenforschung nicht grundsätzlich ablehnt, könnte moralische Bedenken dagegen haben, denn in diesem Fall werden menschliche Embryonen erzeugt, die – im Gegensatz zu den »überzähligen« Embryonen aus der In-vitro-Fertilisation – ausschließlich Forschungszwecken dienen und niemals zu Babys heranwachsen sollen. Manche halten diese Bestrebungen für inakzeptabel, weil sie dem Embryo einen moralischen Status zugestehen und dem wachsenden menschlichen Leben Achtung zollen wollen.

Fazit

Bis vor knapp 40 Jahren entstanden menschliche Embryonen ausschließlich durch Geschlechtsverkehr. Außer im Fall von Fehlgeburten oder Abtreibungen entwickelte sich jeder Embryo zu einem Baby heran. Wir sahen den Embryo nur durch und in Verbindung mit einem anderen menschlichen Wesen, das ihn austrug, und die zahlreichen ethischen Streitfragen in Bezug darauf befassten sich ausschließlich mit der Abtreibung. Jetzt haben wir den Embryo jedoch aus dieser Bindung an einen anderen Menschen herausgelöst. Folglich müssen wir entscheiden, wie wir ihn als eigenständiges Wesen behandeln. Wir müssen bestimmen, welchen Status er als ein durch den menschlichen Willen erschaffenes und vollkommen der menschlichen Kontrolle unterworfenes Objekt besitzt. Es herrscht noch immer große Uneinigkeit darüber, welchen Status man dem menschlichen Embryo unter diesen Voraussetzungen zuerkennen sollte.

Für einige, vielleicht für die meisten Menschen in unserer modernen westlichen Gesellschaft, hat der Embryo eigene und einzigartige Eigenschaften, die ihn eindeutig von uns unterscheiden, besonders im frühen Entwicklungsstadium. Man bringt ihm zwar Achtung entgegen, aber er genießt nicht immer und überall die volle Würde oder sämtliche »Rechte«, die wir unseren Mitmenschen zugestehen. In diesem Fall sind wir vielleicht dazu berechtigt, den Embryo so zu verwenden, dass er möglicherweise anderen einen Nutzen bringt, auch wenn er selbst dabei zerstört wird. Nach dem Empfinden anderer Menschen kann und muss der Embryo jedoch wie jedes andere Mitglied der menschlichen Rasse behandelt werden. Für die meisten Christen bedeutet insbesondere der Aufruf, für die Schwächsten in der Gesellschaft zu sorgen, sowie die Tatsache, dass Gott sich zu einem hilflosen Embryo in Marias Schoß machte, dass wir jeden Embryo wie einen Menschen, der nach dem Abbild Gottes geschaffen wurde, betrachten und behandeln müssen. Von dieser Warte aus stellt die Verwendung eines Embryos als reines Mittel zum Zweck – zumal wenn der Nutzen alles andere als gewiss ist – eine krasse Missachtung eines schwachen und ohnmächtigen Mitmenschen dar.

In-vitro-Fertilisation

Bis Ende des 20. Jahrhunderts war die menschliche »Empfängnis« oder »Befruchtung«, also die Verschmelzung einer Eizelle mit einer Samenzelle zu einer neuen Zelle (auch »Zygote«, »befruchtete Eizelle« oder »Embryo« genannt), ein Vorgang, der dem menschlichen Auge verborgen blieb. Er gehörte zum Wunder oder Geschenk des Lebens und spielte sich unsichtbar im Körper der Frau ab, wenn während des Geschlechtsakts eine von Millionen von Spermien im Eileiter auf eine Eizelle (die während des monatlichen »Eisprungs« ausgestoßen worden war) traf und sich mit ihr vereinigte. Das änderte sich grundlegend, als die Wissenschaftler Robert Edwards und Barry Bavister 1968 diesen Prozess außerhalb des menschlichen Körpers in Gang setzen und ihn beobachten und fotografieren konnten. Es gelang ihnen, im Labor eine menschliche Eizelle zu befruchten, mit einem Verfahren, das man seither als In-vitro-Fertilisation oder kurz IVF kennt.

Wie bei der natürlichen Schwangerschaft, die von der Empfängnis bis zur Geburt neun Monate dauert, musste man auch hier lange warten – über neun Jahre –, ehe es zur ersten Lebendgeburt nach einer In-vitro-Fertilisation kam. Am 25. Juli 1978 erblickte Louise Brown das Licht der Welt und wurde als erstes »Retortenbaby« gefeiert. Seit damals sind weltweit mehr als eine Million Kinder durch IVF geboren worden, Kinder, die es ohne die Pionierarbeit von

Robert Edwards, Barry Bavister und Patrick Steptoe nicht geben würde. Und doch stellt uns die In-vitro-Fertilisation mit ihren Folgen noch immer vor große ethische Probleme.

Das Verfahren an sich ließe sich so gestalten, dass verhältnismäßig wenige Menschen ethische Bedenken hätten. Wenn mit den Gameten eines Ehepaars ein Embryo erzeugt und anschließend der Ehefrau eingesetzt wird in der Hoffnung, dass er im Mutterleib heranwächst, müsste das in einem Buch über Ethik nicht lange diskutiert werden. Sicher, der Geschlechtsakt wurde umgangen und die Befruchtung künstlich im Labor durchgeführt, und das mag auch eine bedeutende Entwicklung darstellen, aber abgesehen davon gibt es keine bahnbrechenden Neuerungen, die Besorgnis auslösen könnten. In der Praxis stellt sich die In-vitro-Fertilisation jedoch ein wenig anders dar, woraus sich drei Problemkomplexe ergeben.

Eizell- und Samenspende

Die bei der Befruchtung verwendeten Gameten stammen möglicherweise nicht von Ehemann und Ehefrau, sondern von einem oder mehreren Dritten. Dies führt zu einer ganzen Reihe von Fragen, die bereits bei früheren, primitiveren Formen der künstlichen Befruchtung wie etwa der Insemination im Raum standen. Die Veränderung der Familienstruktur und die Frage, wer was über die Eizell- oder Samenspende erfahren sollte, wurden bereits in dem Kapitel über die künstliche Befruchtung beim Menschen

(S. 25) näher behandelt, aber sie betreffen auch die IVF.

Status des Embryos

Die IVF unterscheidet sich von primitiveren Formen der künstlichen Befruchtung darin, dass sie ein befruchtetes Ei, also einen menschlichen Embryo erzeugt. Es ist daher notwendig, den Status dieses Embryos vom Zeitpunkt der Empfängnis an und während seiner verschiedenen Entwicklungsstadien zu definieren. Welche Verwirrung, ja manchmal sogar Widersprüchlichkeit die Frage nach diesem Status hervorrufen kann, wird durch den tragischen Fall der Familie del Zio illustriert, die 1973 (fünf Jahre vor Louise Brown) beinahe die ersten Eltern eines Retortenbabys geworden wären. Sperma und Eizelle des Paars wurden im Columbia Presbyterian Hospital in einem Kolben zum Zweck einer IVF mit anschließender Implantation zusammengeführt. Als aber der Leiter der Geburtshilfeabteilung davon erfuhr, öffnete er das Gefäß und zerstörte die Kultur, weil das Experiment nicht autorisiert gewesen war und er die persönliche Befürchtung hegte, dass ein Baby, das auf diese Weise erzeugt wurde, ein »Monster« sein würde. Was dies bedeutete, fasste Doris del Zio in eindeutige Worte: »Für mich hatte er damit mein Baby umgebracht ... Für mich war das mein Kind gewesen.« Das Gefühl einer Kontinuität zwischen der befruchteten Eizelle im Reagenzglas und dem daraus entstehenden Kind wurde in der Sitcom »Friends« eindringlich in der Szene dargestellt, als Phoebe den

Embryonen erzählte, dass man sie bald in ihre Gebärmutter einsetzen würde. Offensichtlich sind Embryonen für manche Menschen bereits während der IVF in manchen Phasen richtige Menschen (sogar in den frühesten Stadien). Für andere und in anderen Phasen sind sie einfach nur Zellhaufen. Dieses Kapitel befasst sich mit der Frage der »überzähligen« Embryonen, die sich speziell aus der IVF ergibt. Die weitergehenden biologischen und ethischen Probleme im Zusammenhang mit menschlichen Embryonen werden jedoch ausführlicher im Kapitel über *Embryonen* (S. 50) behandelt.

Selektion von Embryonen

Da wir mit menschlichen Embryonen arbeiten und ihre Erbanlagen untersuchen können, ist es jetzt möglich, vor der Implantation eine Auswahl zu treffen, um ein Baby mit bestimmten Eigenschaften zu erzeugen.

»Überzählige« Embryonen

Theoretisch könnte man natürlich eine IVF-Methode entwickeln, bei der nur die für die Implantation benötigte Anzahl von Embryonen hergestellt wird, und dann der Natur ihren freien Lauf lassen. Obwohl eine hohe Wahrscheinlichkeit besteht, dass es bei mindestens einem implantierten Embryo zu einer Fehlgeburt kommt, würde man demgemäß für einen Zyklus nicht mehr als drei (wahrscheinlich eher zwei)

Eier befruchten, denn eine Übertragung von mehr als drei Embryonen wäre zu riskant. In Großbritannien sind mehr als die Hälfte der Babys, die nach einer Fertilitätsbehandlung geboren werden, Zwillinge oder Drillinge. Infolgedessen wurde in Großbritannien 2004 die Zahl der zu implantierenden Embryonen per Gesetz beschränkt: bei Frauen unter 40 auf zwei, bei Frauen über 40 auf drei. Es liegt auf der Hand, dass es nicht besonders effizient ist, nur die Anzahl der Embryonen zu befruchten, die in die Gebärmutter eingesetzt werden. Dafür ist die finanzielle wie auch emotionale Belastung bei der IVF meist zu hoch. Normalerweise werden im ersten Behandlungszyklus etwa acht Embryonen hergestellt. Diejenigen, die nicht implantiert werden, werden als »überzählige« Embryonen für künftige Zwecke eingefroren[1] und aufbewahrt.

In Großbritannien wurden seit 1990 schätzungsweise mindestens eine Viertel Million Embryonen eingefroren. Allein im Zeitraum von März 1999 bis März 2003 ist ihre Zahl von 50 000 auf 116 000 angestiegen. Dies führt zu einem erheblichen moralischen Dilemma: Was soll mit diesen »überzähligen« Embryonen geschehen?

---

1 Das Einfrieren überzähliger Embryonen ist in Deutschland verboten. In der Regel werden auch hier der Frau zwei bis drei befruchtete Eizellen implantiert. Es findet keine vorherige Selektion statt. Anm. d. Verl.

Noch ein Baby

Die naheliegendste und unproblematischste Lösung wäre es, wenn das Paar, von dem die Embryonen stammen, sie zu einem späterem Zeitpunkt verwendet. Dies könnte der Fall sein, wenn die IVF-Behandlung fehlschlägt (die Wahrscheinlichkeit, bereits nach dem ersten IVF-Zyklus schwanger zu werden, ist nicht viel höher, als beim Würfeln die richtige Augenzahl zu erreichen) oder wenn das Paar noch weitere Kinder möchte. Obwohl es Hinweise darauf gibt, dass die Implantation von eingefrorenen Embryonen ein größeres Risiko für die schwangere Mutter und möglicherweise auch für das Kind nach der Geburt darstellt, zielt diese Variante zumindest darauf ab, dass der Embryo ausgetragen, das Kind geboren und von beiden Elternteilen großgezogen wird.

Doch auch bei dieser Lösung können sich Schwierigkeiten ergeben. Ehen und andere Beziehungen halten nicht ewig, was die Beteiligten in noch größere moralische Konflikte bringen kann. 2002 strengte Natallie Evans einen Rechtsstreit an (der mittlerweile beim Europäischen Gerichtshof für Menschenrechte liegt), um einen Anspruch auf ihre sechs eingefrorenen Embryonen geltend zu machen. Diese waren im Jahr davor mit den Spermien ihres damaligen Partners erzeugt worden. Als die Beziehung in die Brüche ging, zog der Mann seine Einwilligung zurück, die Embryonen zu verwenden. Da ihr die Eierstöcke entfernt worden waren, stellten die Embryonen in ihren Worten »meine einzige Chance auf ein Baby« dar. Das Gericht jedoch urteilte, dass die Embryonen nach britischem Gesetz nicht ohne Zustimmung ihres ehemaligen Partners verwendet werden durften und somit zerstört werden mussten. Lorraine Hadley, die sich nach ihrer Scheidung in einer ähnlichen Zwangslage befand, legte ihre Sicht der Dinge mit eindeutigen Worten dar: »Ein Embryo ist kein Besitz, der im Scheidungsverfahren einer Partei zugesprochen werden kann. Er ist ein werdendes Baby. Ich akzeptiere voll und ganz, dass Männer auch Rechte haben. Aber ich finde es abstoßend, dass wir in der Lage sind, diese kleinen Menschenwesen herzustellen – um sie dann aus einer Laune heraus die Toilette hinunterzuspülen. Warum sollte einer von uns das Recht haben zu sagen, dass die Embryonen zerstört werden müssen, nur weil es ihm nicht mehr in den Kram passt?«

Adoption von Embryonen

Es besteht auch die Möglichkeit, die überzähligen Embryonen einem anderen Paar zu spenden. In diesem Fall könnte man durchaus argumentieren, dass damit schlicht der wohltätige Akt der Adoption auf die frühesten Entwicklungsstadien des Menschen ausgedehnt wird. Eine Agentur namens »Snowflakes« vermittelt die Adoption von Embryonen in den USA, und es gab sogar eine interessante Diskussion unter Ethikern darüber, ob es legitim wäre, dass katholische Nonnen Embryonen, die zerstört werden sollen, retten, indem sie sie adoptieren und austragen! Tatsächlich entscheiden sich jedoch nur wenige Menschen für eine Embryonenspende, vielleicht weil es die Eltern seltsam fänden, wenn eines ihrer Kinder von anderen Eltern geboren würde. Auch die Nachfrage nach Embryonen ist sehr gering, was möglicherweise daran liegt, dass die meisten Eltern ein Kind möchten, das »ihr eigenes« ist. 2001 wurden in Großbritannien gespendete Embryonen nur bei 189 von 25 000 IVF-Zyklen verwendet, und obwohl hier insgesamt über 70 000 Kinder infolge einer künstlichen Befruchtung geboren wurden (derzeit sind etwa ein Prozent der Kinder IVF-Babys), stammen weniger als 2000 von gespendeten Embryonen. Aber auch die »Adoptionslösung« ist nicht ganz ohne ethische Fallstricke, besonders wenn die Embryonen Waisen sind. Die Schwierigkeiten zeigten sich besonders deutlich im Fall von Marion und Elsa Rios, zwei Amerikanerinnen, die sich 1981 in Australien einer IVF-Behandlung unterzogen. Als sie zwei Jahre später bei einem Flugzeugunglück starben, wurden die Embryonen zu potenziellen Erben ihres großen Vermögens. Daraufhin gab es eine Flut von Anfragen, diese Embryonen zu adoptieren – die allerdings schnell abebbte, als gerichtlich entschieden wurde, dass die Embryonen nicht das Vermögen ihrer Eltern erben konnten, auch wenn sie ausgetragen wurden!

Vernichtung der Embryonen

Die Standardoption ist es, die eingefrorenen Embryonen einfach zu »verwerfen«. Nach britischem Gesetz geschieht das automatisch nach fünf Jahren, sofern die »Eltern« nicht schriftlich beantragen, dass die Embryonen weiter eingefroren bleiben sollen. 1996 wurden 3000 Embryonen gemäß dieser Gesetzgebung vernichtet.

Experimente

Schließlich besteht auch die Möglichkeit, die Embryonen für die medizinische Forschung zu spenden. Mithilfe der Embryonenforschung hofft man, genauere Erkenntnisse über die Ursachen der Unfruchtbarkeit zu gewinnen und vielleicht ein Mittel dagegen entwickeln zu können – beziehungsweise mithilfe der Stammzellenforschung auch gegen andere Krankheiten (siehe *Genforschung*, S. 110). Seit dem Warnock-Report ist in Großbritannien die Embryonenforschung bis zum 14. Tag erlaubt[1], danach müssen sie vernichtet werden. Für diejenigen, die menschliche Embryonen moralisch mit Menschen gleichsetzen, ist dies ein unerhörter Verstoß gegen die traditionelle Medizinethik. Die »Testperson« kann nicht ihre Zustimmung zu dem Experiment geben, sie zieht keinen Nutzen daraus und wird letztlich sogar getötet. Andere wiederum verteidigen diese Praxis, und zwar nicht nur, weil man zwischen den frühen und den späteren embryonalen Entwicklungsstadien unterscheiden muss, sondern auch, weil man der Situation, wenn der Embryo ohnehin zum Tode verurteilt ist, wenigstens durch die Forschung noch etwas Gutes abgewinnen kann. Einige ethische Aspekte dieser Problematik

1 Nach dem Embryonenschutzgesetz von 1990 ist dies in Deutschland nicht erlaubt, Anm. d. Verl.

wurden ausführlich in dem Kapitel über *Embryonen* (S. 50) erörtert.

Designerbabys?

Die Erzeugung von mehr Embryonen, als die Eltern benötigen, wirft in Großbritannien und anderen Ländern, wo dies erlaubt ist, ein weiteres Problem auf: Auf welcher Basis geschieht die Selektion der Embryonen, die in die Gebärmutter eingesetzt werden? Wie werden die zwei Embryonen, die für die Implantation vorgesehen sind, aus acht vorhandenen ausgewählt? Natürlich könnte man den Zufall entscheiden lassen und einen x-beliebigen nehmen, aber viele halten diese Vorgehensweise für verantwortungslos und riskant. Die Selektion kann auf einer wesentlich geordneteren, rationaleren Grundlage erfolgen und sowohl die einzigartigen Eigenschaften jedes Embryos als auch die Wünsche und Bedürfnisse der Eltern und Familie berücksichtigen. Dies geschieht mithilfe der Präimplantationsdiagnostik (PID), ein Begriff, der sofort das Schreckgespenst der »Designerbabys« heraufbeschwört – Eltern suchen sich aus der Anzahl vorhandener Embryonen denjenigen aus, der ihnen am besten gefällt, als würden sie eine neue Tapete fürs Esszimmer auswählen.

In der Praxis geht es mehr darum, keine kranken Kinder zu bekommen. Embryonen können getestet werden, wenn das Risiko besteht, dass sie einen schwerwiegenden Gendefekt aufweisen. Dadurch wird verhindert, dass die zu implantierenden Embryonen davon betroffen sind. Während in Deutschland die PID verboten ist, wurde sie in Großbritannien im Jahr 2002 bei 21 Lebendgeburten angewandt. Es können also nicht nur unfruchtbare Frauen davon Gebrauch machen, sondern auch Frauen, die durchaus auf natürlichem Weg ein Kind bekommen könnten, jedoch Angst haben, es könnte schwer behindert sein. Es stellt sich deshalb die Frage, unter welchen Bedingungen wir einen Gentest für akzeptabel halten. Selbst wenn man ausschließlich medizinische Gründe gelten lässt, ist die Lage nicht eindeutig (Ende 2004 wurde ein Screening nach einer vererbbaren Form von Darmkrebs zugelassen), und der Druck, auch soziale Kriterien anzuwenden, wird voraussichtlich zunehmen, ganz besonders hinsichtlich der Selektion des Geschlechts.

Trotz der Intention, gesunde Kinder zu erzeugen, wurden ethische Bedenken angemeldet, nicht nur wegen der unvermeidlichen Vernichtung jener Embryonen, die als »mangelhaft« eingestuft werden, sondern auch wegen der Auswirkungen solcher Praktiken auf unsere Einstellung gegenüber den Behinderten in unserer Gesellschaft. In Großbritannien ist die PID derzeit noch ein relativ seltenes Verfahren, doch gibt es Befürchtungen, sie könnte eines Tages so normal werden, dass irgendwann diejenigen Eltern als unverantwortlich gelten, die ihren Embryo nicht einer »Selektion« unterziehen, wenn das Risiko besteht, dass sie eine schwere Behinderung weitervererben könnten.

Tatsächlich hat sich die Akzeptanz von Gründen für eine PID bereits eine Stufe weiter entwickelt. Tom Ballantyne-Roberts war 2003 das erste Kind in Großbritannien, für das ein Screening durchgeführt wurde, obwohl in seiner Familie keine genetischen Defekte bekannt waren, vor denen er geschützt werden musste. In seinem Fall hatte seine Mutter zwölf erfolglose IVF-Zyklen hinter sich, und sein Embryo wurde ausgewählt, nachdem die Embryonen einem einfachen Test auf Genanomalien unterzogen worden waren, um herauszufinden, welcher sich am ehesten zu einem gesunden Kind entwickeln würde.

Auch die Herstellung eines »Spenderkindes«, um einem kranken Geschwisterkind zu helfen, ist umstritten. Im April 2003 verhandelte ein britisches Berufungsgericht den Fall der Familie Hashimi, deren vierjähriger Sohn Zain an der seltenen Blutkrankheit Thalassämie litt und eine Knochenmarkspende benötigte. Das Gericht verwarf eine frühere Entscheidung und entschied, dass die Eltern Embryonen mittels IVF erzeugen und sie testen lassen dürfen, um denjenigen zu finden, der das passende Knochenmark für die Transplantation besitzt. Obwohl es ihnen noch nicht gelungen ist, ein »Spenderkind« auszutragen, sind sie und andere Eltern theoretisch in der Lage, einen Embryo auszuwählen und zu implantieren, der das passende Gewebe oder die passenden Blutzellen aufweist, um ein bereits lebendes Kind behandeln zu können. Aus rein konsequentialistischer Sicht wäre solch ein Verfahren höchst empfehlenswert. Es schädigt den ausgewählten Embryo nicht (obwohl natürlich noch weitere Embryonen erzeugt und nicht ausgetragen werden), und es bietet für das lebende Kind eine echte Hoffnung auf Heilung – in manchen Fällen von einer tödlichen Krankheit. Allerdings macht es die bloße Existenz des »Spenderkindes« davon abhängig, dass es bestimmte Bedingungen erfüllt. Daraus ließe sich folgern, dass das Kind als Person keine Identität und keinen Wert an sich besitzt, sondern nur durch seine Fähigkeit, dem älteren Geschwisterkind zu helfen.

Manche sehen darin den offenkundigsten Beweis dafür, dass alle künstlichen Reproduktionstechniken eine Gefahr bergen – nämlich dass Kinder zur reinen Ware in einer Konsumgesellschaft werden. Außerdem beginnt damit für viele die Abwärtsspirale, dass immer mehr Selektionskriterien akzeptabel werden. Von dieser Warte aus gesehen wird der Druck, »Designerbabys« durch PID und Screening zu erzeugen, zunehmen, je mehr das Wissen über die Erbanlagen von Embryonen wächst. Die Auswahl des Geschlechts ist in Großbritannien bereits zulässig, wenngleich nur aus medizinischen Gründen. Es gibt allerdings bereits Anträge, in denen andere Motive geltend gemacht werden (zum Beispiel Ausgewogenheit in der Familie), und die Tendenz in der Gesetzgebung geht dahin, in diesen Fragen eine größere Wahlmöglichkeit zuzulassen. In Gesellschaften, die in den meisten Lebensbereichen großen Wert auf persönliche Wahlfreiheit legen, wird das Urteil darüber, was ausgewählt und was ausgeschlossen werden soll, ziemlich variieren. Sicherlich wird man mit der-

artigen Selektionen in erster Linie versuchen, ungewöhnliche Eigenschaften auszumerzen und künftige
Generationen zu »normalisieren«. Wie komplex dieses Problem jedoch ist und wie sehr die Wertvorstellungen auseinandergehen, zeigt sich daran, dass
taube Eltern und Eltern mit Zwergwuchs solche Verfahren angeblich dazu benutzen wollen, um sicherzu-
gehen, dass ihre Kinder ebenfalls taub oder zwerg-
wüchsig sind.

Fazit

Bei der IVF werden die ethischen Probleme, die bereits von früheren künstlichen Befruchtungsmethoden bekannt sind, mit denen kombiniert, die sich aus
unserem Umgang mit Embryonen ergeben. Bei gewissen streng kontrollierten Formen der IVF wird
außer konservativen Katholiken kaum jemand größere moralische Bedenken haben. In der Praxis ist die
IVF jedoch ein komplexer Problembereich und stellt
ein ethisches Minenfeld dar. Ein unfruchtbares Paar
mit Kinderwunsch steht vor dem persönlichen Problem: »Welche Form der IVF können wir guten Gewissens anwenden?« Aber noch gravierender sind
vielleicht die tief greifenden Auswirkungen dieser
Technologie auf die Art und Weise, wie unsere Gesellschaft über die Anfänge des Lebens denkt, und
auf die Frage, was wir für menschlich halten. Die
IVF reflektiert einerseits und trägt andererseits dazu
bei, dass sich die allgemeine Wahrnehmung dessen,

was es bedeutet, ein Baby zu bekommen, verändert. In der Geschichte der Menschheit war die Geburt eines Babys fast immer etwas, was weitgehend außerhalb unserer Kontrolle lag. Daher betrachteten viele es als Geschenk, sei es von Gott oder von der Natur. Es stellte sich lediglich die Frage, wie wir mit diesem Geschenk oder eben damit, dass uns dieses Geschenk nicht gegeben wurde, umgehen sollten. Heutzutage ist diese Ansicht nicht mehr sehr verbreitet. Weil unsere Kontrolle über das »Kindermachen« größer geworden ist (wenngleich immer noch begrenzt), betrachten wir Kinder nicht mehr als Geschenk, sondern als Recht. Zudem haben wir Verfahren entwickelt, die es uns mehr und mehr ermöglichen, die Eigenschaften unserer Kinder auszuwählen und weitgehend zu bestimmen. Auch wenn dies mit der Hoffnung verknüpft ist, großes Leid zu verhindern, birgt es auch die Gefahr, dem Konsumgedanken zu verfallen. Kinder könnten nur noch als Mittel oder gar Produkt betrachtet werden, um die Wünsche der Eltern zu befriedigen. Besonders in pluralistischen Gesellschaften, wo sich ein moralischer Konsens nur schwer erzielen und noch schwerer gesetzlich durchsetzen lässt, geht der Trend (wie vielleicht die jüngsten Pläne, die britische Gesetzgebung zu überarbeiten, zeigen) zu größerer individueller Wahlfreiheit. Das heißt, in Ermangelung eines gemeinsamen moralischen Weltbilds werden gesetzlich und sozial definierte Grenzen und Normen herabgesetzt.

Abtreibung

»Ich bin schwanger!« In diesen Worten kann eine große Bandbreite menschlicher Emotionen liegen, von der überschwänglichen Begeisterung nach jahrelangen vergeblichen »Versuchen« bis hin zu Erschrecken, Entsetzen und Angst bei dem Gedanken daran, was es heißt, ein neues Leben in sich zu tragen oder eine illegitime sexuelle Beziehung zu offenbaren. Wie auch immer die Reaktion ausfällt, sie stammt auf jeden Fall von einer Frau. Und man kann davon ausgehen, dass die Schwangerschaft, auch wenn sie ungeplant war und überraschend kommt, anders als viele Krankheiten nicht ohne Vorwarnung aufgetreten ist. Sie lässt sich auf ein bestimmtes, normalerweise gewolltes Ereignis in der Vergangenheit zurückführen. Es ist auch gewiss, dass die Schwangere in den folgenden Monaten körperlichen und gesundheitlichen Veränderungen ausgesetzt ist und dass sie, falls alles komplikationslos verläuft, nach nicht allzu langer Zeit als Mutter für die Ernährung und Pflege eines neugeborenen, hilflosen menschlichen Wesens verantwortlich ist. Es stellt sich nun folgende moralische Frage: Darf man unter den gegebenen Umständen eingreifen und die Schwangerschaft durch eine Abtreibung beenden, und falls ja, zu welchem Zeitpunkt?

Geschichte

Im Gegensatz zu vielen anderen ethischen Streitfragen im Zusammenhang mit dem Beginn des Lebens (siehe auch die Kapitel *Künstliche Befruchtung beim Menschen*, *In-vitro-Fertilisation* und *Embryonen*) stellt die Abtreibung seit Tausenden von Jahren ein medizinisches und ethisches Problem dar. Ungewollte Schwangerschaften sind beinahe so alt wie die Menschheit. Zu allen Zeiten haben die Menschen nach Möglichkeiten gesucht, Schwangerschaften abzubrechen, was ethische Debatten über die Verfahren entfacht hat. Bei den alten Griechen und Römern war die Abtreibung eine gängige Praxis. Man versuchte das werdende Leben durch das Verabreichen von Kräutern oder chirurgische Eingriffe zu beenden. Die moralischen Reaktionen darauf waren unterschiedlich. Während Aristoteles und Plato die Abtreibung in bestimmten Situationen befürworteten, enthielt der berühmte Eid des Hippokrates (der im vierten Jahrhundert vor Christus niedergeschrieben wurde und den Ärzte seit historischen Zeiten ablegen) folgendes Versprechen: »Ich werde keiner Frau ein Abtreibungsmittel geben.« Die frühen Christen zeichneten sich durch ihre Ablehnung der Abtreibung sowie der Kindstötung aus, die in der Antike ebenfalls gang und gäbe war.

Dem christlichen Einfluss ist es auch zuzuschreiben, dass der Westen lange Zeit enge Grenzen für Abtreibungen gesetzt hat. Diese Haltung begann sich erst in den sechziger Jahren des vorigen Jahrhunderts zu ändern. Gesetzesreformen führten dazu, dass Abtreibungen leichter möglich und allgemein üblicher wurden.[1] In Großbritannien hingegen kam der entscheidende Umschwung bereits mit dem Abortion Act von 1967, während in Amerika 1973 durch die wegweisende Entscheidung des Supreme Court im Fall *Roe vs. Wade* Veränderungen in Gang gesetzt wurden. Die Auswirkung auf die Abtreibungsrate war enorm. Von Anfang bis Mitte der sechziger Jahre gab es in Großbritannien zwischen 15 000 und 20 000 legale Abtreibungen pro Jahr, und man geht (nach vorsichtigen Schätzungen) davon aus, dass es etwa doppelt so viele illegale Abtreibungen gab. Mittlerweile hat sich die Zahl verzehnfacht, jährlich werden in Großbritannien etwa 185 000 Babys legal abgetrieben und etwa 1,3 Millionen in den USA, wobei die Zahl der Abtreibungen annähernd ein Drittel so hoch ist wie die der Lebendgeburten. Es heißt, die gefährlichste Umgebung für einen Menschen in diesen Ländern sei der Mutterleib.

Gedanken über die Schwangerschaft

Bei der ethischen Diskussion zur Frage der Abtreibung konzentriert man sich oft fast ausschließlich auf den Status der Embryonen. Bevor wir uns mit

---

1 Deutschland blieb lange eine Ausnahme, erst seit den neunziger Jahren sind Abtreibungen nach einem Beratungsgespräch bis zum dritten Schwangerschaftsmonat straffrei, Anm. d. Verl.

diesem zweifellos wichtigen Punkt befassen, müssen wir uns jedoch auch der Frage zuwenden, was die unterschiedlichen Standpunkte zur Abtreibung darüber aussagen, wie wir die Schwangerschaft sehen und mit ihr umgehen.

Manche betrachten die Schwangerschaft beinahe als einen Angriff auf die körperliche Unversehrtheit der Mutter. Immer wieder beruft man sich in der Abtreibungsdebatte auf das Recht der Mutter, über ihren Körper zu bestimmen. Die Philosophin Judith Jarvis Thomson versuchte in ihrem berühmten Aufsatz über Abtreibung zu begründen, warum die Abtreibung selbst dann nicht immer falsch sein muss, wenn man dem Embryo ein Lebensrecht als Mensch zugesteht. Um ihre These zu untermauern, entwickelt sie ein Gedankenexperiment: Stellen Sie sich vor, Sie seien von einer Vereinigung von Musikliebhabern entführt worden. Beim Aufwachen bemerken Sie, dass Sie an einen bewusstlosen Geiger angeschlossen wurden, der unweigerlich stirbt, wenn er nicht in den kommenden neun Monaten Ihre Nieren benutzen kann. Obwohl er ein Recht auf Leben hat (das jetzt von Ihrem Einverständnis abhängt, auf diese Weise eingeschränkt und benutzt zu werden), so die Philosophin, ist es trotzdem nicht falsch, dass Sie die Verbindung trennen und sich weigern, ihm Ihre Niere für diesen Zeitraum zur Verfügung zu stellen. Kurz gesagt, sein Recht auf Leben verpflichtet Sie nicht, ihm die notwendige körperliche Unterstützung zur Aufrechterhaltung dieses Lebens zu gewähren, wenn das Ihr Recht auf körperliche Unabhängigkeit einschränkt. Ebenso wie Sie die Verbindung trennen können, ohne sein Recht auf Leben zu verletzen, kann die schwangere Frau das Gleiche mit dem Fötus tun, ohne dessen Recht auf Leben zu verletzen. Während eine solche Analogie bei Schwangerschaften infolge von Vergewaltigungen nachvollziehbar sein mag, liegt der Fall bei Schwangerschaften nach einvernehmlichem Geschlechtsverkehr – was im Übrigen die natürliche, auf eine Beziehung gründende Art und Weise darstellt und viel üblicher ist, als im Schlaf entführt und an einen kranken Geiger angeschlossen zu werden – weitaus schwieriger.

Die Analogie zu dem Geiger lässt die Schwangerschaft als eine grundlegend parasitäre Beziehung erscheinen. In gewisser Hinsicht trifft das natürlich zu – der Embryo/Fötus ist von der Mutter abhängig und nährt sich von ihrem Körper, um zu wachsen. Aber die Schwangerschaft darauf zu reduzieren oder sie in erster Linie so aufzufassen, lässt einige wichtige Aspekte außer Acht. Immerhin pflanzen sich die Menschen nun einmal von Natur aus so fort, und wir alle sind auf diese Weise auf die Welt gekommen. Wenn sich ein befruchtetes Ei in die Gebärmutter einnistet, das zu einem Kind heranwächst, wird sie dadurch nicht missbraucht. Außerdem besteht zwischen der Frau und dem Embryo/Fötus mehr als eine rein biologische Beziehung. Sie ist von Gefühlen geprägt und stellt idealerweise ein liebevolles Versorgungs- und Abhängigkeitsverhältnis dar, aus dem menschliche Bindungen und neues Leben erwachsen.

Man kann die Schwangerschaft auch als eine Krankheit betrachten und die Abtreibung als eine Medizin, die gegen diese Krankheit hilft. Darin ist wiederum ein Körnchen Wahrheit enthalten, denn die Schwangerschaft stellt ein gewisses Gesundheitsrisiko für die Mutter dar. Die britische Gesetzgebung lässt als Grund für nahezu alle Abtreibungen zu, dass »die Fortsetzung der Schwangerschaft ein Risiko für die körperliche oder psychische Gesundheit der Schwangeren darstellen würde, das größer ist als im Fall eines Schwangerschaftsabbruchs«. In der Praxis kommt das einem Schwangerschaftsabbruch auf Verlangen bis zur 24. Woche sehr nah. Denn man könnte argumentieren, dass bei fast allen Schwangerschaften die Fortsetzung riskanter ist als der Abbruch (wenn man davon ausgeht, dass der Abbruch selbst keine langfristigen psychischen oder sonstigen gesundheitlichen Probleme nach sich zieht, was von vielen bezweifelt wird).

Die Tatsache, dass das Risiko einer gesundheitlichen Schädigung besteht, heißt jedoch nicht, dass die Schwangerschaft selbst als Krankheit betrachtet werden sollte (vielleicht als eine Art Geschlechtskrankheit?). Vieles, was wir tun und erleben, kann unserer Gesundheit schaden, aber man betrachtet es trotzdem nicht als Krankheit. In den meisten Fällen gelten Schwangere nicht als krank, und normalerweise wird der Rat des Arztes eingeholt, damit die Mutter und der Embryo/Fötus bei guter Gesundheit bleiben und nicht, um sich durch Abtreibung »heilen« zu lassen.

Jede der dargestellten Auffassungen neigt dazu, in der Fortsetzung der Schwangerschaft eine Art »Samariterdienst« zu sehen. Indem die Frau die Schwangerschaft nicht abbricht, geht sie über ihre Verpflichtung hinaus und erfüllt sogar die Bedürfnisse eines anderen Menschen, obwohl sie viel dafür opfern muss. So gesehen verletzt die Abtreibung keinerlei Menschenrecht, auch wenn interessanterweise die Anspielung auf das Gleichnis vom barmherzigen Samariter die Abtreibung als Unfähigkeit zur Nächstenliebe erscheinen lässt.

Im Gegensatz zu diesen eher negativen Einstellungen kann man die Schwangerschaft auch als etwas grundlegend Positives und Gutes begreifen, als das natürliche, gottgegebene Mittel, das Geschenk menschlichen Lebens zu empfangen und zu lernen, seinen Nächsten in Gestalt des Neugeborenen zu lieben. Obwohl die Schwangerschaft mit großen Schmerzen und Gefahren verbunden sein kann, ist sie ihrem Wesen nach etwas Begrüßenswertes. Allerdings wird eine Schwangerschaft selten als durch und durch positive Erfahrung empfunden, zum einen, weil das Empfangen neuen Lebens nicht in unserer Macht liegt und sich letztlich unserer Kontrolle entzieht, zum anderen, weil sie immer mit Einschränkungen und Herausforderungen verbunden ist. Sie ist jedoch etwas, das wir dankbar und staunend annehmen und nicht ablehnen sollten.

Natürlich ist jede Schwangerschaft einzigartig, sowohl was den objektiven Kontext als auch die subjektive Erfahrung betrifft. Die entscheidende Frage ist allerdings, ob es in der Macht der Frau stehen soll, Bedeutung und Wichtigkeit einer Schwangerschaft zu beurteilen, oder ob es moralische Tatsachen gibt, die wir entweder respektieren und akzeptieren oder ablehnen und verwerfen. Ist es moralisch konsequent – wenn auch psychologisch nachvollziehbar –, die eine Schwangerschaft als überwiegend negativ zu sehen und eine Abtreibung zu erwägen, und die andere als eher positiv zu betrachten? Die Formulierung »jedes Kind ein Wunschkind« wird in der Abtreibungsdebatte immer wieder verwendet. Folgt man dieser Haltung, hängt der Status der Schwangerschaft letztendlich vom Wunsch und von den Gefühlen der Mutter ab: »Will ich dieses Kind?« In diesem Fall wird es fast unmöglich, eine ethische Debatte über die Abtreibung zu führen, denn die Bedeutung und moralische Einordnung jeder Schwangerschaft wird dann durch die schwangere Frau bestimmt, deren Interpretation und Wünsche ausschlaggebend sind.

Der menschliche Embryo

Wenn man die Schwangerschaft aus einem vorwiegend negativen Blickwinkel betrachtet, dürfte die Abtreibung als relativ unproblematisch erscheinen. Man könnte sie sogar als grundlegend positives (wenngleich bedauerliches) Mittel zur Behebung eines Problems sehen – das Beenden eines Angriffs auf den Körper, die Entfernung eines Parasiten, die Heilung einer Krankheit. Viele Menschen sind jedoch der Auffassung, diese Sichtweise sei in manchen, vielleicht sogar allen Stadien der Schwangerschaft nur die halbe Wahrheit – insbesondere weil dabei die Existenz des Embryos/Fötus, der bei diesem Vorgang beseitigt und vernichtet wird, nicht berücksichtigt wird.

Eine klare Trennlinie

Wie bereits in dem Kapitel über Embryonen ausführlich erläutert, ist die Frage, welchen Status der Embryo von der befruchteten Eizelle bis zu dem etwa neun Monate später geborenen Baby besitzt, ein viel diskutiertes Thema. Die Befürworter der Kindstötung werden zweifellos auch mit der Abtreibung kein grundsätzliches Problem haben, und zwar in keinem Stadium der Schwangerschaft. Die meisten Menschen streben jedoch einen moralischen Standpunkt an, nach dem zwar die Tötung eines Babys nach der Geburt verboten ist, eine Abtreibung in zumindest einigen Stadien der Schwangerschaft aber erlaubt. Dazu muss bei der Entwicklung des Embryos an irgendeinem Punkt zwischen der Empfängnis und der Geburt eine Trennlinie gezogen werden. Bevor diese Linie überschritten wird, soll es erlaubt sein, den Embryo (den man dann wohl als »potenziellen Menschen« und nicht als »vollwertigen Menschen« einstuft) abzutreiben und damit zu töten. Danach wird die Abtreibung (außer vielleicht in bestimmten Ausnahmefällen) etwas Falsches und kommt moralisch der Kindstötung gleich. Die große Frage lautet nun, wo diese Linie zu ziehen ist und warum man sie an dieser Stelle zieht.

Absolutes Verbot

Für manche Menschen, darunter viele Christen, gibt es kein »davor«, da die Linie unmittelbar bei der Empfängnis zu ziehen ist. Dies ist der Augenblick, an dem streng genommen die Schwangerschaft beziehungsweise die Befruchtung beginnt und sich ein neuer, einzigartiger Mensch mit einer eigenen genetischen Identität entwickelt. Der heranwachsende Embryo soll bereits von diesem Moment an gleichermaßen geachtet werden und das gleiche Recht auf Leben haben wie jeder Mensch. Christen, die diese Meinung vertreten, beziehen sich dabei nicht nur auf die wissenschaftlichen Erkenntnisse darüber, was bei der Befruchtung geschieht, sondern auch auf Passagen in der Bibel, die von Gottes Beteiligung bei der Entstehung des Lebens im Mutterleib sprechen (siehe *Embryonen*, S. 53).

Dabei ist es wichtig, sich zu vergegenwärtigen, dass sich diese Auffassung nicht nur gegen die Abtreibung richtet, sondern, konsequent weitergedacht, auch gegen einige übliche Methoden der »Empfängnisverhütung«. Wenn eine Verhütungsmethode möglicherweise die Einnistung einer befruchteten Eizelle (und nicht den Vorgang der Befruchtung) verhindert, muss man sie nach dieser Sichtweise als sehr frühe Abtreibung einstufen. Dies bedeutet, dass streng genommen sämtliche Intrauterinpessare (IUP, die »Spirale«), bestimmte Arten der »Pille« sowie die »Pille danach« keine Verhütungsmittel sind (auch wenn manche von ihnen die Befruchtung verhüten), sondern Abtreibungsmittel.

»Abtreibung« vor der Einnistung

Viele Frauen – darunter auch viele Christinnen – verwenden guten Gewissens Verhütungsmittel, die möglicherweise die Einnistung einer befruchteten Eizelle verhindern. Damit stützt man (zusätzlich zu den medizinischen Fakten, die im Kapitel über *Embryonen* erläutert werden) die Argumentation derer, die die Trennlinie später – wenn auch nicht viel später – als bei der Befruchtung ziehen möchten. Sie betrachten einen Eingriff in diesem frühen Stadium – vor der Einnistung zu Anfang der zweiten Woche – als legitim, und wenn man davon ausgeht, dass die eigentliche Schwangerschaft erst mit der Einnistung, also mit der Herstellung einer Verbindung zur Mutter beginnt, handelt es sich streng genommen nicht um den Abbruch einer Schwangerschaft.

In den meisten Ländern ist die Embryonenforschung nach der Bildung des Primitivstreifens oder nach 14 Tagen verboten. Man muss sich ganz klar die Frage stellen, warum ein Embryo im Labor nur bis zu diesem Zeitpunkt für die Forschung verwendet werden darf und danach vernichtet werden muss, während man einen Embryo in der Gebärmutter bis zu einem viel späteren Entwicklungsstadium vernichten darf. Diesen offensichtlichen Widerspruch könnte man ganz einfach lösen, indem man entweder Abtreibungen gesetzlich verbietet oder die Forschung bis zu einem späteren Zeitpunkt erlaubt.

Wenn diese zwei entscheidenden Stadien, die Befruchtung und die Einnistung, einmal überschritten sind, vollzieht sich die Entwicklung sehr viel kontinuierlicher. Daher wird es danach weitaus schwieriger, eine klare Linie an einem bestimmten Punkt zu ziehen und zu behaupten, dass sich der Status nach dieser Linie von Grund auf ändert. Dennoch gibt es eine Reihe von Punkten, an denen so eine Trennlinie denkbar wäre.

Ein empfindendes Wesen

Für manche wird die Abtreibung dann problematisch, wenn der Embryo Schmerz empfinden kann. Wann dies tatsächlich der Fall ist und auf welche Weise der Embryo Schmerz empfindet, ist jedoch umstritten. Es gibt Hinweise darauf, dass er bereits mit sieben Wochen berührungsempfindlich ist und auf Stimulation reagiert. Das ist allerdings kein Zeichen für ein Bewusstsein, sondern eine unbewusste körperliche Reaktion. Man war lange davon ausgegangen, dass der Embryo erst nach der 26. Woche die Fähigkeit zu bewusster Empfindung besitzt, und nahezu sämtliche Abtreibungen finden weit davor statt. Vor Kurzem wurden jedoch hormonelle Reaktionen nachgewiesen, die darauf hindeuten, dass Föten bereits in der 17. Woche Schmerz wahrnehmen, und manche vermuten sogar, dass dies noch früher der Fall sein kann. Obwohl der Großteil der Abtreibungen zu einem früheren Zeitpunkt stattfindet, werden in den USA immer noch mehr als 40 000 Föten pro Jahr nach der 17. Woche abgetrieben.

Es ist emotional nur allzu verständlich, eine Abtreibung nach diesem Stadium abzulehnen – wer fügt anderen schon gerne Schmerzen zu? Als moralische Begründung für den Schutz des Embryos taugt das aber wenig, denn man könnte die Abtreibung auch schmerzfrei unter Narkose durchführen (wie es bei Spätabtreibungen üblich ist). Wäre allein das Schmerzempfinden ausschlaggebend, dann ließen sich moralische Bedenken auf diese Weise ausräumen. Wenn man einzig dieses Kriterium gelten lässt, müsste es zudem auch bei der Beurteilung des Status von Tieren und bei Tierversuchen angewendet werden.

Hirnentwicklung

Ein weitaus einleuchtenderes Argument für die Anerkennung des Embryos als vollwertiger Mensch ist die einsetzende Hirnentwicklung, wodurch er eindeutig »menschenähnlicher« wird. Die gängige Praxis, den Eintritt des Todes mit dem Hirntod gleichzusetzen (siehe *Sterbehilfe*, S. 283), legt nahe, die Hirnfunktion auch beim Schutz des werdenden Lebens als entscheidend zu betrachten.

Wo in diesem Fall die Trennlinie zu ziehen ist, hängt davon ab, wie man »Gehirn« definiert. Mit der Bildung des Primitivstreifens mit 14 Tagen setzt die Entwicklung von Nervengewebe ein. Zuvor ist keine Nervenfunktion möglich, also auch keine noch so primitive Hirntätigkeit. Bereits mit 22 Tagen hat sich das Neuralrohr des Embryos geformt und damit die Grundlage des Gehirns. Es teilt sich rasch in drei Teile, die sich zu verschiedenen Gehirnarealen weiterentwickeln. Von seiner Funktionsweise her ist es jedoch in dieser Phase keinesfalls mit dem menschlichen Gehirn, wie wir es als Unterscheidungsmerkmal zum Tier verstehen, vergleichbar. Daher kann man dieses frühe Entwicklungsstadium kaum als entscheidend einstufen. Es dauert noch einige Wochen (etwa bis zur zehnten Woche), ehe Gehirnströme messbar sind, und selbst dann gibt es noch keine Hinweise auf eine geregelte Hirntätigkeit.

Eine geregelte, mit einem EEG messbare Hirnfunktion lässt sich erst viel später, etwa in der 25. Woche, feststellen. Dies wird von manchen als der Zeitpunkt betrachtet, ab dem man den Fötus moralisch mit einem Menschen gleichsetzen kann, denn erst jetzt macht er bewusste Erfahrungen und damit wird sein Leben schützenswert. Er hat nicht nur eine Zukunft als Mensch vor sich (wie ja schon seit der Empfängnis), sondern mit seiner Gehirnentwicklung hat der Fötus – wie das Neugeborene und das Kleinkind – die Fähigkeit zu einem eigenen Begehren erlangt, und das könnte das Begehren, nicht getötet zu werden, einschließen.

Lebensfähigkeit

Es kann die Situation eintreten, dass ein Embryo auch außerhalb des Mutterleibs lebensfähig wäre. Dies bringt diejenigen, die zwar die Abtreibung befürworten, jedoch die Kindstötung ablehnen, in eine

Zwickmühle. Denn es ist moralisch kaum zu begründen, warum es erlaubt sein soll, einen Embryo in einem gewissen Stadium im Mutterleib zu töten, während es Mord wäre, wenn man ihn zum genau gleichen Zeitpunkt nach der Geburt tötete. In beinahe allen Fällen, in denen wir uns entscheiden müssen, ob wir Wehen einleiten und damit dem Embryo eine Überlebenschance außerhalb des Mutterleibs geben oder eine Abtreibung vornehmen, wäre die Entscheidung für Letzteres sehr schwer zu rechtfertigen.

Heutzutage haben Babys bereits mit 22 Wochen eine Überlebenschance. Nach der 24. Woche steigt die Überlebensrate in Industrieländern auf bis zu 60 Prozent, und mit 26 Wochen auf 95 Prozent. Die jüngste Diskussion in Großbritannien darüber, die gesetzlich zulässige Abtreibungsfrist von 24 Wochen zu verkürzen, beruht hauptsächlich auf diesen Tatsachen.

Warum abtreiben? Die Gründe

Zweifellos bedeutet eine Abtreibung – in welchem Stadium der Schwangerschaft auch immer – zumindest die absichtliche Beendigung eines werdenden Lebens, das das Potenzial besitzt, ein Mensch wie jeder andere zu werden. Wie wir gesehen haben, kommt dies nach Ansicht vieler ab einem gewissen Stadium – vielleicht sogar in jedem Stadium – eher der Tötung eines Menschen gleich. In beiden Fällen scheint eine Rechtfertigung dafür, *warum* die Abtreibung richtig ist, erforderlich zu sein. Die angeführten

Begründungen lassen sich in drei Kategorien einteilen:

- Gründe, die sich auf die Empfängnis beziehen;
- Gründe, die sich auf die Situation der Frau beziehen;
- Gründe, die sich auf den Embryo beziehen.

Empfängnis

Das häufigste Motiv für eine Abtreibung fällt unter die Rubrik »ungewollte Schwangerschaft«. Das trifft ganz besonders für Schwangerschaften nach Vergewaltigungen zu. In diesem Fall hat die Frau dem Vorgang, der ihre Schwangerschaft verursacht hat, zu keinem Zeitpunkt zugestimmt. Für die Verfechter eines absoluten Abtreibungsverbots besteht das größte Dilemma in der Frage, ob eine Abtreibung – ebenso wie die »Pille danach« – auch nach einer Vergewaltigung abzulehnen ist, da ihrem Verständnis nach das Leben bereits mit der Empfängnis beginnt. Manche vertreten diese Position mit dem Argument, dass doppeltes Unrecht noch kein Recht ergibt. Die meisten Menschen sind jedoch der Ansicht, dass man eine solche Situation anders beurteilen und behandeln muss. Die Schwangerschaft ist hier ein andauernder Angriff auf den weiblichen Körper, gleichsam eine Fortsetzung der Vergewaltigung. Die Frau muss daher nicht genauso darauf reagieren wie auf eine Empfängnis nach einvernehmlichem Geschlechtsverkehr.

Wenn man in diese Richtung weiterdenkt, könnte man sogar eine ungewollte Schwangerschaft als Abtreibungsgrund akzeptieren. Dies wäre noch einleuchtender, wenn es trotz der Anwendung von Verhütungsmitteln zu einer Schwangerschaft gekommen ist. Wer die Abtreibung sogar im frühesten Stadium mit der Tötung eines Menschen gleichsetzt, wird mit dieser Ansicht wenig anfangen können. Besonders in Verbindung mit weiteren Rechtfertigungsgründen kann sie für Menschen, die eine andere Sichtweise vertreten, jedoch durchaus überzeugend sein.

Die schwangere Frau

Die gewichtigsten Argumente für die Abtreibung leiten sich aus den Auswirkungen der Schwangerschaft auf die Frau ab. Sie ist es, deren Leben durch die Schwangerschaft am meisten betroffen ist, zumindest für die kommenden acht oder neun Monate, wahrscheinlich aber auf Jahre hinaus. Allein auf die Wahlfreiheit der Frau zu verweisen, genügt jedoch als Rechtfertigung für eine Abtreibung nicht. Denn damit wird keine Erklärung geliefert, kein Grund, warum man sich dazu entschlossen hat. Sicherlich geht einer Entscheidung für eine Abtreibung in der überwiegenden Mehrheit der Fälle ein ernstes, schweres und oftmals schmerzliches moralisches Abwägen voraus. Andererseits kann es auch – zumindest theoretisch – leichtfertige Gründe für die Abtreibung geben, wie etwa die Sorge, keinen Bikini tragen zu können, wenn man im Sommer schwanger ist. Es ist daher durchaus vernünftig, eine rationale Erklärung für eine Abtreibung zu fordern, wie immer man den Status des Embryos beurteilt. Die wichtigsten Gründe beziehen sich normalerweise auf die soziale oder medizinische Situation der Mutter.

Soziale Gründe wären etwa, dass die Beziehung, in der das Kind gezeugt wurde, nicht mehr besteht oder dass die Familie finanziell oder emotional nicht in der Lage ist, noch ein weiteres Mitglied zu versorgen. Als medizinische Gründe könnten gelten, dass die Schwangerschaft selbst oder die Geburt eine zu schwere körperliche oder psychische Belastung für die Mutter darstellen würde. So oder ähnlich werden beinahe alle Abtreibungen in Großbritannien gesetzlich gerechtfertigt. Die Entscheidung für oder gegen eine Abtreibung basiert auf der Einschätzung, wie schwerwiegend das Problem ist, welches Leid es hervorruft und wie man den Status des Embryos beurteilt. Je höher dieser Status und die Verantwortung der Frau, das neue Leben als Geschenk willkommen zu heißen, eingeschätzt wird, desto gravierender müssen die negativen Auswirkungen im Falle der Fortsetzung der Schwangerschaft sein.

Das klassische Dilemma entsteht zweifellos dann, wenn die Gesundheit oder gar das Leben der Mutter durch die Schwangerschaft ernsthaft gefährdet ist. In extremen Fällen muss man sich vielleicht zwischen dem Leben der Mutter und dem des Embryos entscheiden. In diesem Zusammenhang spricht man gelegentlich auch von »direkter« und »indirekter« Abtreibung. Die direkte Abtreibung ist das gewollte und beabsichtigte Auslöschen des Lebens im Mutterleib. Eine indirekte Abtreibung liegt dann vor, wenn eine medizinische Behandlung für die Gesundheit der

Mutter erforderlich ist, die indirekt das werdende Leben auslöscht (zum Beispiel eine operative Entfernung der Gebärmutter oder radioaktive Bestrahlungen bei Unterleibskrebs, die zum Tod des Embryos *in utero* führen). Sogar die konservative katholische Lehre erlaubt die indirekte Abtreibung in bestimmten Fällen.

Noch schwieriger wird es, wenn die Schwangerschaft an sich ein Gesundheitsrisiko für die Mutter darstellt, sodass die unmittelbare Beendigung der Schwangerschaft angeraten scheint. Selbst diejenigen, die sich in den meisten Fällen vehement gegen eine direkte Abtreibung aussprechen, befürworten sie in solchen Fällen oftmals, da die Ausgangsbasis ähnlich wie bei der Vergewaltigung eine andere ist. Der wachsende Embryo stellt – trotz seiner Unschuld – einen Angriff auf den mütterlichen Körper dar, und um diesen abzuwehren, muss er gegebenenfalls getötet werden. Im Übrigen schätzt man das Leben der Mutter im Allgemeinen als schützenswerter ein als das des ungeborenen Embryos, da sie bereits moralische Verpflichtungen und emotionale Bindungen (etwa ihrer Familie gegenüber) hat.

Diese Ansicht teilen jedoch nicht alle. Im Mai 2004 sprach Papst Johannes Paul II. Gianna Beretta Molla heilig. Bei der dreifachen Mutter, Ärztin und Chirurgin wurde im Verlauf ihrer vierten Schwangerschaft eine Eierstockzyste diagnostiziert. Eine Behandlung lehnte sie mit der Begründung ab, dass diese zum Tod des Kindes in ihrem Bauch führen würde. Als Folge davon starb sie 1962 mit 39 Jahren, eine

Woche, nachdem sie das Kind zur Welt gebracht hatte. Dies ist ein gutes Beispiel für die Schwangerschaft als Samariterdienst. Kritiker werfen Molla jedoch vor, sie habe ihre Mutterpflichten gegenüber ihren Kindern vernachlässigt, indem sie die Behandlung verweigerte. Selbst unter jenen, die ihre Entscheidung respektieren, halten viele eine solche Selbstaufopferung nicht für *notwendig*; sie sei zwar anerkennenswert, man könne sie jedoch nicht von allen Frauen in einer solchen Situation erwarten.

Der Embryo

Die dritte Kategorie von Argumenten, die eine Abtreibung rechtfertigen, bezieht sich auf den Embryo. Hier steht nicht die Gesundheit oder das Wohl der Mutter, sondern der Embryo selbst im Mittelpunkt. Seine Zukunftsaussichten werden als so schlecht eingeschätzt, dass es besser für ihn ist, wenn er nicht geboren wird. Diese Entscheidung, ein werdendes Leben an seiner vollen Entwicklung zu hindern, wirft natürlich eine Reihe ethischer Probleme auf.

Da wäre erstens die Frage, was eine solche Selektion über unsere Einstellung gegenüber Menschen aussagt, die die gleichen Krankheiten haben wie der Embryo, der aus eben diesem Grund abgetrieben werden soll. Die interessantesten und leidenschaftlichsten Abtreibungskritiker sind oft Menschen, die selbst eine Behinderung haben und nicht verstehen, warum Embryonen, die sich zu Menschen wie sie entwickeln würden, abgetrieben werden sollen. Man muss sich fragen, inwiefern Abtreibungen aufgrund von Behinderungen nicht Ausdruck eines eugenischen Weltbildes sind. Kann eine Gesellschaft einerseits das Lebensrecht von Embryonen davon abhängig machen, ob sie behindert sind oder nicht, und andererseits behinderte Kinder und Erwachsene als ebenbürtige Menschen achten und wertschätzen? Wenn man einen behinderten Embryo im Mutterleib als nicht lebenswert einstuft, könnte sich solch ein Urteil irgendwann auch diskriminierend auf behinderte Mitmenschen auswirken. Es gibt sogar Stimmen, wonach Eltern zumindest in manchen Fällen die Verantwortung oder gar Pflicht zur Abtreibung haben, andernfalls seien sie als unmoralisch zu betrachten und sollten sogar gerichtlich belangt werden, weil sie »unwertes Leben« in die Welt gesetzt hätten.

Zweitens muss definiert werden, welche Arten von Behinderungen die Abtreibung rechtfertigen und bis zu welchem Schwangerschaftsstadium. Nach britischem Gesetz können Abtreibungen ohne Zeitbeschränkung durchgeführt werden, wenn »ein beträchtliches Risiko besteht, dass das geborene Kind aufgrund geistiger oder körperlicher Anomalien schwer behindert wäre«. Um Spätabtreibungen zu verhindern, ist man dazu übergegangen, Frauen zu Beginn der Schwangerschaft standardmäßig Tests auf Behinderungen wie das Down-Syndrom anzubieten, auch wenn im Falle eines Positivbefundes das einzige »Heilmittel« in einer Abtreibung besteht. Welche Probleme das Fehlen einer gesetzlichen Definition von »Schwerbehinderung« aufwerfen kann, wurde 2003 deutlich, als die Pastorin Joanna Jepson in die Schlagzeilen geriet. Sie strengte eine – bisher erfolglose – Klage an wegen einer Spätabtreibung in der 28. Woche aufgrund einer diagnostizierten Gaumenspalte. Obwohl es sehr ungewöhnlich ist, dass so eine extrem späte Abtreibung wegen einer so minimalen Behinderung durchgeführt wird (Jepson litt selbst an einer Gesichtsmissbildung und ihr Bruder am Down-Syndrom), zeigt dies, wie breit die Auslegungsmöglichkeiten innerhalb des gesetzlichen Rahmens sind.

Drittens gilt es zu klären, ob die strikten Abtreibungsgegner wirklich auf ihrer Position beharren können, dass Abtreibungen auch in Fällen schwerer Missbildungen des Fötus unzulässig sind. Es ist vorstellbar, dass das Leben des Fötus von Natur aus so grauenvoll sein wird – fast wie eine Folter –, dass man es niemandem zumuten sollte, oder dass der Embryo bei oder kurz nach der Geburt stirbt. Zum Glück kommen Behinderungen wie die Anenzephalie (bei der nur das Stammhirn vorhanden ist) oder das Edwards-Syndrom (eine Erbkrankheit mit einer Vielzahl schwerer Krankheitssymptome) relativ selten vor. Trotzdem muss man überlegen, ob Abtreibungen in diesen Fällen – wenngleich nicht bei weniger schlimmen Behinderungen – zulässig sein könnten.

Viertens ist der Fall von Mandy Allwood zu erwähnen, die 1996 für Furore in den Medien sorgte. Als man entdeckte, dass sie Achtlinge erwartete, schlug man ihr eine selektive Abtreibung vor. Das hätte zwar das Leben von sechs Embryonen im Mutterleib beendet, aber zwei davon hätten ausgetragen werden können. Allwood lehnte jedoch ab (unterstützt von organisierten Abtreibungsgegnern) und erlitt kurz darauf eine Fehlgeburt, bei der sie alle acht Embryonen verlor. Dies mag ein extremer Fall sein, aber selektive Abtreibungen werden bei Mehrfachschwangerschaften durchaus angeboten.

Wer soll die Entscheidung treffen?

Die letzte ethische Schlüsselfrage besteht darin, wie die Entscheidung für oder gegen einen Schwangerschaftsabbruch getroffen wird. Der Embryo selbst kann ja nicht an der Entscheidungsfindung beteiligt werden. Manche sind jedoch der Ansicht, dass andere für ihn eintreten sollten, und betrachten es als Pflicht des Gesetzgebers, sein Leben zu schützen, da er selbst keine Macht und keine Stimme besitzt. Andererseits ist die von der Schwangerschaft und einer möglichen Abtreibung direkt betroffene Person die Frau, um deren Körper es bei jeglicher gesetzlichen Regelung der Abtreibung geht. Doch auch sie ist nicht die einzige Beteiligte. Bereits vor der Geburt ist der Embryo in ein Beziehungsgeflecht eingebunden. Da ist zum Beispiel der biologische Vater, der vielleicht seine eigenen dezidierten Ansichten zur Abtreibung vertritt. Am häufigsten liegt der Fall wohl so, dass der Mann die Frau zum Schwangerschaftsabbruch drängt, was diese ablehnt. Es gibt jedoch auch Fälle, in denen sich der Mann darüber beklagt, dass seine Partnerin ihm sein Recht auf Vaterschaft verweigert, indem sie eine Abtreibung durchführen lässt. Doch ein gerichtlich einklagbares Mitspracherecht für oder gegen eine Abtreibung haben die biologischen Väter weder in Großbritannien noch in den USA [und Deutschland, Anm. d. Verl.].

Soll es aber für eine Frau, die vor diese Entscheidung gestellt ist, keine gesetzlichen Einschränkungen geben? Manche plädieren für ein Gesetz, das die absolute Wahlfreiheit der Mutter bis zu einem sehr späten Stadium der Schwangerschaft gewährleistet. Die meisten jedoch halten irgendeine Art von gesetzlicher Regelung für notwendig. Hierbei müssen sämtliche Probleme, die im Vorfeld erörtert wurden, in Erwägung gezogen werden. Es wäre falsch zu denken, dass das Gesetz moralische Probleme einfach ignorieren kann. Aber man muss sich vergegenwärtigen, dass die Diskussion über Legalität viel komplexer ist als die Diskussion über Moral. Insbesondere zwei Punkte rechtfertigen eine Unterscheidung zwischen dem, was man für moralisch richtig hält (und was man bei der eigenen ethischen Entscheidungsfindung tun und rechtfertigen und auch anderen empfehlen würde), und dem, was man im Hinblick auf Abtreibung für gesetzlich geboten hält.

Erstens hat das Gesetz zwingende Kraft und schränkt die moralischen Wahlmöglichkeiten für Frauen ein, nicht zuletzt durch die Androhung von Strafe, wenn sie dagegen verstoßen. Aus diesem Grund akzeptieren die meisten, dass Taten zwar als

»unmoralisch« gelten können, aber deshalb nicht unbedingt ungesetzlich sein müssen. Zweitens muss das Gesetz durchsetzbar sein und daher ausreichenden Rückhalt in der Gesellschaft genießen. Das Gesetz wird schnell in Verruf geraten, wenn es versucht, strenger zu sein als die breite Mehrheitsmeinung derer, die es betrifft. Wenn man Abtreibungen zu etwas Illegalem macht, läuft man Gefahr, dass sie weiterhin durchgeführt werden, aber in einer Umgebung, die weniger sicher für die Frauen ist, und gerade diese »Hinterzimmer-Abtreibungen« führten in den sechziger Jahren des vorigen Jahrhunderts zu Forderungen nach Gesetzesänderungen.

Fazit

Von all den in diesem Buch behandelten Themen ist die Abtreibung eines der emotionsgeladensten und politisch brisantesten, ganz besonders in den USA. Sie ist in der westlichen Gesellschaft zur Normalität geworden, auch wenn manche (in vielen, wenn nicht in allen Fällen) darin eine Form des legalisierten Mordes sehen.

Abtreibungsgegner können mit starken Argumenten aufwarten, aber wenn man die Abtreibung ablehnt, ist es vielleicht noch wichtiger, Taten folgen zu lassen. 1997 sorgte der damalige katholische Erzbischof von Glasgow, Thomas Winning, für einigen Wirbel mit seiner Ankündigung, seine Diözese werde Frauen unterstützen, die über eine Abtreibung nachdächten. Er wandte sich an alle Frauen, Familien oder Paare, die mit einer unerwünschten Schwangerschaft konfrontiert waren, und bot Hilfe an. »Egal, welche Sorgen oder Nöte Sie haben ... wir helfen Ihnen. Wenn Sie einen Schwangerschaftstest oder eine Beratung möchten ... wir helfen Ihnen. Wenn Sie alleinerziehend sind und Unterstützung brauchen ... wir helfen Ihnen. Wenn Sie mit jemandem darüber reden wollen, ob Sie das Kind zur Adoption freigeben sollen ... wir helfen Ihnen. Wenn Sie finanzielle Hilfe oder eine Babyausstattung benötigen oder wenn Sie aus finanziellen Gründen eine Abtreibung in Erwägung ziehen ... wir helfen Ihnen. Wenn Sie es Ihrer Familie nicht erzählen können oder wenn Ihr Umfeld Sie zur Abtreibung drängt, kommen Sie zu uns, wir helfen Ihnen, einen Platz zu finden, wo Ihr Baby mit offenen Armen aufgenommen wird. Bei uns finden Sie Hilfe.«

Auch wenn ihm manche vorwarfen, er dränge den Frauen seine Meinung auf, indem er ihnen Rat und Hilfe anbot und auf die Adoptionsmöglichkeit hinwies, lag es ganz klar in seiner Absicht, den vielen Frauen, die vielleicht nicht abtreiben wollten, aber glaubten, keine andere Wahl zu haben, eine Alternative zu bieten. Papst Johannes Paul II. behauptete, die derzeit hohe Abtreibungsrate in den westlichen Gesellschaften sei ein Symptom einer, wie er es nannte, »Kultur des Todes«. Wer diese Ansicht teilt, sollte mithelfen, eine positive Gegenkultur zu schaffen, die all jene willkommen heißt und unterstützt, denen es in ihrer Not schwerfällt, das Geschenk des Lebens anzunehmen. Dies könnte eine überzeugendere ethische Antwort auf das Problem der Abtreibung sein als sämtliche politischen Kampagnen für eine Gesetzesänderung oder die moralische Verdammung abtreibender Frauen.

Genforschung

»Siehst du, er (oder sie) ist nicht gentechnisch verändert.« Das sagen meine Frau und ich manchmal, wenn wir staunend feststellen, wie ähnlich uns eins unserer Kinder ist. Meine Eltern hätten diesen Ausdruck nie benutzt – obwohl mein Vater Biochemiker ist. Und meine Großeltern hätten sich darunter überhaupt nichts vorstellen können. Das liegt daran, dass die Genforschung im letzten halben Jahrhundert so rasante und bedeutende Fortschritte gemacht hat und für die nächsten Jahrzehnte so verblüffende Entdeckungen und Entwicklungen prophezeit werden wie in kaum einem anderen Wissenschaftsbereich. Ehe wir uns einigen der derzeitigen und vielleicht künftigen ethischen Herausforderungen stellen wollen, die mit diesen Entwicklungen verbunden sind, sollten wir uns zuerst einige Grundkenntnisse der Genforschung aneignen.

Die Entdeckung des Genoms

Die Geburtsstunde der modernen Genforschung wird gewöhnlich auf 1953 datiert, als die Wissenschaftler James Watson und Francis Crick in Cambridge die sogenannte Doppelhelixstruktur der Desoxyribonukleinsäure (abgekürzt: DNS) entdeckten. Dies gilt als die bahnbrechendste Entdeckung in der Menschheitsgeschichte und als eine wissenschaftliche Erkenntnis, die das Selbstverständnis des Menschen in einzigartiger Weise verändert hat. Fünfzig Jahre später, im April 2003, gab das internationale *Human Genome Sequencing Consortium* nach 13-jähriger Forschungstätigkeit bekannt, dass die Sequenz des menschlichen Genoms zu 99 Prozent bestimmt worden sei (»entschlüsselt«, wie es die Medien nannten), und zwar mit einer Genauigkeit von 99,99 Prozent. Aber was genau heißt das? Offenbar handelt es sich um eine sehr komplexe Wissenschaft – und wir müssen sie nicht in ihrer Gänze verstanden haben, um die ethischen Probleme zu begreifen –, aber wir sollten wenigstens die grundlegenden Fakten kennen.

Der menschliche Körper besitzt etwa 100 Billionen (also 100 000 000 000 000!) Zellen, die unterschiedliche Funktionen erfüllen (z. B. Nervenzellen oder Hautzellen). Im Kern jeder dieser winzigen Zellen von ca. 0,01 mm Durchmesser befinden sich 46 zusammengerollte Chromosomen. Diese sind zu 23 Paaren angeordnet, und jedes der Paare trägt ein Chromosom von jedem Elternteil. Die 46 Chromosomen machen in ihrer Gesamtheit das menschliche Erbgut, das Genom, aus: Sie beinhalten den vollständigen genetischen Bauplan für den menschlichen Körper.

In jedem dieser Chromosomen ist ein langes Molekül der doppelhelixförmigen DNS enthalten. Dieses besteht aus zwei Strängen, die sich aus Millionen miteinander verbundener Einheiten, den Nukleotiden, zusammensetzen. Die Bestandteile der Nukleotide wiederum sind ein Zucker (Desoxyribose – daher der Name »Desoxyribonukleinsäure«), eine Phosphatgruppe und eine von vier Basen, die A, G, T und C genannt werden (nach den Anfangsbuchstaben ihrer chemischen Bezeichnungen Adenin, Guanin, Thymin und Cytosin). Dadurch, dass sich jeweils der Zucker der einen Einheit mit der Phosphatgruppe der nächsten verbindet, werden die Nukleotideinheiten aneinandergekoppelt. Jede der vier Basen A, G, T und C kann mit jedem Zucker in dieser sich fortsetzenden Zucker-Phosphat-Struktur eine Verbindung eingehen. Infolgedessen gibt es eine Vielzahl von Möglichkeiten für die Anordnung der Basen. Die Reihenfolge, in der sie auftreten, wird als Basensequenz oder Nukleotidsequenz bezeichnet. Für zwei miteinander verbundene Einheiten sind 16 Anordnungen möglich; für drei Einheiten 64; und die möglichen Sequenzen bei einem aus 100 Einheiten bestehenden Strang ergeben eine Zahl größer als eine 1 mit 60 Nullen.

Die in der DNS enthaltene genetische Information kann kopiert werden, indem sich eine Zelle teilt, weil sich die Basen eines Strangs der DNS-Doppelhelix nur mit bestimmten Basen des zweiten Paars zusammenfügen (Adenin mit Thymin und Cytosin mit Guanin) und sogenannte »Basenpaare« bilden. Diese kann man sich als die Sprossen einer spiralförmig gewundenen Leiter – der DNS in den Chromosomen – vorstellen. Derzeit wird die Anzahl der Basenpaare im menschlichen Genom auf drei Billionen geschätzt, wenngleich die meisten dieser Erbgut-Sequenzen keine offensichtliche oder sonderlich relevante Funktion zu haben scheinen.

Die wichtigsten Sequenzen sind die sogenannten Gene und die Steuerungssssequenzen, mit deren Hilfe die Gene aktiviert oder deaktiviert werden. Jüngsten Forschungen zufolge enthält das menschliche Genom rund 25 000 funktionstragende Gene. Sie tragen die Informationen in sich, die die Zellen benötigen, um Proteine herzustellen, die dann zu Bausteinen der Zellen werden oder es ihnen ermöglichen, ihre zahlreichen Funktionen auszuüben. Proteine bestehen aus Ketten von Aminosäuren, und für die Herstellung jedes einzelnen Proteins können bis zu zwanzig verschiedene Aminosäuren verwendet werden. Welche Aufgabe dann jedes Protein in der Zelle hat, hängt von der Sequenz seiner Aminosäuren ab. Diese Sequenz wiederum wird bestimmt durch die Informationen in der Basensequenz der Gene. Also besteht ein direkter Zusammenhang zwischen der Basensequenz und der Struktur und der Funktion der Zelle.

Auch wenn jede menschliche Zelle sämtliche 25 000 Gene besitzt, sind die meisten davon deaktiviert, das heißt, ihre Informationen sind zur Herstellung von Proteinen nicht notwendig. Wenn Zellen die Informationen verschiedener Gene auslesen, bilden sie Proteine und werden so zu speziellen Zelltypen. Eine Ausnahme machen hier allerdings die embryonalen Stammzellen. Sie werden in der menschlichen Entwicklung schon sehr früh produziert, noch bevor die jeweiligen Gene in den Zellen aktiviert oder deaktiviert worden sind und sich zu bestimmten Zelltypen spezialisiert haben. Wie wir sehen werden, spielen diese Stammzellen in ethischen Diskussionen eine große Rolle.

Gene bestehen also aus der DNS und liefern eine Art Gebrauchsanweisung für die Funktionen unseres Körpers. Unterschiedliche Formen desselben Gens (etwa die Varianten des Gens für die Augenfarbe, die festlegen, ob wir blaue, braune oder grüne Augen haben) nennt man »Allele«.

Verschiedene Gene haben verschiedene Aufgaben, und wenn mit der DNS etwas schiefgeht – bei einer sogenannten genetischen Mutation –, kann der Teil des Organismus, den das Gen steuert, nicht mehr richtig funktionieren. So produzieren beispielsweise die Hämoglobin-Gene das Protein Hämoglobin, das Sauerstoff in den roten Blutkörperchen bindet und innerhalb unseres Körpers transportiert. Wenn das Gen defekt ist, kann eine Krankheit wie die Sichelzellenanämie daraus entstehen.

Die Erbgutforschung ist noch immer ein weites Feld, aber unser zunehmendes Wissen über die genetische Beschaffenheit des Menschen wirft schon jetzt eine ganze Reihe ethischer Fragen auf. Sie konzentrieren sich vor allem darauf, was wir mit diesem neuen Wissen anfangen sollen und ob es sich als Segen und Hoffnung erweist oder als eine gefährliche Bedrohung für das Wohlergehen und die Entwicklung der Menschheit.

Gentherapie – die Verbesserung des Menschen

Viele verbinden mit den Fortschritten in der Genforschung die Hoffnung, dass sie uns die Behandlung von Gesundheitsproblemen ermöglicht, für die der Mensch bisher kein Heilmittel gefunden hat. Zahlreichen schweren Krankheiten steht die herkömmliche Medizin auch heute noch machtlos gegenüber. Dank immer neuer Erkenntnisse über das menschliche Genom und die Entwicklung der Gentechnik könnte es uns aber vielleicht gelingen, die zugrunde liegenden genetischen Fehlfunktionen zu entdecken und die Krankheiten mithilfe von Gentherapien zu heilen.

Bei der Gentherapie werden Gene durch einen Eingriff verändert, ersetzt oder entfernt, um einen angeborenen Gendefekt zu beheben. Denn die Ursachen vieler Krankheiten sind vererbte Gendefekte. Neben der bereits erwähnten Sichelzellenanämie besteht auch die Hoffnung, Mukoviszidose, Muskeldystrophie und vielleicht sogar eine ganze Reihe weiterer Leiden mittels Gentherapie zu heilen. Zumeist wird bei dem Eingriff ein normal funktionierendes Gen in das Genom des Patienten eingefügt, damit sein Organismus die nötige DNS erhält, um die fehlerhaft ausgeführte Aufgabe nun richtig auszuführen. Alternativ kann auch ein abnormes Allel durch ein normales ausgetauscht oder das defekte Allel »repariert« werden, indem man die Mutationen, die zu der Funktionsstörung geführt haben, rückgängig zu machen versucht.

Tatsache ist jedoch, dass sich all diese Therapieformen noch in der Entwicklungsphase befinden. Nach wie vor ist es sehr schwierig herauszufinden, welche DNS notwendig ist, um eine bestimmte Krankheit zu heilen, und diese DNS dann sicher und ohne Folgeschäden in den Patienten einzuschleusen (meist mithilfe eines genetisch veränderten Transportvirus, das die menschliche DNS enthält). Das stellt manche Menschen vor ein großes Dilemma, etwa den 30-jährigen Anthony Harold, der an Septischer Granulomatose leidet, einer durch ein defektes Knochenmarksgen hervorgerufenen Krankheit. Sein Organismus kann Infektionen nicht richtig abwehren, und Narbenbildungen in der Lunge erschweren ihm das Atmen erheblich, weshalb seine Lebenserwartung bei nur mehr zwei Jahren liegt. Doch möglicherweise kann ihm eine Gentherapie zu dem genetischen Material verhelfen, das sein Körper braucht. Weil sich diese Therapie aber noch in einem sehr frühen Stadium befindet, ist die Behandlung mit großen Risiken verbunden, zum Beispiel mit der Gefahr einer Krebserkrankung.

In einer Hinsicht unterscheiden sich die ethischen Probleme, die sich bei der Gentherapie stellen, nicht von denen bei anderen medizinischen Behandlungsformen, nämlich wenn Risiken und potenzieller Nutzen gegeneinander abgewogen werden müssen – umso mehr, wenn das neue Verfahren noch nicht ausgereift ist. Soll die Gentechnik jedoch beim Menschen angewendet werden, drängen sich zwei weitere Fragenkomplexe ethischer Natur auf.

Die erste bezieht sich auf die Unterscheidung zwischen somatischen Zellen und Keimzellen im menschlichen Körper. Als Keimzellen bezeichnet man diejenigen Zellen, die an der Produktion von Sperma oder Eiern beteiligt sind und somit an der Weitergabe genetischen Materials von einer Generation zur nächsten. Im Gegensatz dazu sind somatische Zellen lediglich ein Bestandteil oder ein Funktionsregler des individuellen Körpers.

Würden Gentherapien nur an somatischen Zellen durchgeführt, wären sie zwar ein wichtiger Fortschritt bei der Behandlung bestimmter Krankheiten, allerdings nur für Einzelpersonen. An die Kinder des Patienten oder der Patientin würde das normal funktionierende Gen nicht vererbt werden. Sie könnten (abhängig von ihrer jeweiligen genetischen Veranlagung) das defekte Gen erben und müssten damit rechnen, dieselbe Krankheit zu bekommen wie der betreffende Elternteil. Eine Gentherapie mit Stammzellen erhöht hingegen die Chance, schadhafte Zellen nicht nur beim individuellen Patienten, sondern auch bei dessen Nachkommen zu verändern und damit den genetischen Fehler aus dem gesamten Erbgut der Familie zu eliminieren.

Auf einer Ebene scheint es keine größeren moralischen Einwände gegen Keimzellentherapien zu geben. Schließlich wird mit ihnen lediglich bezweckt, das künftige Auftreten von Krankheiten zu verhindern, die wir gegenwärtig beim einzelnen Individuum zu heilen versuchen. Manche argumentieren sogar, es sei unmoralisch, die Entwicklung von Gentherapien mit Keimzellen zu verbieten und gentherapeutische Forschungen und Weiterentwicklungen nur mit somatischem Zellmaterial zuzulassen. Wer solche Beschränkungen fordere, verkenne die Möglichkeit, dass Krankheiten in viel größerem Maßstab verhindert und nicht nur Einzelne, sondern auch deren Nachkommen davon profitieren könnten. In der Tat wird es zunehmend wahrscheinlicher, dass in Fällen, in denen das Risiko schwerer genetischer Krankheiten besteht und eine Keimzellentherapie nicht möglich ist, die Menschen sich für eine Präimplantationsdiagnostik (PID) entscheiden, um gesundheitliche Schäden ihres Embryos frühzeitig zu erkennen (siehe *In-vitro-Fertilisation*, S. 68), oder eine Abtreibung (vgl. S. 83) vornehmen lassen, um die Geburt eines schwerbehinderten Kindes zu vermeiden.

Allerdings gibt es auch Bedenken gegen die Keimzellentherapie. Sie stellt eine Neuerung dar, die nach Ansicht mancher Kritiker nicht zum Nutzen eines einzelnen leidenden Patienten entwickelt und angeboten wird, sondern zum Wohl der ganzen Menschheit. Insbesondere wenn Unklarheit über die möglichen Nebenwirkungen dieser genetischen Eingriffe besteht, stellt sich ernsthaft die Frage, ob wir Entscheidungen treffen sollten, die sich auf zukünftige Generationen so gravierend auswirken können – selbst wenn wir es mit den besten Absichten tun. Woher wollen wir so genau wissen, was das Beste für unsere Nachkommen ist? Manche äußern auch Besorgnis darüber, welche unterschwellige Botschaft solche Therapieformen denjenigen vermitteln, die weiterhin mit diesen genetischen Krankheiten geboren werden und damit leben müssen. Ist es realistisch anzunehmen, dass künftige Generationen dank Gentherapien gegen bestimmte Krankheiten gefeit sind und gleichzeitig diejenigen, die daran leiden, in der Gesellschaft respektiert und geachtet werden?

Um diesen Bedenken Rechnung zu tragen, hat der Europarat 1997 in seinem »Übereinkommen über Menschenrechte und Biomedizin« unter anderem Folgendes beschlossen: »Ein Eingriff, der auf eine Veränderung des menschlichen Genoms abzielt, darf nur zu präventiven, therapeutischen oder diagnostischen Zwecken und nur insoweit vorgenommen werden, als er nicht das Ziel einer Veränderung des Genoms der Nachkommenschaft hat« (Artikel 13). Damit ist die Keimzellentherapie zum gegenwärtigen Zeitpunkt praktisch verboten.

Die im Artikel 13 formulierten Beschränkungen – dass genetische Eingriffe »nur zu präventiven, therapeutischen oder diagnostischen Zwecken« zulässig seien – führen uns zu dem zweiten und noch schwierigeren ethischen Problem, das die Gentherapie mit sich bringt.

Verbesserung des Menschen?

Dass die Medizin Krankheiten heilen sollte, ist wohl unbestritten. Doch unser zunehmendes Wissen über unsere genetische Beschaffenheit könnte es uns durchaus ermöglichen, auch andere genetisch bedingte Eigenschaften zu erforschen und daraufhin zu verändern. Es wäre also nicht ausgeschlossen, dass eine Gentherapie für etwas eingesetzt wird, was viele für einen nicht therapeutischen Zweck halten, etwa für die Befriedigung persönlicher Bedürfnisse. Die Schwierigkeit liegt darin, wie man zwischen therapeutischen und nicht therapeutischen Eingriffen unterscheiden kann und ob Letztere an sich schon unmoralisch und daher verwerflich sind. In manchen Fällen scheint der Unterschied klar zu sein: Genetische Eingriffe zur Bekämpfung von Mukoviszidose sind therapeutisch, eine Veränderung der Augenfarbe ist es nicht. Aber wie sieht es mit Veränderungen der Körpergröße aus? In welche Kategorie fällt das? Ist es therapeutisch, wenn der Patient unter Zwergwuchs leidet, aber nicht, wenn er nur »klein gewachsen« ist?

Und was ist denn falsch daran, sich vervollkommnen zu wollen? Meistens sind wir doch darauf bedacht, mehr aus uns zu machen, und halten auch unsere Kinder dazu an. Wir möchten besser werden, als wir es momentan sind, ob im Sport, im Beruf oder in sonst einem Bereich unseres Lebens. Ist es an sich unmoralisch, wenn wir solche Verbesserungen auch mithilfe von genetischer Forschung und Gentechnik erreichen wollen?

In Anbetracht des Umstands, dass uns einige dieser Optionen vielleicht schon in naher Zukunft offenstehen werden, befürchten viele, dass uns ein Revival der Eugenik bevorstehe (und sogar schon begonnen habe). Die moderne Eugenik geht auf den englischen Wissenschaftler Francis Galton (1822–1911) zurück und erreichte im 20. Jahrhundert ihren abscheulichen Höhepunkt in der sogenannten »Rassenhygiene« der Nazis. Die Eugeniker strebten eine Verbesserung der menschlichen Rasse sowohl durch »positive« Mittel an (etwa indem man die Fortpflanzung von Personen von »höherer Qualität« förderte) als auch durch »negative« Mittel, indem man den Anteil der vermeintlich »Schwachen« und »Minderwertigen« zu verringern oder gar zu vernichten suchte. Man könnte sogar so weit gehen zu behaupten, dass Abtreibungen und bestimmte Formen von Gentests an Embryonen einer Art Eugenik gleichkommen (zur Diskussion von Designerbabys siehe das Kapitel *In-vitro-Fertilisation*, S. 77). Manche haben auch Befürchtungen geäußert, dass die Akzeptanz von Sterbehilfe diese Entwicklung weiter fördern könnte. Und durch die Möglichkeiten, die sich uns durch die Gentechnik eröffnen, stellt sich diese Gefahr noch ernster dar.

Derzeit sind diese Fragen noch hypothetisch, aber es ist stets sinnvoller – wenn auch nicht immer möglich und machbar –, ethische Probleme zu thematisieren, bevor eine neue technische Entwicklung abgeschlossen ist, als abzuwarten, bis sie für alle verfügbar ist. In unserer gegenwärtigen Kultur scheint zwar nicht die Gefahr zu bestehen, dass die Rassenhygiene der Nazis zu neuen Ehren kommt, es könnte sich aber eine neue Form von genetischer Selektion und Bevorzugung herausbilden. Liberale und konsumorientierte Gesellschaften legen großen Wert auf Freiräume, in denen das Individuum selbst entscheiden kann – möglicherweise auch darüber, ob es genetische Eingriffe zu seinem persönlichen Nutzen vornehmen lassen will. Versuche, genetische Behandlungen zu verbieten, die augenscheinlich nur einem persönlichen Vorteil des Behandelten dienen, sind schwer durchzusetzen. Dies gilt umso mehr, als der Unterschied zwischen therapeutischen und nicht therapeutischen Eingriffen schwer zu definieren ist und es eine breite Akzeptanz dafür gibt, dass Menschen sich mit anderen, nicht genetischen Mitteln zu »vervollkommnen« versuchen und dies auch für ihre Kinder anstreben. Warum sollte also Genmanipulation gesetzwidrig sein, wenn sie doch demselben Zweck dient? Es ist eines der Merkmale unserer gegenwärtigen postmodernen Gesellschaft, dass wir unsere persönliche Identität selbst kreieren und immer wieder umgestalten. In einer Gesellschaft, in der sich Schönheitschirurgie zunehmender Beliebtheit erfreut, ist es nur vernünftig anzunehmen, dass genetische Chirurgie eines Tages ebenfalls ihren Markt finden wird, wenn sie den Menschen verspricht, persönliche Bedürfnisse zu befriedigen und die Hindernisse zu überwinden, die ihrem »wahren Menschsein« vermeintlich im Wege stehen.

Problematisch ist, dass ein solcher »freier Marktzugang« für diese möglicherweise entstehende genetische Medizin zwar ein persönliches Entscheidungsrecht einzuräumen scheint, doch zwei wesentliche Faktoren außer Acht lässt. Erstens wird die Verfügbarkeit dieser Behandlungsmethoden immer wirtschaftlichen Beschränkungen unterliegen. Das heißt, die Behandlungen, die sich Reiche und Arme leisten können, werden sich erheblich unterscheiden. Die ohnehin schon »Bessergestellten« werden vermutlich weitere »Verbesserungen« anstreben und auch durchsetzen können, sodass soziale und andere Ungleichheiten eher zunehmen. Zum Zweiten formt sich durch die Summe all der individuellen Entscheidungen in unserer Kultur ein neues Bild dessen, was einen »guten Menschen« ausmacht (wenngleich dies nicht so rigoros und zerstörerisch geschehen wird wie etwa in Deutschland unter der staatlichen Ägide der Nazis). Wer von diesem Ideal körperlich, geistig oder auf sonstige Weise am meisten abweicht, riskiert, ausgegrenzt und als nicht ebenbürtig wahrgenommen zu werden.

Unser Wissen über die Gene

Nach dem derzeitigen Wissensstand der Gentechnik sind fast alle unsere Fragen hinsichtlich möglicher genetischer Verfahren und Therapien noch ziemlich hypothetisch. Die größeren Probleme ergeben sich daraus, dass wir vielleicht eine Menge über unsere genetische Natur wissen – nicht zuletzt aufgrund der Erkenntnisse des Humangenomprojekts –, aber wenig damit anfangen können.

So wäre es beispielsweise denkbar, dass eine Reihe von Charaktereigenschaften zumindest teilweise auf genetische Ursachen zurückzuführen sind. Neben Berichten über ein »Schwulen-Gen«, wonach die sexuelle Orientierung im Zusammenhang mit einem bestimmten Chromosomenabschnitt steht, legen neuere Untersuchungen nahe, dass die DNS eines Menschen auch einen gewissen Einfluss auf sein Aggressionspotenzial hat. Es hat sogar schon Fälle gegeben, in denen sich mutmaßliche Gewaltverbrecher vor Gericht zu verteidigen versucht haben, indem sie vermeintliche Beweise für ihre genetische Veranlagung zur Gewaltbereitschaft vorgelegt haben. Das stellt uns vor die philosophische Frage, bis zu welchem Grad die genetische Beschaffenheit eines Menschen sein Verhalten bestimmt oder zumindest als mildernder Umstand gelten kann. Sowohl das Recht als auch die Ethik (und unser weitgefächertes Verständnis dessen, was Strafe ist) gehen davon aus, dass wir für unser Handeln bis zu einem gewissen Grad selbst verantwortlich sind, und bislang sind die Beweise für einen wie auch immer gearteten genetischen Determinismus noch sehr spärlich. Doch je mehr wir über die genetischen Ursachen (oder zumindest Prädispositionen) für bestimmte Wesensmerkmale oder Verhaltensmuster herausfinden, desto wahrscheinlicher wird es, dass unser Wissen in der Anerkennung einer Art »verminderter Schuldfähigkeit« mündet.

Wesentlich konkreter und auch schon praxiserprobt sind die Gentests, bei denen die individuelle Neigung zu bestimmten erblichen Krankheiten festgestellt wird. Derzeit greift man gern auf diese Untersuchungen zurück, wenn in einer Familie eine genetisch bedingte Krankheit bekannt ist, an der manche Familienmitglieder leiden, während sie bei anderen nur latent vorhanden ist. Wenn man durch ein bestimmtes Verhalten das Risiko, die Krankheit zu bekommen, beeinflussen kann, ist dieses genetische Wissen zweifellos von Nutzen. Doch in vielen Fällen kann der Betroffene, wenn er erfährt, dass er das problematische Allel besitzt, nicht viel dagegen tun. Und dann mag er sich fragen, welchen Wert ein solches Wissen überhaupt hat.

Diese Untersuchung von Angehörigen ist natürlich nur dann geboten, wenn bei einem nahen Verwandten eine erbliche Krankheit aufgetreten ist. Das setzt allerdings voraus, dass die Angehörigen über die Krankheit in Kenntnis gesetzt werden. Hier befinden wir uns in einem ethischen Zwiespalt zwischen der gebotenen Achtung vor der Privatsphäre des Patienten und dem Wohlergehen anderer Familienmitglieder. Auch Fachleute sehen die Bedeutung dieser beiden Güter durchaus unterschiedlich.[1]

Wenn die Offenlegung von Informationen schon gegenüber Blutsverwandten zu ethischen Konflikten führt, wird es bei anderen, etwa bei Arbeitgebern und

---

1 So vertreten bedeutende ärztliche Gremien wie auch die Deutsche Gesellschaft für Humangenetik die Auffassung, dass Angehörige nicht gegen den Willen des Betroffenen über eine mögliche Erbkrankheit informiert werden dürfen. Hingegen befand der Ethikrat des Bundesgesundheitsministeriums im Jahr 2000: »Die Akzeptanz von Wünschen der Ratsuchenden (also etwa des Wunsches des Patienten auf Verschwiegenheit) findet ihre Grenzen dort, wo Gesundheitsgüter anderer Betroffener erheblich bedroht werden«. Anm. d. Verl.

Versicherern, umso komplizierter. Dass diese über den Gesundheitszustand ihres angehenden Arbeit- oder Versicherungsnehmers Auskunft wünschen, mag man in einem gewissen Rahmen akzeptieren. Sobald jedoch genetische Informationen in leicht zugänglicher und allgemein verständlicher Form verfügbar werden, stellt sich die Frage, ob diese anderen zur Verfügung gestellt werden müssen und für eine berufliche Anstellung oder auch für eine Krankenversicherung maßgeblich sein dürfen.

Offensichtlich gibt es die Befürchtung, man könnte aufgrund seiner genetischen Informationen ungerecht behandelt und benachteiligt werden. Wer sich weigert, die gewünschte Auskunft zu erteilen, oder aufgrund seiner Auskünfte als Risikoperson eingestuft wird, hat möglicherweise Probleme bei der Jobsuche oder bekommt bestimmte Versicherungen nur zu einem höheren Beitragssatz (wenn überhaupt). Die Bioethik-Konvention des Europarats stellt zwar fest: »Jede Form von Diskriminierung einer Person aufgrund ihres genetischen Erbes ist verboten« (Artikel 11), andererseits mag es jedoch Situationen geben, in denen eine »Diskriminierung« gerechtfertigt ist. Wenn beispielsweise jemand aufgrund seiner erblichen Veranlagung eine sehr hohe Neigung zu Krankheiten hat, die in bestimmten Berufssparten die Sicherheit am Arbeitsplatz gefährden können, wäre es wichtig, dass sowohl der Arbeitgeber als auch der Arbeitnehmer darüber Bescheid wissen (vor allem wenn auch die Sicherheit anderer Mitarbeiter betroffen ist).

Jeder dieser Aspekte genetischen Wissens bezieht sich auf spezifische Details der DNS eines Individuums und auf die Auswirkungen, die sie auf das jetzige und das künftige Wohlbefinden und die Gesundheit haben. Ein letzter ethischer Punkt, der an dieser Stelle noch zu behandeln wäre, betrifft das Wissen über bestimmte Gene und ihre Funktionen. In Anbetracht der zu erwartenden Gewinne, wenn die Gentherapie ein Erfolg wird und im großen Rahmen genutzt werden kann, drängt sich die Frage auf, wer von den in der Genforschung gewonnenen Erkenntnissen profitiert. Mittlerweile ist es üblich, dass Gene – menschliche wie auch tierische – von ihren »Erfindern« patentiert werden, um sich Besitzrechte zu sichern und andere von der Verwendung dieser Gene abzuhalten. Gegen eine solche »Patentierung von Leben« gibt es naturgemäß moralische Bedenken, einerseits gegen den Vorgang an sich (kann es wirklich zulässig sein, die Entdeckung eines Gens, das ja letztlich ein Teil der Natur ist, patentieren zu lassen, als wäre es eine menschliche Erfindung?), andererseits gegen mögliche Folgen, weil zu befürchten steht, dass umfassende Patentierungen Fortschritte in der Gentherapie verhindern.

Das Klonen

Vor gut zehn Jahren, am 5. Juli 1996, machte ein Schaf namens Dolly Schlagzeilen. Seine Berühmtheit entsprang der Tatsache, dass es das erste geklonte Säugetier der Welt war. Klone gab es zwar schon früher – bereits 1952 wurde eine Kaulquappe geklont – und seitdem sind weitere Säugetierklone erzeugt worden: Im Jahr 2000 Schweine, und 2003 ein Pferd. Aber Dolly wurde zum Inbegriff des Klonens.

Das angewendete Verfahren bezeichnet man als »Zellkerntransfer«. Dabei wird aus dem Kern einer Zelle eines erwachsenen Spendertiers genetisches Material entnommen und in eine Eizelle übertragen, deren genetisches Material zuvor entfernt worden ist. Diese wird dann zur Zellteilung angeregt und in eine »Leihmutter« eingesetzt, und wenn alles gut geht, entsteht ein Tier mit derselben DNS, also von identischer genetischer Beschaffenheit wie das Spendertier – ein Klon. Die Anwendung von Klon-Techniken und anderen Arten genetischer Manipulation bei Tieren ist ethisch in mehrerer Hinsicht umstritten (siehe dazu auch die Diskussion über genveränderte Pflanzen im Kapitel *Umwelt*, S. 193), aber am fragwürdigsten erscheint natürlich das Klonen von Menschen.

Auch hier müssen wir innerhalb der allgemeinen Kategorie »Klonen« eine wichtige ethische Unterscheidung treffen: zwischen reproduktivem Klonen – d. h. der Erschaffung eines neuen Tiers mit derselben DNS wie der des Spendertiers (so bei Dolly) – und therapeutischem Klonen. Letzteres ist nicht auf die Reproduktion von Lebewesen ausgerichtet, sondern auf die Gewinnung von Stammzellen, die sich bei der Behandlung von Krankheiten und Behinderungen als nützlich erweisen könnten.

Lange vor Dolly war das reproduktive Klonen von Menschen Stoff etlicher Science-Fiction-Romane und ziemlich lächerlicher Filmhandlungen (wie in dem Film *The Boys from Brazil* aus dem Jahr 1978). Es ist, soweit wir wissen, noch immer eine reine Fantasie, auch wenn gelegentlich das Gegenteil behauptet wird – unter anderem im Jahr 2002 von der höchst bizarren Sekte der Raëliten. Das Einpflanzen eines geklonten menschlichen Embryos in die Gebärmutter einer Frau ist in den meisten Ländern verboten.

Manche begründen ihre grundsätzliche Ablehnung solcher Versuche ganz praktisch mit den damit verbundenen Risiken. Dolly konnte erst nach fast 300 Versuchen gezeugt werden, und nachdem sie an Arthritis erkrankt und relativ früh gestorben war, wurden Bedenken laut, auch bei einem geklonten Menschen müsse mit gesundheitlichen Problemen und einer geringen Lebenserwartung gerechnet werden. Für viele beginnen die Bedenken jedoch weit vor dieser pragmatischen Kosten-Nutzen-Rechnung, sie meinen, selbst wenn reproduktives menschliches Klonen nicht dem egomanischen Bedürfnis nach Klonung der eigenen Person entspringt, geht diese Form *künstlicher Befruchtung* zu weit. Damit werde vorsätzlich ein menschliches Wesen mit derselben DNS wie eine lebende Person geschaffen, und wahrscheinlich sind die gesellschaftlichen und psychologischen Auswirkungen auf das Kind alles andere als günstig, wenn es von einem Elternteil aufgezogen wird, das praktisch sein genetischer Zwilling ist.

Sehr viel umstrittener – wenngleich inzwischen Realität – ist das therapeutische Klonen[1], das in Großbritannien hingegen bereits seit 2001 erlaubt ist. In Großbritannien wie auch in Südkorea sind menschliche Embryonen geklont worden, um aus ihnen Stammzellen zu gewinnen. Diese Stammzellen sind sehr gefragt, vor allem wenn sie sich im Frühstadium der embryonalen Entwicklung befinden, weil sie pluripotent sind, d. h. sich zu jedem Zelltyp differenzieren können. Mit embryonaler Stammzellenforschung hofft man nicht nur, mehr über die Zellentwicklung zu erfahren (und damit Entwicklungsstörungen besser behandeln zu können), sondern auch Stammzellen so kultivieren und manipulieren zu können, dass sie gesundes Gewebe für verschiedene Körperteile produzieren. Man verwendet geklonte Embryonen deshalb, weil sie Zellen erzeugen, die denen des Spenders gleichen, und so Abstoßungsreaktionen im Körper des Spenders vermieden werden.

Dieses Verfahren hat erhebliche moralische Kontroversen ausgelöst, jedoch nicht wegen der dabei angewendeten Gentechnik. Anscheinend hat kaum jemand, wenn überhaupt jemand, etwas gegen Experimente mit adulten Stammzellen einzuwenden (die in bestimmten reifen Geweben auch beim Erwachsenen vorkommen und ähnliche Eigenschaften wie embryonale Stammzellen haben, sich teilweise aber auch wesentlich von ihnen unterscheiden) Manche

1 Therapeutisches Klonen ist derzeit in Deutschland noch verboten, Anm. d. Verl.

meinen sogar, Forschung und Entwicklung sollten sich ganz auf diese Zellen konzentrieren, und da sie in großen Mengen zur Verfügung stünden, sei die Verwendung embryonaler Stammzellen völlig unnötig.

Als problematisch wird eher die Frage empfunden, welchen Status der *Embryo* hat, und dass menschliche Klone vorsätzlich und nur zu dem Zweck erzeugt werden, um ihre Stammzellen zu gewinnen und dabei vernichtet werden. Wenn geklonte Embryonen erst einmal im großen Maßstab für therapeutisches Klonen hergestellt werden, dann, so befürchten manche, sei es nur eine Frage der Zeit, bis jemand den nächsten Schritt tut: einer »Leihmutter« einen geklonten Embryo einsetzt und den Versuch eines reproduktiven Klonens unternimmt.

Fazit

Die Bedeutung der Gene für die menschliche Identität, die relativ neuen Entwicklungen in der Gentechnik und die oftmals übertriebenen Behauptungen, was damit alles potenziell machbar sei, werfen erhebliche ethische Fragen auf. Häufig hört man, der Eingriff ins Erbgut käme einem »Gott-Spielen« gleich und sei deshalb grundsätzlich falsch. Zweifellos stellen uns die gegenwärtigen und die zu erwartenden Entwicklungen vor echte ethische Probleme, aber der Gebrauch solcher religiöser Begriffe und Pauschalurteile sind im Allgemeinen wenig hilfreich.

Aus christlicher Perspektive ist es nämlich für die Menschen in gewissem Sinne sogar legitim, »Gott zu spielen«: Sie sind nach Gottes Ebenbild geschaffen, sie sind mit beträchtlichen Fähigkeiten ausgestattet und sollen sich die Erde untertan machen. Überdies verhalten wir uns in vielerlei Hinsicht – etwa in der Politik und in der langen Geschichte der Medizin – bereits auf eine Art und Weise, die man »Gott-Spielen« nennen könnte. Genetische Eingriffe sind von daher nichts Außergewöhnliches. Für Christen ist deshalb weniger dieses »Gott-Spielen« an sich problematisch, sondern dass wir dabei nicht die von Gott gesetzten Grenzen anerkennen und uns nicht an dem liebevollen, hingebungsvollen und aufopferungsbereiten Vorbild göttlicher Herrschaft und Machtausübung orientieren, wie es uns Jesus gegeben hat.

In der Genetik und auf vielen anderen Feldern liegt die wahre Gefahr in einer Geisteshaltung, der zufolge Wissen und Macht lediglich der Befriedigung unserer eigenen Bedürfnisse und dem Vorteil der Reichen und Mächtigen auf Kosten der Armen und Schwachen dienen. Wenn wir in diesem Sinn »Gott spielen«, wenn wir keine höhere Autorität als uns selbst anerkennen und aus reinem Eigennutz nach größerer Macht und Kontrolle streben, dann verkehrt sich dieses »Gott-Spielen« in etwas Negatives. Ja, wir laufen sogar Gefahr, denselben Fehler zu wiederholen, der in Genesis 11 geschildert wird, als die Menschen von Babel versuchten, sich von Gott unabhängig zu machen. Sie taten sich zu einem gewaltigen technologischen Projekt zusammen, mit dem sie sich einen Namen machen wollten, doch es misslang und endete in Verwirrung. Indem wir uns einen Namen zu machen versuchen, schaffen wir letztlich vielleicht nur noch mehr Verwirrung, Entzweiung und Zwietracht.

Krieg

Man schätzt, dass im 20. Jahrhundert mehr als 120 Millionen Menschen in Kriegen getötet wurden, Bürgerkriege mit eingerechnet. Zudem hat die Zahl der zivilen Opfer in diesem Zeitraum proportional erheblich zugenommen. Waren im Ersten Weltkrieg noch etwa 90 Prozent der 13 bis 15 Millionen Toten Soldaten und nur zehn Prozent Zivilisten, so gehen Schätzungen davon aus, dass gegen Ende des Jahrhunderts ungefähr 75 Prozent der Kriegsopfer zur Zivilbevölkerung gehörten.

Solche erschreckenden Zahlen massenhafter Vernichtung menschlichen Lebens stellen uns zu Beginn des 21. Jahrhunderts vor eine schwerwiegende moralische Frage. Denn im Gegensatz zu Naturkatastrophen wie Erdbeben oder Tsunamis sind Kriege ja keine Ereignisse, die sich jeder menschlichen Kontrolle entziehen, sondern Folgen von Entscheidungen. Können wir es von daher weiterhin rechtfertigen, Kriege zu führen? Und falls ja, wie begrenzen und kontrollieren wir ihre verhängnisvollen Auswirkungen?

Sehr allgemein gesprochen gibt es zwei große Traditionen in der Moralphilosophie, und das sowohl in der christlichen als auch in der weiter gefassten ethischen Debatte. Einerseits den Pazifismus, der die Teilnahme an Kriegen und Gewalt ablehnt. Andererseits die Vorstellung eines »gerechten Krieges«, wonach manche Kriege moralisch gerechtfertigt sein können, die kriegerische Auseinandersetzung allerdings dadurch eingeschränkt und begrenzt sein soll, als der Krieg allein dem Streben nach Gerechtigkeit dienen darf.

Pazifismus

Es gibt nicht den Pazifisten an sich, sondern eine große Bandbreite sowohl an Erklärungen als auch an Rechtfertigungen für die absolute moralische Ablehnung des Krieges. John Howard Yoder, einer der führenden christlichen Pazifisten des 20. Jahrhunderts, unterscheidet nicht weniger als 29 Spielarten des religiösen Pazifismus. Zumindest sollten sie sich trotz ihrer Differenzen nicht gegenseitig bekriegen! Sehr stark vereinfacht gesagt kann man unter den Pazifisten zwei Argumentationsstränge ausmachen. Die einen führen bei ihrer Begründung die Realität und die Folgen eines Krieges an – man könnte es einen »pragmatischen Pazifismus« nennen. Die anderen erklären ihre Gegnerschaft zum Krieg aufgrund fundamentaler Überzeugungen – hier könnte man von einem »prinzipiellen Pazifismus« sprechen.

Der pragmatische Pazifismus

Diejenigen, die sich aus pragmatischen Gründen gegen den Krieg wenden, begründen dies zum einen, indem sie seine negativen Seiten, die entsetzliche

Wirklichkeit des Krieges, hervorheben, und zum anderen, indem sie die Vorzüge der Gewaltlosigkeit herausstellen.

Da der Krieg eine zerstörerische Kraft sei, könne er keine bessere Situation schaffen, heißt es in Bezug auf Gewaltanwendung. Im Gegenteil, es gebe geradezu ein soziologisches »Gesetz der Gewalt«, wonach nämlich Gewalt immer noch mehr Gewalt hervorbringt. Wie die Konflikte in Nordirland und dem früheren Jugoslawien aus jüngster Vergangenheit eindringlich zeigen, entbrennen Kriege heute in der Regel infolge einer – manchmal sehr lange zurückreichenden – Geschichte früherer Gewalttaten, die nie vergeben, und von Kriegen, die nie vergessen worden sind.

Noch gravierender ist, dass die zeitgenössische Kultur diese grundlegende Tatsache weitgehend zu leugnen sucht, indem man uns allen schon von frühester Jugend an den Mythos von der erlösenden Gewalt lehrt. Geschichten, Comics, Fernsehsendungen und Filme verbreiten die Botschaft, dass Gewalt ein akzeptables Mittel sei, die Dinge in der Welt in Ordnung zu bringen. Das erklärt vielleicht, warum Krieg und Gewalt ein Suchtpotenzial zu haben scheinen, sodass es schwerfällt, vom Weg der Gewalt wieder abzukommen, sobald man ihn einmal beschritten hat. Dies wird noch dadurch verstärkt, dass wirtschaftliche und politische Machtstrukturen – was Präsident Eisenhower 1961 in seinen berühmt gewordenen Worten den »militärisch-industriellen Komplex« nannte – diese Haltung fördern und mithilfe von Waffengeschäften und Propaganda den Krieg »salonfähig« machen. Um diese Lügen zu bekämpfen und diesen Kräften zu widerstehen, dürfe man, so die Argumentation der Pazifisten, keinerlei Kompromisse eingehen, sondern müsse radikal und ohne Ausnahme jeden Krieg ablehnen.

Einer der gängigen Einwände gegen den Pazifismus ist, dass er keine praktische Alternative zum Krieg anbietet. Daher sei er moralisch nicht zu verantworten und befürworte in der Praxis den Rückzug aus der harten Lebensrealität dieser Welt. Dem würden einige Pazifisten begegnen, indem sie auf die positiven Effekte hinwiesen, die sich aus dem pazifistischen Weg ergeben. Anstatt Geschichte zu lehren, wie sie uns in der Schule im Allgemeinen beigebracht wird – also als eine Abfolge von Kriegen und Schlachten –, könnte man das Augenmerk auf gewaltfreie Bewegungen und zivilen Ungehorsam als effektives Mittel für sozialen Wandel und gegen Ungerechtigkeiten richten. Beispiele hierfür wären im 20. Jahrhundert nicht nur Gandhis passiver Widerstand gegen die britische Herrschaft in Indien, sondern auch das Ende der Sowjetunion und der Apartheid in Südafrika – ohne Krieg und mit größtenteils gewaltfreien Mitteln. Hier hat der pragmatische Pazifismus ein positives Argument in der Hand: Krieg ist nicht hilfreich, aber andere kreative Mittel der Konfliktlösung sind es durchaus. Das Problem dabei scheint allerdings ähnlich wie das, das G. K. Chesterton hinsichtlich des Christentums ausmachte: Der Pazifismus wurde nicht ausprobiert und als unzureichend befunden – nein, man befand ihn für zu schwierig und hat ihn gar nicht erst in Erwägung gezogen. Daher sollte man den Sirenenklängen derer widerstehen, die zum Rückgriff auf den Krieg drängen, und stattdessen originelle, alternative, friedensbefürwortende und friedensschaffende Maßnahmen als Antworten auf Ungerechtigkeit und Gewalt finden.

Der prinzipielle Pazifismus

Prinzipielle pazifistische Argumente müssen sich weniger an Konsequenzen und Effektivität messen lassen, um moralisch überzeugend zu sein. Ein prinzipieller Pazifist würde vielleicht sogar die Kritik akzeptieren, dass Pazifismus als Strategie »weniger erfolgreich« ist als Krieg, zumindest in bestimmten Fällen. Für ihn geht es beim Pazifismus darum, ein Gebot zu befolgen oder ein Zeugnis für die Wahrheit abzulegen. Unter den vielen Formen des Pazifismus gibt es eine explizit christliche Denkrichtung, die näher betrachtet werden muss.

Es scheint unstrittig, dass die christliche Kirche in den ersten Jahrhunderten vorwiegend pazifistisch war. Man hielt sich an die berühmten Worte Tertullians (160–220 n. Chr.), »dass der Herr, indem er Petrus entwaffnete, jeden Soldaten entwaffnet hat«. Dieses Argument geht auf eine Begebenheit zurück, die in allen vier Evangelien erwähnt wird. Jesus rügt seinen Jünger Petrus, als dieser einen römischen Soldaten mit dem Schwert bedroht, um zu verhindern, dass Jesus im Garten von Gethsemane festgenommen wird (siehe beispielsweise Mt 26,52). Und obwohl der Pazifismus seit dem vierten Jahrhundert eher von einer Minderheit im Christentum vertreten wird, hat er zu allen Zeiten bis heute die christliche Haltung zum Krieg erheblich mit geprägt. Seine wichtigsten Vertreter in jüngster Zeit, Autoren wie Stanley Hauerwas und John Yoder, sind besonders von der radikalen Reformation der Wiedertäufer oder der Mennoniten beeinflusst, die es sich zur vordringlichen Aufgabe gemacht hat, die Lehre, das Beispiel, die Person und die Werke von Jesus Christus zu verstehen.

Die Lehre Jesu

Die Lehre Jesu, auf die sich die Pazifisten vorwiegend berufen, ist die Bergpredigt, wie sie sich in den Kapiteln 5 bis 7 des Matthäus-Evangeliums findet. Insbesondere fordert Jesus hier seine Jünger auf, ihre Feinde zu lieben (Mt 5,43). Sie sollen dem keinen Widerstand leisten, der ihnen Böses tut, sondern ihm auch noch »die andere Wange hinhalten« (Mt 5,39). Dieses Verhalten, auf Feindseligkeit und Gewalt mit Liebe zu reagieren, nehmen Pazifisten zum Anlass, von Christen zu verlangen, jede Kriegsteilnahme abzulehnen. Im Neuen Testament wird diese Forderung immer wieder aufgegriffen. Die Apostel lehren uns, nicht Böses mit Bösem zu vergelten, sondern Böses durch Gutes zu überwinden und jene zu segnen, die uns verfolgen (Röm 12,14–21). Sie rufen uns auf, dem Beispiel Christi zu folgen und nicht andere zu bedrohen, wenn wir leiden, sondern uns dem gerechten Richter anzuvertrauen (1 Petr 2,19–24).

Das Beispiel Jesu

Dieser apostolische Verweis auf das Beispiel Jesu zeigt, wie Jesus seine Lehre in die Praxis umgesetzt hat. Im Mittelpunkt der christlichen Botschaft steht das Kreuz Jesu, das zeigt: Obwohl Jesus zu Unrecht leiden musste, hat er darauf nicht mit Gewalt reagiert. Bei seinem Wirken auf Erden war er zwar ständigen Angriffen und Schikanen ausgesetzt, dennoch lehnte er es konsequent ab, seinerseits zu Gewalt oder Zwangsmaßnahmen zu greifen.

Die Person Jesu

Ein noch wesentlicherer Grundsatz des christlichen Glaubens ist es, dass Gott in der Person Jesu am umfassendsten sein Wesen und sein Wirken in der Menschheitsgeschichte offenbart hat. Der Apostel Paulus fasst die christliche Frohe Botschaft folgendermaßen zusammen: Obwohl wir noch Feinde Gottes waren, zeigte er seine Liebe zur Menschheit, indem Christus für uns gestorben ist. Christliche Pazifisten argumentieren, der Tod Jesu am Kreuz zeige, wie Gott mit seinen Feinden umgehe – und wie daher Menschen, die nach Gottes Ebenbild geschaffen sind, mit ihren Feinden umgehen sollten. Das Kreuz lehrt, dass Gott sich darum kümmert, die Welt wieder in Ordnung zu bringen. Und zwar nicht durch Krieg und Blutvergießen, sondern durch gewaltlose, duldende Liebe. Diese zentrale Botschaft bedeutet, dass die Menschen nicht selbst die Probleme der Welt lösen oder diese retten müssen. Denn das hat Gott bereits durch Christus getan, und daraus schließen die christlichen Pazifisten, dass wir ganz gewiss nicht behaupten könnten, wir würden gottgefällig Böses zum Guten wenden, wenn wir dies mit kriegerischen Mitteln tun.

Der gerechte Krieg

Im Gegensatz zur pazifistischen Ablehnung jedes Krieges herrscht unter Christen die Ansicht vor, dass Krieg unter gewissen Bedingungen zu rechtfertigen ist. Diese »Tradition des gerechten Krieges« hat sich im Laufe der Jahrhunderte entwickelt, ihre zentralen Gedanken werden in den Schriften von solch historischen Größen wie Augustinus (354–430), Thomas von Aquin (1225–1274), Martin Luther (1483–1546), Francisco de Vitoria (1485–1546) und Hugo Grotius (1583–1645) dargelegt. Unter seinen neuzeitlichen Verfechtern finden sich Autoren wie Paul Ramsey, James Turner Johnson und Oliver O'Donovan.

Bedauerlicherweise wird dieser Denkansatz in der allgemeinen Diskussion oft – normalerweise dann, wenn sich ein Land zum Krieg rüstet – auf eine »Theorie« oder einen Kriterienkatalog verkürzt. Die Menschen sollen sozusagen eine Art Fragebogen ausfüllen, und die Häufigkeit ihrer »Ja«- und »Nein«-Antworten hilft ihnen dann bei der Entscheidungsfindung, ob ein bestimmter Konflikt »gerecht« ist.

Eigentlich ist die Tradition des gerechten Krieges aber ein komplexes Gedankenkonstrukt und versucht als solches, die Anwendung kriegerischer Mittel einzugrenzen und Ausschreitungen einzudämmen, indem sie den Krieg ins Verhältnis zum Streben nach Gerechtigkeit derer setzt, die die politische Macht innehaben. In diesem Sinne spiegelt diese Tradition eine ähnliche Ansicht wider wie der berühmte Ausspruch von Karl von Clausewitz, wonach der Krieg nichts weiter ist als die Fortsetzung der Politik mit anderen Mitteln. Denn es wird darauf beharrt, dass es Aufgabe der Politik ist, gerecht zu urteilen und Unrecht zu bekämpfen, anstatt einfach nur Macht zu erhalten und politische Strategien durchzusetzen.

Bei vielen Diskussionen über die Frage eines gerechten Kriegs wird versucht, diesen anhand eines Kriterienkatalogs oder mittels Prüfsteinen zu erklären. Oft sind diese in *jus ad bellum* (Recht zum Krieg) und *jus in bello* (Recht im Krieg) unterteilt, unterscheiden also, welche Kriterien erfüllt sein müssen, bevor man in den Krieg zieht, und welche während des Krieges gelten. Doch vielleicht ist es hilfreicher, diesen ethischen Denkansatz zum Krieg zu ergründen, indem man vier Fragen stellt: Wer? Warum? Wann? Und wie?

Wer?

Die erste Hürde, die die Tradition des gerechten Krieges aufstellt, betrifft die Frage, *wer* den Krieg führen soll und kann. Als Thomas von Aquin auf die Frage »Ist es stets Sünde, Krieg zu führen?« seine nicht pazifistische Antwort gab, nannte er als erste der notwendigen Bedingungen für einen gerechten Krieg, dass der Souverän, unter dessen Befehl der Krieg geführt werde, dazu ermächtigt sein müsse. Inzwischen wird das oft mit der Forderung ausgedrückt, dass Krieg von einer legitimierten Macht geführt werden muss.

Es gibt einen entscheidenden Grund für Thomas von Aquins Antwort, und diese zeigt einen der fundamentalen Unterschiede zwischen den christlichen Pazifisten und den christlichen Befürwortern eines gerechten Kriegs auf. Dahinter steht nämlich die Überzeugung, dass gewisse Handlungen nur dann vertretbar sind, wenn sie von Trägern politischer Macht (oder denen, die im Namen dieser Macht handeln) ausgeführt werden, nicht jedoch von privaten Individuen. Dies ist im Hinblick auf Strafe gesellschaftlich akzeptiert:

Ich habe nicht die Befugnis, einen anderen einzusperren, aber ein Richter und das Gefängnispersonal dürfen das bei jemandem, der das Recht gebrochen hat. Befürworter des gerechten Krieges argumentieren, dass diese Unterscheidung, wenn man sie weiterdenkt, auch für die Frage der Kriegsführung gilt. Zur Untermauerung werden Bibelstellen wie der Brief an die Römer (Röm 13,1–7) im Neuen Testament herangezogen, in dem den Trägern staatlicher Gewalt zuerkannt wird, dass sie von Gott eingesetzt wurden und eine besondere Stellung einnehmen.

In den vergangenen Jahren stellte sich diese Frage besonders nachdrücklich im Hinblick auf die Rolle der Vereinten Nationen (UNO). Bei der irakischen Invasion 1990 in Kuwait billigten die Vereinten Nationen explizit eine internationale Militärkoalition, nicht jedoch 1999 bei der Intervention im Kosovo noch beim Irakkrieg, der 2003 vorwiegend von den USA und Großbritannien geführt wurde. Doch welche juristischen Gründe auch gegen die Berechtigung dieser Kriege sprachen, dem Denkansatz des gerechten Krieges nach fehlte es ihnen nicht an Legitimität, denn sie wurden nicht von Privatarmeen, sondern von Regierungen geführt. Natürlich wären diese Kriege umso legitimer gewesen, hätte die UNO sie unterstützt. Doch in der Denktradition des gerechten Krieges ist es nicht unbedingt erforderlich, dass einer Nation das Recht zur Kriegsführung eingeräumt wird.

Das grundlegendere Problem an dieser Haltung stellt vielleicht die Neigung dar, bereits bestehende Machtstrukturen zu stützen. Welche Auswirkungen dies hat, zeigte sich ziemlich deutlich, als Martin Luther mit den Worten »Wider die mörderischen und räuberischen Rotten der Bauern« (1524) die Niederschlagung des Bauernaufstands forderte. Viele führen gute Gründe dafür an, dass sich die Tradition des gerechten Krieges neu justieren muss, um auch »gerechte Revolutionen« gegen korrupte politische Mächte zu ermöglichen. Dazu müsste man einen Weg finden, wie sich beispielsweise Nelson Mandela und der ANC zu einer legitimen Macht hätten erklären können, als sie das Apartheidregime in Südafrika bekämpften und seinen Sturz planten.

Warum?

Die zweite Grundvoraussetzung, die Thomas von Aquin dafür nennt, dass ein Krieg nicht unbedingt Sünde ist, lautet, es müsse um eine »gerechte Sache« gehen, also dass die Angegriffenen deshalb angegriffen werden, weil sie es aufgrund eines Fehlverhaltens verdienen. In der Interpretation dessen, was eine »gerechte Sache« ist, weist die Lehre vom gerechten Krieg zwei gängige Auffassungen zurück, mit denen Kriege normalerweise gerechtfertigt werden.

● Es gibt die Neigung, Krieg zu führen und sogar zu rechtfertigen, indem man sich auf Phänomene wie Nationalstolz, Eigeninteresse, rassische Überlegenheit oder wirtschaftlichen Vorteil beruft. Zweifellos wurden viele kriegerischen Auseinandersetzungen im letzten Jahrhundert aus Gründen geführt, die weit über die von Thomas von Aquin genannten hinausgehen und sehr viel weniger vertretbar sind.

● Angesichts der Schrecken eines Krieges (insbesondere der möglichen Katastrophe eines atomaren Weltkriegs wie während des Kalten Krieges) und pazifistischer Gedanken, die zu dem Wunsch führten, Krieg gänzlich aus der Welt zu schaffen, wurde es üblich, »Selbstverteidigung« als einzige Rechtfertigung für einen Krieg zu betrachten. Im Gegensatz hierzu sieht die Tradition des gerechten Krieges einen Krieg nur dann als legitim an, wenn er die Antwort auf ein schweres Unrecht ist. Das kann beinhalten, dass man sich vor einem unge-

145

rechten Angriff schützt, geht aber über die reine Selbstverteidigung hinaus.

Man kann diese Grundbedingung auch anders formulieren: Die Tradition des gerechten Krieges beharrt darauf, dass die Kriegführenden *die rechte Absicht* haben müssen. Ihr Kriegsziel muss es sein, geschehenes Unrecht wiedergutzumachen und nach einer Situation des ungerechten und gewalttätigen Chaos wieder eine gerechte, friedliche Ordnung herzustellen. In den paradoxen Worten von Augustinus: »Wir führen Krieg, um Frieden zu erhalten.«

Für christliche Pazifisten, die behaupten, der Pazifismus sei die einzig angemessene Auslegung von Jesu Bergpredigt, stellt diese Antwort eine Herausforderung dar. Denn damit wird nicht nur argumentiert, dass der Pazifismus Gefahr läuft, den Wert der Gerechtigkeit zu vergessen, sondern auch, dass Krieg eine vertretbare Form der Nächstenliebe sein kann. Wenn ein Nachbar einen anderen angreift oder ihm Unrecht zufügt, dann verlangt die Liebe zum Nächsten eine Form des Handelns, die sowohl das Unrecht beendet und wiedergutmacht als auch die schwache, unschuldige Partei beschützt. Deshalb ist in angemessener Form ausgeübte politische Macht ein Akt der Liebe. Allerdings kann eine solche Aktion unter gewissen Umständen auch den Einsatz von Zwangsmaßnahmen und sogar tödlichen Waffen erfordern.

Indem die Tradition des gerechten Krieges es ablehnt, die Rechtfertigung für einen Krieg auf die »Selbstverteidigung« zu begrenzen, anerkennt sie das mögliche Recht auf etwas, was wir heute »Interventionskriege« nennen. Dabei handelt es sich um Situationen, in denen eine Nation nicht direkt in einen bestehenden Konflikt involviert oder von Ungerechtigkeit betroffen ist, sich aber einmischt und in irgendeiner Form militärisch interveniert. Ich schreibe dieses Kapitel am 10. Jahrestag des Massakers, dem 8000 bosnische Muslime in Srebrenica zum Opfer fielen und das noch lange daran erinnern wird, was es bedeuten kann, eine Intervention abzulehnen, wenn man nicht selbst bedroht oder angegriffen wird, aber eine ethnische Säuberung stattfindet. Das Massaker in Ruanda, das 1994 in nur hundert Tagen wahrscheinlich hundertmal so viele Opfer gefordert hat, ist ebenfalls ein Zeugnis für die schreckliche Wahrheit, die in Edmund Burkes Worten liegt: »Für den Triumph des Bösen reicht es, wenn die Guten nichts tun.«

Natürlich liegen auch unverkennbar Gefahren darin, solche kriegerischen Interventionen zu rechtfertigen. Das trifft vor allem dann zu, wenn die globalen Machtverhältnisse so sind, dass eine einzige Nation als Supermacht agiert. Hier besteht eindeutig das Risiko, dass diese Macht nicht im Auftrag der internationalen Staatengemeinschaft wie ein Polizist die Erfordernisse der Gerechtigkeit durchsetzt, sondern gezielt in Hinblick auf ihren Vorteil oder ihre Interessen interveniert.

Wann?

Weil der Krieg als eine so außergewöhnliche und destruktive Maßnahme so großes körperliches Leid hervorruft, darf er nur geführt werden, wenn er unumgänglich ist. Und er darf weder leichtfertig noch frühzeitig als Mittel eingesetzt werden, sondern erst nach sorgfältiger Abwägung und wenn bereits versucht wurde, Gerechtigkeit durch alternative friedliche, weniger zerstörerische Mittel zu erreichen. Nach dieser Sichtweise ist Krieg ein »letzter Ausweg« wie die Todesstrafe und wie diese, wenn überhaupt, nur in absoluten Ausnahmesituationen zu rechtfertigen, nämlich wenn mit keiner anderen Form der Bestrafung das erforderliche Ziel erreicht werden kann. Das erlegt all denen, die Krieg als Möglichkeit erwägen, die moralische Verpflichtung auf, als Antwort auf Ungerechtigkeiten alternative, möglichst unblutige Mittel und Wege – wie diplomatische Maßnahmen oder Sanktionen – zu finden.

Auch darf Krieg nur eingesetzt werden, wenn er »vernünftige Aussicht auf Erfolg« hat. Wichtig hierbei ist, dass dies nicht schlicht »militärischen Erfolg« bedeutet, sondern heißt, dass damit das Ziel einer gerechten, friedlichen Gesellschaftsordnung erreicht werden kann. Das ist, wie der Irakkrieg und seine Nachwirkungen gezeigt haben, nicht immer so einfach wie die militärische Unterwerfung einer feindlichen Armee.

Wie?

Die Versuchung ist groß zu glauben, dass die Entscheidung für oder gegen den Krieg zwar große Überlegung erfordere, doch sobald die Entscheidung gefallen sei, rechtfertige der Zweck die Mittel, und alles sei erlaubt, wenn es nur zum Sieg führe. Die Tradition des gerechten Krieges lehnt einen solchen Pragmatismus ab. Sie besteht darauf, dass auch inmitten von Chaos, Traumata und den Schrecken des Kampfes moralische Fragen im Mittelpunkt stehen und die Entscheidungsfindung bestimmen. Die beiden Prinzipien, die das Handeln leiten sollen, sind »Verhältnismäßigkeit« und »strikte Unterscheidung«.

Wenn man entscheidet, wie ein Krieg zu führen sei, sind die zulässigen Handlungen sowohl davon bestimmt, gegen was man kämpft, als auch davon, was durch den Kampf erreicht werden soll. Mit anderen Worten: Man muss sowohl zurückschauen und sich das Unrecht in Erinnerung rufen, das zum Krieg geführt hat, als auch nach vorne blicken und sich das Gute vorstellen, das durch den Krieg erreicht werden soll. Das Prinzip der Verhältnismäßigkeit sagt also: »Nimm nicht den Vorschlaghammer, um eine Nuss zu knacken.« So wie es akzeptabel ist, zu schnell fahrende Autos zu fotografieren und ihre Fahrer mit einer Strafe zu belegen, es aber maßlos übertrieben wäre, die Fahrer zu erschießen, so müssen wir abwägen, wie ernsthaft das Delikt ist, das zum Krieg führen könnte. Manche Aktionen sind weder die angemessene noch die passende Erwiderung auf begangenes Unrecht. Beispielsweise hätten sich Maßnahmen, die

Hitler gegenüber gerechtfertigt gewesen wären, den Argentiniern gegenüber, als sie die Falkland-Inseln besetzten, nicht rechtfertigen lassen. Andere Handlungen wiederum eignen sich schlicht nicht für den Zweck, dem der Krieg dienen soll (beispielsweise Aktionen, die das soziale Gefüge zerstören, das man braucht, um nach der Beendigung des Konflikts eine gerechte und friedliche Ordnung zu etablieren).

Oft neigt man im Krieg zum »Overkill«. Dies ist vor allem dann der Fall, wenn eine Kriegsmacht militärisch überlegen ist und es (wie oft in demokratischen Staaten) den übermächtigen Wunsch gibt, die eigenen Truppen vor Verletzungen und Tod zu bewahren. Manchmal geht dieser Overkill mit einer Entmenschlichung oder gar einer Dämonisierung des Feindes einher, wodurch die Bedeutung der Opfer auf der anderen Seite herabgesetzt wird. Die Tradition des gerechten Krieges hingegen beharrt darauf, dass auch unser Feind ein Mensch ist, einer der Nächsten, die wir lieben sollen. Sie warnt, dass jegliche unangemessene Anwendung von Gewalt einem Feind gegenüber nicht nur ungerechtfertigt, sondern unmoralisch ist. Der Einsatz von Gewalt muss auf das absolut nötige Minimum begrenzt werden, mit dem das Unrecht, das den Krieg ausgelöst hat, wiedergutgemacht und das Ziel eines gerechten, geordneten Friedens erreicht werden kann.

Die Sprache der »strikten Unterscheidung« und die damit aufgeworfenen ethischen Fragen manifestieren sich in einer manchmal ziemlich verstörenden Wortwahl wie »legitime Angriffsziele« oder »Kollateralschaden«. Denn die strikte Unterscheidung verlangt, dass wir die Gesellschaft, gegen die wir Krieg führen, nicht als homogen betrachten, sondern zu differenzieren vermögen. Manche ihrer Mitglieder sind direkt und zu ihrem materiellen Vorteil an dem Unrecht beteiligt gewesen, das zum Krieg geführt hat, andere hingegen nicht. Allgemein gesprochen handelt es sich um eine Unterscheidung, wie sie das Völkerrecht zwischen Kombattanten und Nichtkombattanten macht, obwohl die Parallele nicht zwingend ist und die Grenzen fließend sein können. Das Prinzip der strikten Unterscheidung verlangt jedoch, dass nur Kombattanten direkt und absichtlich angegriffen werden dürfen. Mit anderen Worten: Selbst in Kriegszeiten gibt es eine große Zahl von Menschen, die man nicht umbringen oder verwunden darf. Im Gegensatz zu den Pazifisten halten die Befürworter des gerechten Krieges jedoch tödliche Angriffe auf bestimmte Menschen im Krieg für gerechtfertigt.

Das heißt jedoch nicht, dass ein Angriff grundsätzlich moralisch verwerflich ist, wenn unbeteiligte Zivilisten dabei sterben. Das Prinzip der »Doppelwirkung« (das auch im Kapitel *Sterbehilfe*, S. 283, thematisiert wird) erkennt an, dass es Situationen gibt, in denen eine moralisch zu billigende Handlung (beispielsweise die Bombardierung eines Militärstützpunktes) – durchaus vorhersehbare – Auswirkungen haben kann, die weder beabsichtigt noch erwünscht sind (etwa den »Kollateralschaden«, dass Zivilisten, die sich in der Nähe des Stützpunktes aufhalten, getötet werden). Wenn die Zahl der zivilen

Opfer jedoch so groß ist, dass sie jede Verhältnismäßigkeit sprengt, lässt sich die Aktion nicht mehr rechtfertigen. Doch es kann durchaus Fälle geben, in denen eine solche Handlungsweise moralisch vertretbar ist. Und zwar dann, wenn Absicht und Ziel richtig sind, auch wenn bei der Ausführung unbeabsichtigte und unerwünschte Nebeneffekte eintreten.

Allerdings schließt die strikte Unterscheidung schon ihrer Definition nach jede Form undifferenzierter Angriffe aus. Solche Kampfhandlungen müssen von jedem ernsthaften Befürworter des gerechten Krieges verdammt werden, egal wer dafür verantwortlich ist. Sie können vielerlei Formen haben: terroristische Bombenanschläge auf U-Bahnen und Busse; Flächenbombardements von Städten wie Dresden, Coventry oder Tokio; der Einsatz von Massenvernichtungswaffen wie der Abwurf der Atombombe auf Hiroshima. Hier sind die zivilen Opfer in keinerlei Hinsicht ein bedauerlicher, unbeabsichtigter Nebeneffekt. Und es ist sowohl militärisch als auch moralisch mehr als fragwürdig, eine Atombombe auf eine Stadt zu werfen und zu behaupten, man habe nicht die Absicht, Unschuldige zu verletzen.

Fazit

Denken wir über das Für und Wider eines gerechten Krieges nach, ist es vielleicht hilfreich, wenn man die Anwendung kriegerischer Mittel mit einer medizinischen Operation vergleicht. Es ist eine Faustregel, dass wir uns nicht am Körper eines anderen Menschen vergreifen dürfen. Dennoch gibt es bestimmte Notsituationen, in denen ein operativer Eingriff – auch ohne die ausdrückliche Zustimmung des Patienten – als gerechtfertigt und einzig richtige Maßnahme betrachtet wird. Doch sollte ein solcher im Normalfall nicht von irgendwem ausgeführt werden, sondern von jemandem, der über eine medizinische Ausbildung verfügt und somit dazu ermächtigt ist. Auch sollte eine Operation nur dann ausgeführt werden, wenn der Patient bekanntermaßen ein ernsthaftes Gesundheitsproblem hat und man ihn zu heilen beabsichtigt, auch wenn das Wohlbefinden des Patienten dadurch kurzfristig beeinträchtigt wird. Wenn das nicht der Fall ist, handelt es sich um keinen medizinischen Eingriff, sondern um einen tätlichen Angriff. Gibt es andere, weniger drastische Mittel, um das Problem zu beheben (etwa eine längere medikamentöse Behandlung), dann sollten diese zuerst zur Anwendung kommen. Auch sollte auf eine Operation verzichtet werden, wenn es kaum oder gar keine Chancen gibt, dass damit das Problem behoben wird. Schließlich sollte die Operation so klein und so schonend wie möglich sein (beispielsweise, falls möglich, durch minimal-invasive Chirurgie); sie sollte sich auf die Ursache des Problems konzentrieren (beispielsweise den gereizten Blinddarm) und andere Körperfunktionen nicht direkt beeinträchtigen. Wenn man die Behandlung eines bestimmten kranken Organs bei einem einzelnen Menschen in Analogie zur militärischen Antwort auf ganz bestimmte Urheber von

Bösem und von Ungerechtigkeit in einer Gesellschaft setzt, dann erscheinen einem die ethischen Argumente in der Tradition des gerechten Krieges nicht mehr so ungewöhnlich, wie es anfangs vielleicht den Anschein hatte.

Doch selbst wenn man die Stichhaltigkeit einer solchen Analogie akzeptiert, ist es unverzichtbar, sich daran zu erinnern, dass wir neben der Bekämpfung aufgetretener Krankheiten auch etwas für die Gesundheit tun müssen. Einfach nur abzuwarten, bis die Krankheit ausbricht, und dann zu überlegen, ob eine Operation gerechtfertigt sei, ist absolut unzureichend und fahrlässig. Ebenso wenig reicht es aus, erst dann etwas gegen Ungerechtigkeiten und Störungen des Friedens zu tun, wenn sie offen in Erscheinung treten, insbesondere wenn das so häufig eingesetzte Mittel – der Krieg – selbst Ursache weiterer Ungerechtigkeiten ist und ganz sicher größere soziale Unruhen auslösen wird. Daher ist die pazifistische Aufforderung unverzichtbar, nicht gewalttätige Mittel der Konfliktlösung zu entwickeln und sich dazu zu verpflichten, Frieden zu schaffen und auf Versöhnung hinzuwirken. Wenn die Anhänger der Lehre des gerechten Krieges es ernst damit meinen, dass der Krieg nur der letzte Ausweg sein darf, dann können und müssen sie viel von dieser Seite lernen. Zudem kann ein solcher Pazifismus aus christlicher Perspektive Zeugnis ablegen vom kommenden Friedensreich Gottes, indem er nämlich den weltlichen Auswegen widersteht, die so oft Gottes gesunden, lebensbejahenden gerechten Frieden zerstören, der in den jüdischen Schriften *Schalom* heißt und im Neuen Testament durch Jesus von Nazareth verkörpert wird.

Strafe

»Wenn du das noch einmal machst, dann …« Bereits in frühester Kindheit lernen wir alle das Phänomen der Strafe kennen. Sie ist vermutlich eine der ersten moralischen Streitfragen, mit denen wir uns auseinandersetzen, und vielleicht bewerten wir sie wie viele Kinder mit dem Satz: »Das ist ungerecht.« Aber was tun wir eigentlich genau, wenn wir jemanden bestrafen, und warum tun wir es? Und wie gehen wir mit den zwei umstrittensten Arten der Bestrafung um, dem Schlagen von Kindern und der Todesstrafe?

Das Wesen der Strafe

Wie die drohenden Worte zu Anfang dieses Kapitels, die Eltern so gerne in den Mund nehmen, zeigen, ist Strafe nur als Antwort auf eine vorangegangene Handlung sinnvoll. Sie ist eine Reaktion auf ein Vergehen. Und sie kann nur von jemandem, der in einem anerkannten Autoritätsverhältnis zum Missetäter steht, wirkungsvoll ausgeübt werden, wie etwa den Eltern, einem Lehrer, dem Arbeitgeber oder einem Richter.

Das Autoritätsverhältnis ist deshalb wichtig, weil der Akt der Bestrafung selbst ein negatives Erlebnis für den Bestraften sein soll (»Wenn du das noch einmal machst, dann kaufe ich dir ein neues Computerspiel«, ist keine Bestrafung!). Fehlt eine anerkannte soziale Autoritätsstruktur, dann besteht das Risiko, dass die »Bestrafung« einfach auf einen Kreislauf der Gewalt reduziert wird – wie du mir, so ich dir. Immerhin gibt es gewisse Ähnlichkeiten zwischen dem, was wir tun, wenn wir strafen (Geldbuße, Gefängnis, Schläge) und den Vergehen, die wir bestrafen (Diebstahl, Entführung, tätlicher Angriff). Daher ist es wichtig, dass die Strafe in einem größeren Kontext die Antwort einer Autoritätsperson auf ein begangenes Vergehen ist.

Was kann nun eine Strafe rechtfertigen? Können wir sie wirklich als etwas Gutes bezeichnen? Traditionell unterscheidet man in der Ethik drei Bestrafungstheorien: die Vergeltung (eine Strafe, die jemand verdient und die eine Art Wiedergutmachung für das begangene Unrecht ist); die Rehabilitation (eine Strafe, die versucht, die Person, die unrecht gehandelt hat, zu ändern und sie zu einem besseren Menschen zu machen); und die Abschreckung (eine Strafe, die die Menschen davon abhält, die Missetat zu wiederholen). Diese drei Denkansätze stellen zwar eine gewisse Hilfe für das Verständnis von Strafe dar, isoliert oder nur als großartige Theorien betrachtet können sie jedoch auch Probleme aufwerfen. Man sollte Strafe daher so auffassen, dass sie mehreren Zielen oder guten Zwecken dient.

Stärkung der moralischen Ordnung
Strafe basiert auf dem Glauben an eine moralische Grundordnung. Sie versucht diese zu stärken und zu verteidigen, indem sie negativ auf deren Verletzung

reagiert. Wenn wir jemanden bestrafen, wollen wir ihm die Augen über seine Taten öffnen, indem wir etwas tun, was ihm und anderen zeigt, dass er unrecht getan hat. Dabei ist es wichtig, dass die Strafe angemessen ist. In anderen Worten, sie soll zum Verbrechen »passen«, also weder übermäßig hoch noch zu gering im Verhältnis zur Schwere des Vergehens sein. Hier nehmen wir Bezug auf die oben erwähnte Vergeltungstheorie von Bestrafung. Obwohl die Vergeltung in unserer Gesellschaft zunehmend unpopulär wurde – und oft einfach nur als Form von Rache betrachtet wird –, ist sie von zentraler Bedeutung für das Verständnis von Strafe. Schließlich sollte man jemanden nicht bestrafen, wenn er nichts Unrechtes getan hat, auch wenn eine Bestrafung andere Vorteile mit sich bringen würde.

Genugtuung für das Opfer

Durch Strafe wird anerkannt, dass jemandem durch die Person, die bestraft wird, Unrecht geschehen ist. Ihr Ziel ist es zum einen, dem Opfer Genugtuung zu verschaffen und es zum anderen davon abzuhalten, dies selbst in möglicherweise unangemessener und rachsüchtiger Weise zu tun. So greifen Eltern bei Streitigkeiten normalerweise ein und bestrafen das Kind, das dem anderen unrecht getan hat, anstatt dies den Kindern selbst zu überlassen. Analog dazu ist das System der Strafjustiz auch deshalb notwendig, um »Blutfehden« zu verhindern, bei denen diejenigen, denen unrecht getan wurde, oder ihre Familien »das Recht selbst in die Hand nehmen«.

Rehabilitierung des Missetäters

Die Strafe soll auch dem Bestraften nützen. Sie versucht ihn von dem falschen Weg, den er eingeschlagen hat, abzubringen und ihn zu ermutigen, sich in Zukunft richtig zu verhalten. Obwohl man heutzutage großen Wert auf die Rehabilitierung des Täters legt, kann dieser Ansatz aber auch problematisch sein. Eine zu milde Bestrafung führt unter Umständen zu Einwänden, dass die Gefangenen zu gut behandelt werden und man nicht genügend berücksichtigt, welches Unrecht und Leid sie ihren Opfern zugefügt haben. In früheren Jahrhunderten hat gerade das Bemühen, die Menschen zu läutern, zur Gründung von Besserungsanstalten und anderen Einrichtungen geführt, die wir heute als unangemessen hart und grausam empfinden.

Schutz der Gesellschaft

Strafe dient darüber hinaus dem Wohl der ganzen Gesellschaft. So wird durch Strafen, die die Freiheit des Missetäters einschränken, die Umwelt vor weiteren Untaten geschützt. Das kann von einer einfachen, an ein Kind gerichteten Aufforderung (»Geh auf dein Zimmer«), das seinen Bruder oder seine Schwester geschlagen hat, bis zu einer Haftstrafe für ein Verbrechen reichen. Außerdem kann die Strafe abschreckend wirken: Das Wissen über die Folgen von bestimmten Verfehlungen hält andere davon ab, den gleichen Fehler zu begehen. Wiederum besteht allerdings die Gefahr, dass dieses Kriterium allein zu einer übermäßigen Bestrafung führen könnte. Man sollte die Strafzumessung daher nicht vom Verbrechen abhängig machen, sondern davon, inwieweit sie andere davon abschreckt, es nachzuahmen.

Die Zielsetzungen von Strafe werden von verschiedenen Menschen unterschiedlich beurteilt, woraus sich eine unterschiedliche ethische Bewertung der Strafformen ergibt. Mit diesem Hintergrundwissen widmen wir uns nun zwei Bereichen, in denen die Art der Strafe derzeit kontrovers diskutiert wird und ethische Fragen aufwirft. Das ist zum einen die körperliche Züchtigung in Form der Prügelstrafe bei Kindern und zum anderen die Todesstrafe oder Exekution verurteilter Verbrecher.

Die Prügelstrafe

Bei der Prügelstrafe werden dem Übeltäter physische Schmerzen zugefügt. In Großbritannien wurde die körperliche Züchtigung von Verbrechern 1948 verboten und seitdem nicht wieder zugelassen, obwohl immer wieder Forderungen laut wurden, bei jugendlichen Straftätern die »Rute« einzusetzen. In den Schulen blieb die Prügelstrafe jedoch noch viele Jahre erlaubt. Als ich in den siebziger und achtziger Jahren in Schottland zur Schule ging, durften die Lehrer aufsässige Schüler mit dem »Gürtel« (oder Riemen) schlagen. Erst 1986 wurde die Prügelstrafe an staatlichen Schulen und 1998 an Privatschulen gesetzlich verboten. Und noch im Februar 2005 wurde ein von

Christen angestrengter Berufungsprozess vor dem House of Lords verhandelt, die Klage erhoben hatten, das Verbot der Prügelstrafe verletze ihre religiöse Freiheit. Sie bezogen sich dabei auf das Prinzip »Wer mit der Rute spart, verzieht das Kind«, das sich aus dem Buch der Sprichwörter im Alten Testament herleitet: »Wer die Rute spart, hasst seinen Sohn, wer ihn liebt, nimmt ihn früh in Zucht« (Spr 13,24). Eltern, so behaupteten sie, könnten ihr gottgegebenes Recht, ihre Kinder körperlich zu züchtigen, an die Lehrer übertragen. Sie verloren das Verfahren.

Obwohl die Prügelstrafe in Großbritannien auf breite Ablehnung stößt, ist die körperliche Züchtigung innerhalb der Familie in einem gewissen Ausmaß immer noch gesetzlich erlaubt. Eltern dürfen also ihre Kinder schlagen. Lässt sich das noch vertreten, wenn man bedenkt, dass sie in vielen anderen Bereichen verboten ist?[1]

Die Ablehnung jeglicher körperlichen Züchtigung von Kindern wird hauptsächlich mit den Kinderrechten begründet. 1989 wurde die Kinderrechtskonvention der UNICEF von den Vereinten Nationen verabschiedet. Darin heißt es in Artikel 19: »Die Vertragsstaaten treffen alle geeigneten Gesetzgebungs-,

---

1 Zur Situation in Deutschland: 1973 (in Bayern erst 1980!) wurde die körperliche Züchtigung an Schulen gesetzlich verboten. Seit November 2000 haben Kinder auch in der Familie explizit das »Recht auf gewaltfreie Erziehung. Körperliche Bestrafungen, seelische Verletzungen und andere entwürdigende Maßnahmen sind unzulässig.« (vgl. §1631, BGB) Anm. d. Verl.

Verwaltungs-, Sozial- und Bildungsmaßnahmen, um das Kind vor jeder Form von körperlicher oder geistiger Gewaltanwendung, Schadenszufügung oder Misshandlung, vor Verwahrlosung oder Vernachlässigung, vor schlechter Behandlung oder Ausbeutung einschließlich des sexuellen Missbrauchs zu schützen, solange es sich in der Obhut der Eltern oder eines Elternteils, eines Vormunds oder anderen gesetzlichen Vertreters oder einer anderen Person befindet, die das Kind betreut.«

Britische Eltern durften viele Jahre lang ihren Kindern gegenüber körperliche Gewalt anwenden, sofern dies im Rahmen einer »zumutbaren Züchtigung« lag. 2002 kritisierte das UN-Komitee für die Rechte des Kindes diese gesetzlich erlaubte »zumutbare Züchtigung«, aber trotz der 2004 verabschiedeten Gesetzesänderung gelang es nicht, ein umfassendes Verbot der Prügelstrafe durchzusetzen. In mehreren anderen europäischen Ländern wurde die Prügelstrafe jedoch in den letzten Jahren gesetzlich verboten, zum Beispiel in Deutschland im Jahr 2000.

Obwohl sich viele Gegner der Prügelstrafe auf die Menschenrechte berufen, birgt diese Argumentation auch eine Schwachstelle. Schließlich zielt jede Bestrafung darauf ab, dem Missetäter auf irgendeine Weise Schmerzen zuzufügen, und könnte als Verletzung seiner Rechte betrachtet werden. Ganz offensichtlich ist das bei Gefängnisstrafen der Fall, die das grundsätzliche Menschenrecht auf Freiheit verletzen.

Wer seine Ablehnung der Prügelstrafe mit der Verletzung von Grundrechten begründet, wird mit den folgenden Argumenten, die sich auf die Folgen der Züchtigung beziehen, wenig anfangen können:

- Prügeln ist eine Form von körperlicher Gewalt, die Kindern Schaden zufügt (körperlich und/oder psychisch), auch wenn das nicht in der Absicht der Eltern liegt.
- Wenn Kinder von ihren Eltern verprügelt werden, weil sie etwas falsch gemacht haben, lernen sie, in unangenehmen Situationen mit körperlicher Gewalt zu reagieren. Dies ist ein Beispiel dafür, wie Gewalt immer wieder Gewalt hervorbringt.
- Letztendlich gibt es keine Beweise dafür, dass die Prügelstrafe wirksam der Abschreckung oder Besserung dient. Mit anderen Strafformen lassen sich die Ziele, die Eltern mit der Erziehungsmaßnahme verfolgen, jedenfalls besser erreichen.

Kann man die Prügelstrafe im Privatbereich wirklich verteidigen, wenn sie überall sonst verboten ist? Es gibt zwei wichtige Aspekte, warum die körperliche Züchtigung manchmal richtig sein kann:

- Die ganz spezielle Eltern-Kind-Beziehung erfordert einen eigenen Umgang mit Strafe. So kann eine bestimmte Form von Strafe innerhalb der Familie akzeptabel sein und anderswo nicht. Es ist legitim, Kinder anders zu behandeln als Erwachsene, eben weil sie Kinder sind. Sie brauchen eine besondere Art der Disziplinierung und Unterweisung darin, was richtig und was falsch ist. So wie bestimmte Formen zärtlichen Körperkontakts innerhalb einer Familie erlaubt sind, sind dort auch bestimmte Formen von körperlicher Strafe angemessen, die man in einem anderen Zusammenhang ablehnen würde.

- In einem Umfeld der liebevollen Fürsorge, des offenen Gesprächs und der Vergebung können körperliche Schmerzen in einem bestimmten Ausmaß akzeptabel und ein wirksames Mittel der Bestrafung sein. Das Kind lernt dadurch, Gefahren für Leib und Leben zu vermeiden und bestimmte Dinge, die falsch sind, nicht mehr zu tun (wie zum Beispiel seinen Bruder oder seine Schwester zu schlagen). Manche sind sogar der Ansicht, dass andere, nicht körperliche Formen der Bestrafung für das Kind weit schlimmer sein können.

Da die Prügelstrafe moralisch unterschiedlich beurteilt werden kann, stellt sich die Frage, welche Haltung die Justiz einnehmen und ob man die Prügelstrafe gesetzlich verbieten sollte. Nach allgemeiner Übereinkunft müssen Kinder vor Missbrauch geschützt werden, aber ob jede körperliche Strafe einen Missbrauch darstellt, bleibt umstritten. Es ist auch kein Widerspruch, die Prügelstrafe abzulehnen und seine eigenen Kinder nicht zu schlagen und sich gleichzeitig gegen eine strafrechtliche Verfolgung prügelnder Eltern auszusprechen. Die jüngsten, in Großbritannien vorgenommenen Gesetzesänderungen zielten darauf ab, die Grenzen enger zu stecken, ohne die Prügelstrafe komplett zu verbieten. Dabei liegt die Schwierigkeit darin zu entscheiden, wo die

Grenzen zu ziehen sind und wie man die Einhaltung der Gesetze am besten überwachen kann. Im Übrigen hat eine Bestrafung der Eltern unweigerlich Auswirkungen auf die Kinder, besonders bei Gefängnisstrafen. In manchen Fällen wirkt sich die Strafverfolgung der Eltern vielleicht sogar schlimmer auf die Kinder aus als die bezogene Prügel.

Die Todesstrafe

Für verurteilte Verbrecher gibt es die verschiedensten schweren Strafen, die extremste Art der Strafe ist es jedoch, ihrem Leben ein Ende zu setzen. Kann man das Auslöschen menschlichen Lebens überhaupt als eine Form von Strafe rechtfertigen? In der Menschheitsgeschichte war dies lange Zeit kein kontroverses ethisches Thema. Die Todesstrafe war eine akzeptierte Norm, und die Diskussion darüber drehte sich ausschließlich darum, bei welchen Verbrechen und auf welche Art die Hinrichtung erfolgen sollte. Das Mosaische Gesetz im Alten Testament führt über dreißig Kapitalverbrechen auf, darunter nicht nur Mord, sondern auch Götzenanbetung, Zauberei, Gotteslästerung, Verletzung der Sabbatruhe, Ehebruch und Sodomie. Es werden auch vielfältige Hinrichtungsarten genannt: Verbrennung, Enthauptung, Steinigung und Strangulierung.

Erst in den letzten dreißig Jahren hat sich die Ablehnung der Todesstrafe wirkungsvoll und auf breiter Linie durchgesetzt. 1977 war die Todesstrafe nur in

16 Ländern für alle Verbrechen abgeschafft, 2004 war dies bereits in 80 Ländern der Fall. In weiteren 40 Ländern wird sie heute nicht mehr angewendet, womit noch etwa 75 Länder bleiben, in denen sie nach wie vor praktiziert wird. Seit 1997 fordert die UN-Menschenrechtskommission alljährlich sämtliche Staaten auf, die Hinrichtungen einzustellen, selbst wenn die Todesstrafe weiterhin gesetzlich erlaubt bleibt. Obwohl es schwer ist, genaue Zahlen zu nennen, schätzt man, dass 2004 über 7000 Menschen in über 60 Ländern zum Tode verurteilt und fast 4000 (in 25 Ländern) tatsächlich hingerichtet wurden. Noch schockierender ist vielleicht die Tatsache, dass nur vier Länder – China, Iran, Vietnam und die USA – für 97 Prozent aller Hinrichtungen verantwortlich sein sollen.

In Großbritannien fanden die letzten Hinrichtungen durch den Strang 1964 an zwei verurteilten Mördern statt. Bis dahin waren seit Beginn des Jahrhunderts über 800 Menschen exekutiert worden. 1965 wurde die Todesstrafe für fünf Jahre versuchsweise abgeschafft und 1973 endgültig in ganz Großbritannien gesetzlich verboten. Es gab jedoch auch weiterhin einige Ausnahmen (zum Beispiel bei Landesverrat und Piraterie), und erst 1999 unterzeichnete die Regierung das Protokoll Nr. 6 der Europäischen Menschenrechtskonvention und schaffte die Todesstrafe formal und vollständig ab.[1] Obwohl es die Todesstrafe schon relativ lange nicht mehr gibt und es

---

1 In Deutschland ist die Todesstrafe seit Inkrafttreten des Grundgesetzes 1949 verboten, Anm. d. Verl.

trotz wiederholter Versuche nicht gelang, ihr Verbot rückgängig zu machen, sind weite Teile der britischen Bevölkerung (laut Meinungsumfragen die Mehrheit) immer noch der Ansicht, dass sie wieder eingeführt werden sollte.

Viele Argumente für und wider die Todesstrafe kann man einem der vier Ziele von Strafe zuordnen, die bereits erörtert wurden.

Die moralische Ordnung

Das Hauptargument vieler Befürworter der Todesstrafe lautet, dass bestimmte Verbrechen – ganz besonders Mord – so schlimm sind, dass der Tod eine legitime Antwort darauf ist. Manche stützen sich dabei auf folgende Bibelpassage: »Wer Menschenblut vergießt, dessen Blut wird durch Menschen vergossen. Denn: Als Abbild Gottes hat er den Menschen gemacht« (Gen 9,6). Eine mildere Strafe würde ihrer Ansicht nach der Schwere des Verbrechens nicht gerecht werden. Ihre Vertreter führen die derzeitige Ablehnung der Todesstrafe teilweise darauf zurück, dass man Strafe heutzutage nicht als Vergeltung betrachten möchte und man nicht mehr an eine höhere moralische Ordnung glaubt, deren Diener der Staat ist. Man kann aber durchaus dem Vergeltungsgedanken anhängen und trotzdem die Todesstrafe als unangemessene und unnötige Maßnahme ablehnen. Indem Jesus sagt: »Ihr habt gehört, dass gesagt ist: ›Auge um Auge, Zahn um Zahn.‹ Ich aber sage euch, dass ihr nicht widerstreben sollt dem Übel, sondern: wenn dich jemand auf deine rechte Backe schlägt, dem biete die andere auch dar« (Mt 5,38–39), fordert er, nicht einfach Gleiches mit Gleichem zu vergelten, und die Hinrichtung eines Mörders käme vielleicht einer solchen »Aufrechnung« gleich.

Die in der Bevölkerung immer noch große Popularität der Todesstrafe hat ihren Grund vielleicht hauptsächlich in dem Wunsch nach Genugtuung für das Opfer und seine Familie. Die Angehörigen eines Mordopfers verlangen Gerechtigkeit und erheben häufig die Forderung, dass es eine dem Verbrechen angemessene Strafe geben muss, und das wäre die Todesstrafe. Die biblische Geschichte vom ersten Mord verdeutlicht dieses soziale Phänomen: Abels Blut schreit von der Erde (Gen 4,10), und Kain sorgt sich: »Wer der mich findet, wird mich erschlagen« (Gen 4,14). Es ist jedoch wichtig, dass Gott versucht, diesen Teufelskreis der Rache zu durchbrechen. Er zeichnet Kain mit einem geheimnisvollen Mal, das ihm sogar als Mörder seines Bruders göttlichen Schutz gewährt. Dieselbe Besonnenheit zeigt sich auch darin, wie Jesus in der Geschichte von der Ehebrecherin mit dieser angeblichen Schwerverbrecherin umgeht (Joh 8). Auf seine berühmten Worte hin: »Wer unter euch ohne Sünde ist, der werfe den ersten Stein auf sie«, zerstreuten sich die Schriftgelehrten und Pharisäer. Viele Menschen sind der Meinung, dass wir uns daran ein Beispiel nehmen und deshalb nicht den Tod eines Verbrechers fordern sollten.

Das stärkste Argument gegen die Todesstrafe ist ohne Zweifel, dass eine Rehabilitierung des Täters oder der Täterin nicht mehr möglich ist, da die Todesstrafe seinem oder ihrem Leben ein Ende setzt. Für viele, besonders für diejenigen, die darin den Hauptnutzen von Strafe sehen, ist dieses Argument ausschlaggebend. In der abendländischen Geschichte führte der Glaube an ein Leben nach dem Tod jedoch dazu, dass diese Haltung lange Zeit kaum eine Rolle spielte. Die Angst, nach der Hinrichtung von Gott gerichtet zu werden, war sogar so groß, dass viele dadurch bekehrt wurden. Wie Berichte über Häftlinge, die in der Todeszelle eine radikale Wandlung durchmachen, zeigen, gibt es dieses Phänomen auch heute noch. Bekannte Beispiele aus jüngster Zeit sind die Fälle von William Payton und Carla Faye Tucker; wegen ihrer angeblichen Bekehrung zu wiedergeborenen Christen wurden Versuche unternommen, ihre Todesstrafen in lebenslängliche Haftstrafen umzuwandeln.

Am umstrittensten ist vielleicht die Frage, ob die Todesstrafe die Gesellschaft wirksam schützt. Ohne Zweifel sorgt sie sehr effektiv dafür, dass von dem hingerichteten Verbrecher künftig keine Gefahr mehr ausgeht. In einigen Gesellschaften ist dies vielleicht nur auf diese Art zu gewährleisten, daher hüten sich manche, die Todesstrafe immer und überall als etwas Falsches zu bewerten. In den meisten modernen Gesellschaften bieten jedoch andere Formen der Strafe (insbesondere Hochsicherheitsgefängnisse) ausreichenden Schutz, sodass es unnötig ist, den Straftäter zu töten. Es gibt jedoch nach wie vor eine heftige Diskussion darüber, ob die Todesstrafe eine abschreckende Wirkung hat und dadurch Schwerverbrechen verhindert. Die Erfahrungen aus Ländern, in denen die Todesstrafe abgeschafft wurde, zeigt, dass dies nicht zu einer Zunahme von Gewaltverbrechen geführt hat. Und wie man am Beispiel Amerika sieht, kann es trotz Todesstrafe eine hohe Rate an Gewaltverbrechen geben. Manche sind sogar der Meinung, dass die Beibehaltung der Todesstrafe eine Kultur des Todes eher noch fördere, als abschreckend auf potenzielle Verbrecher zu wirken.

Schließlich gibt es noch ein weiteres Argument, das in keine der vier Kategorien passt, das aber für viele in dieser Diskussion entscheidend ist – nämlich das Risiko und die Folgen menschlichen Irrtums. Sogar in relativ unbestechlichen Rechtssystemen werden manchmal Menschen für Verbrechen verurteilt, die sie nicht begangen haben. Die Fehlbarkeit der Justiz stellt immer ein ernstes Problem dar, aber wenn der Verurteilte hingerichtet wird, kann ein falsches Urteil nicht wiedergutgemacht werden. Und wenn das Verbrechen einen öffentlichen Aufschrei verursacht hat und man schnell einen Schuldigen braucht, sind solche Irrtümer vielleicht besonders häufig. In Großbritannien hat es seit der Abschaffung der Todesstrafe eine Reihe von Justizirrtümern gegeben, zum Beispiel bei den Guildford Four, den Birmingham Six, den Tottenham Three und den Bridgewater Four. Diese Urteile hätten zu Exekutionen führen können, wenn es die Todesstrafe noch gegeben hätte. Bei vier Personen, die in den fünfziger Jahren des vorigen Jahrhunderts gehenkt worden sind (besonders berühmt war der Fall von Derek Bentley, von dessen Geschichte der Film »Gib's ihm Chris!« handelt), befand man das Urteil rückwirkend als fragwürdig, und viele gehen davon aus, dass davor noch mehr unschuldige oder geisteskranke Menschen irrtümlich zum Tode verurteilt worden waren.

Die Christen haben die Todesstrafe fast ihre ganze Geschichte hindurch größtenteils akzeptiert oder gar unterstützt. Sie beriefen sich dabei hauptsächlich auf das 13. Kapitel aus dem Brief des Apostels Paulus an die Römer, in dem er davon spricht, dass jede staatliche Gewalt von Gott stammt und er die Träger der staatlichen Macht mit dem Schwert ausgestattet hat, damit sie das Urteil an dem vollstrecken, der Böses tut. Ihrer Auslegung nach war der Staat somit ermächtigt, in bestimmten Fällen die äußerste Strafe anzuwenden, um damit die gottgegebene Aufgabe, Gerechtigkeit zu üben, zu erfüllen. Die Kirche – und auch der Papst – steht der Todesstrafe jedoch zunehmend kritisch gegenüber. Sie wird entweder in der modernen Gesellschaft als unnötig erachtet (weshalb Anstrengungen zu ihrer Abschaffung unternommen werden sollten) oder als durch und durch unmoralisch und daher grundsätzlich inakzeptabel.

Fazit

In einem seiner packendsten Stücke, dem »Kaufmann von Venedig«, das sich mit Urteil und Strafe beschäftigt, lässt Shakespeare Portia folgende denkwürdigen Worte sagen: »Ob auch dein Anspruch

Recht ist, so bedenke, dass, ging es nur nach Recht, von uns nicht einer Erlösung fänd.« Sie pocht nicht auf Gerechtigkeit und eine gerechte Strafe, sondern preist vielmehr die Vorzüge der Gnade: »In ihr wohnt Gottes Wesen selbst; und dann nur zeigt irdische Macht sich Gott am ähnlichsten, wenn Gnade tritt zum Recht.« Wie wir gesehen haben, ist Strafe ein notwendiges und universelles Merkmal des menschlichen Daseins, weil auch Fehler ein universelles Merkmal des menschlichen Daseins sind. Es besteht allerdings die Gefahr – insbesondere wenn wir selbst die Geschädigten sind –, dass wir Strafe als unproblematisch betrachten oder, noch schlimmer, rigorose und harte oder sogar »grausame und außergewöhnliche« Strafen fordern, vor allem bei besonders schwerwiegenden Vergehen. Die Ethik ist daher teilweise dafür zuständig, bestimmte Strafarten kritisch zu beurteilen, wie das in diesem Kapitel im Hinblick auf die Prügelstrafe und die Todesstrafe geschehen ist. In jeder Gesellschaft, besonders aber für Christen, die Gottes Gnade in Christus erfahren haben, besteht die tiefere ethische Herausforderung jedoch darin, sich sowohl beim Urteil als auch bei der Strafe an Portias weise Worte zu erinnern und Mäßigung zu üben sowie Gnade walten zu lassen.

Tiere

Über den größten Teil der Menschheitsgeschichte hinweg war die ethische Frage, wie man Tiere behandeln soll, weder philosophisch noch politisch von sonderlicher Bedeutung. Das hat sich erst in jüngster Zeit geändert, als sich ein wesentlich ausgeprägteres Bewusstsein für diese Fragen entwickelte. Wichtige Philosophen wie Peter Singer propagieren die »Befreiung der Tiere«, und Massenbewegungen setzen sich für Gesetzesänderungen und eine andere Haltung gegenüber Tieren ein. Ehe wir uns mit drei Teilbereichen dieser Diskussion befassen – Tiere als Nahrungsmittel, Experimente an Tieren und Jagd auf Tiere –, sollten wir uns vergegenwärtigen, warum es in den letzten Jahrzehnten zu einer derartigen Bewusstseinsänderung gekommen ist. Erst wenn wir uns mit den entsprechenden Ansichten sowie mit der prinzipiellen Frage nach unseren Verpflichtungen gegenüber Tieren vertraut gemacht haben, können wir die Differenzen in den jeweiligen Punkten verstehen.

Der traditionelle Blick auf Tiere

Der Grund, warum in der Geschichte der westlichen Zivilisationen Tiere kaum eine Rolle in ethischen Diskussionen gespielt haben, liegt darin, dass es nach dem christlichen wie auch nach dem klassisch-antiken Verständnis eine strikte hierarchische Trennung zwischen Mensch und Tier gibt. Der Mensch glaubte über Tiere weitgehend nach Belieben verfügen zu dürfen. Bekräftigt wurde diese Haltung durch die Aufklärung mit ihrer Betonung der Vernunft als wesentlichem Merkmal des Menschseins. Heute stellen manche jedoch diese Sichtweise in Frage und behaupten sogar, einige Tiere hätten einen höheren moralischen Status als bestimmte Menschen.

Zweifellos gibt es zwischen Mensch und Tier sowohl Gemeinsamkeiten als auch Unterschiede – vieles verbindet uns, aber zugleich trennt uns Wesentliches. Wie bedeutsam diese Unterschiede aus moralischer Sicht sind, wird allerdings kontrovers diskutiert.

Der altgriechische Philosoph Aristoteles sah eine klare Hierarchie innerhalb der Schöpfung: Pflanzen existieren zum Nutzen der Tiere, Tiere wiederum zum Nutzen der Menschen. Nach diesem Denkmodell haben Tiere lediglich den Zweck, den Interessen und Bedürfnissen des Menschen zu dienen. Sie besitzen an sich keinen nennenswerten moralischen Status. Tieren Leid anzutun oder sie zu töten gilt demnach nicht als ethisch bedenklich, solange es zum Wohl des Menschen geschieht. Von dieser Warte aus gesehen erübrigen sich praktisch alle moralischen Erörterungen darüber, ob man Tiere essen oder jagen oder für Experimente benutzen darf.

Eine ähnlich hierarchische und instrumentalisierende Sicht der Beziehung zwischen Mensch und Tier hat sich unter Berufung auf die Bibel in der

Hauptströmung des christlichen Denkens etabliert. Die biblische Schöpfungsgeschichte weist dem Menschen eindeutig einen privilegierten Platz in der göttlichen Schöpfung zu: Männer und Frauen sind als einzigartiges »Abbild Gottes« (Gen 1,27) die Krone der Schöpfung. Gott legt auch das Verhältnis der Menschen zu Tieren fest: »Sie sollen herrschen über die Fische des Meeres, über die Vögel des Himmels, über das Vieh, über die ganze Erde und über alle Kriechtiere auf dem Land« (Gen 1,26). Infolgedessen haben die meisten führenden Theologen des Christentums über die Jahrhunderte hinweg eine ähnliche Ansicht vertreten wie Augustinus, wonach die vernunftlosen Tiere dem vernunftbegabten Menschen unterworfen seien und er sie sich zunutze machen solle, wie er es für richtig hält.

Auch in der Neuzeit hat man, geprägt vom Gedankengut der Aufklärung, eine klare, qualitative Unterscheidung getroffen, die ebenfalls auf Vernunft basiert. Der berühmte Ausspruch des Philosophen René Descartes aus dem 17. Jahrhundert »Ich denke, also bin ich« unterstreicht die Bedeutung des rationalen Denkens und des Verstandes. Da Tieren diese Eigenschaften fehlen, sah man in ihnen nicht viel mehr als belebte Maschinen, deren Wohlergehen man kaum eine moralische Bedeutung beimaß.

Die Tradition überdenken

Verschiedene Faktoren haben zu einer Neubewertung dieser traditionellen Sicht des Tierreichs geführt, wenngleich die gedankliche Grundlage dafür nicht immer klar benannt oder verstanden wird. Vor allem die nachfolgenden drei Faktoren haben auf je eigene Weise zu einer Hinterfragung der bisherigen Perspektive beigetragen, sodass der Umgang mit Tieren heute mehr und mehr als wichtige ethische Frage wahrgenommen wird.

Evolution

Da die Theorie, dass der Mensch entwicklungsgeschichtlich aus dem Tier hervorgegangen ist, heute weitgehend akzeptiert wird, erscheint die Kluft zwischen Mensch und Tier für uns weniger bedeutsam als etwa für diejenigen, die die Schöpfungsgeschichte wörtlich genommen und der Erschaffung des Menschen daher einen besonderen Stellenwert eingeräumt haben. In Anbetracht unserer Verbindung zum übrigen Tierreich – insbesondere zu den Primaten – ist der Anspruch des Menschen, einen einzigartigen und qualitativ höheren Status zu besitzen, für viele hinterfragbar geworden.

Hegen und bewahren

Für Christen stellt sich auch die Frage, ob das traditionelle Verständnis der Schöpfung nicht übersieht, welche Bedeutung die nicht menschlichen Geschöpfe für Gott haben und welche Verantwortung der

Mensch deshalb gegenüber Tieren hat. Der Auftrag, den Gott den Menschen gegeben hat, nämlich »über die Fische des Meeres, über die Vögel des Himmels und über alle Tiere, die sich auf dem Land regen« (Gen 1,28) zu herrschen, sollte in ihren Augen nicht als Machtausübung, Kontrolle und Verfügungsgewalt verstanden werden, sondern im Sinne von Hegen und Bewahren – jener Art von Herrschaft, wie sie für die Christen Jesus Christus verkörpert hat. Es gibt auch viele Hinweise für Gottes Anteilnahme und Fürsorge dem Tier gegenüber, angefangen von ihrem Schutz in Noahs Arche (Gen 9) bis hin zu dem denkwürdigen letzten Vers des Buches Jona, in dem Gott sich dafür verteidigt, dass er die Stadt Ninive verschont hat, »eine so große Stadt, in der mehr als hundertundzwanzigtausend Menschen sind, die nicht wissen, was rechts oder links ist, dazu auch viele Tiere«. In der biblischen Vision der Endzeit ist die erneuerte Schöpfung ein friedliches Königreich sowohl für Menschen als auch für Tiere, wie in Jesajas Prophezeiung vom friedlichen Zusammenleben von Wolf und Lamm (Jes 11,6–9). Im Gegensatz zu der Auffassung, die Tiere stünden dem Menschen zur beliebigen Verfügung, verdeutlicht Psalm 50, dass die Tiere der Besitz Gottes und Gegenstand seiner Anteilnahme sind: »… mir gehört alles Getier des Waldes, das Wild auf den Bergen zu Tausenden. Ich kenne alle Vögel des Himmels, was sich regt auf dem Feld, ist mein eigen.« (Ps 50,10–11) Vor diesem breiteren biblischen Hintergrund wird argumentiert, viele Christen hätten eine schiefe Sicht auf das Verhältnis zwischen Mensch und Tier. Überdies hat es in der christlichen Tradition auch solche Leute gegeben, die sich durch ihre Abweichung von der vorherrschenden Weltanschauung und ihre Liebe zu Tieren hervorgetan haben. Der Bekannteste unter ihnen ist natürlich Franz von Assisi, der Schutzpatron der Tiere.

Leiden

»Die Frage ist nicht ›Können sie *denken*?‹ oder ›Können sie *reden*?‹, sondern: ›Können sie *leiden*?‹« Diese Worte des englischen Philosophen Jeremy Bentham (1748–1832) markieren einen grundlegenden Wandel in unserem Verständnis dessen, wie wir mit Tieren umgehen sollten. Anstatt sie aufgrund ihrer Unfähigkeit zu Vernunft und zu verbaler Kommunikation als von uns elementar verschieden zu sehen, halten viele die Erfahrung von Schmerz und Leid, die Mensch und Tier gemeinsam ist, für den zentralen Punkt. Tiere, heißt es, haben Interessen, die wir erkennen und respektieren müssen, denn sie sind fühlende Wesen wie wir (anders als etwa Steine oder Autos). Sie sind imstande, Leid wie auch Freude zu empfinden. Welcher Art ihr Schmerzempfinden genau ist, bleibt natürlich eine höchst umstrittene Frage, aber es hat sich heute weitgehend die Meinung durchgesetzt, dass die traditionelle Sicht der Tiere ein entscheidendes Manko hat, weil sie diese Tatsache nicht berücksichtigt. Zuweilen wird sogar angeführt, aufgrund ihres Empfindungsvermögens könnte man den Tieren (oder zumindest manchen von ihnen) Wünsche, Vorlieben und somit eine Art von geistiger Aktivität zuschreiben.

Neue Denkansätze:
Speziesismus und Tierrechte

Dieser Wandel im Denken hat zu einem ganz neuen System ethischer Fragestellungen bezüglich unseres Umgangs mit Tieren geführt. Um dies zu verstehen, muss man sich insbesondere mit zwei neuen moralischen Kategorien beschäftigen: dem Speziesismus und den Tierrechten.

Es gibt heute eine größere Sensibilität gegenüber rassistischen, sexistischen und diversen anderen Meinungen und Verhaltensmustern, die ungerechte, oft auch unbewusste Vorurteile und Diskriminierungen beinhalten. Diese basieren alle darauf, dass wir bestimmte Differenzierungen zwischen Menschen vornehmen. Einige Ethiker stellen jetzt allerdings die Frage, warum unsere moralischen Kategorien auf den Menschen beschränkt sein sollen. Wie würden wir uns denn fühlen, wenn eine intelligentere Spezies auf die Erde käme, uns Schmerz und Leid zufügte, uns nur zu ihren eigenen Zwecken ausnützte und dann ihr Verhalten damit rechtfertigte, dass wir eben eine andere, niedrigere Spezies seien?

Der Begriff Speziesismus wurde 1970 von Richard Ryder, einem britischen Psychologen, geprägt, der zu einem Vordenker auf diesem Gebiet wurde. Er stellte seine Experimente mit Tieren ein und appellierte an die Öffentlichkeit, ihren Blick auf die Tiere und ihren Umgang mit ihnen zu überdenken. Speziesismus ist ein negativ besetzter Ausdruck für die Anschauung, dass man ein Wesen, nur weil es einer anderen Spezies angehört, anders behandeln darf, als man es in moralisch vertretbarer Weise mit seinen Mitmenschen tut – selbst wenn die Fähigkeiten dieser Mitmenschen (beispielsweise zu kommunizieren oder sich fortzubewegen) denen mancher Tiere unterlegen sind.

Ein dem Speziesismus entgegengesetzter Denkansatz besagt, dass Tiere – ebenso wie Menschen – Rechte haben, die wir jedoch bei unserem Umgang mit ihnen häufig missachten. Da unter Philosophen schon umstritten ist, was es heißt, wenn *Menschen* Rechte haben (etwa im Hinblick auf Art, Ursprung und Inhalt solcher Rechte), ist, wie man sich denken kann, die Bedeutung von Rechten für *Tiere* ein noch größerer Zankapfel. Kritiker mögen sich über die Idee lustig machen (und fragen, ob Pinguine ein Wahlrecht haben) oder die ernsthaftere Frage stellen, wie Tiere denn zu diesen Rechten kommen sollten oder wie sie einen Anspruch darauf geltend machen könnten. Das zentrale Argument ist jedoch, dass auf der Grundlage moralisch relevanter Merkmale, die Mensch und Tier gemeinsam haben (zum Beispiel die Fähigkeit zu leiden), der Mensch ihnen gewisse Dinge schuldet, die er seinen Mitmenschen in Form von Rechten zugesteht, Tieren aber in aller Regel vorenthält.

Aus diesen unterschiedlichen Betrachtungsweisen des Tiers ergeben sich zwangsläufig unterschiedliche Antworten auf die jeweiligen ethischen Fragen zur Behandlung von Tieren. Im weiteren Verlauf des Kapitels werden einige Argumente für und gegen Vegetarismus, Tierversuche und die Jagd erörtert.

Verzehr von Tieren

Meistens verschwenden wir kaum einen Gedanken daran, ob es moralisch vertretbar ist, bestimmte Dinge zu essen. Wenn wir uns anders ernähren würden, hätte das jedoch für die Tiere enorme Auswirkungen. Die alte Geschichte vom Huhn und dem Schwein trifft es ganz gut: Das Huhn schlägt dem Schwein vor, sie sollten unglückliche Menschen aufmuntern, indem sie ihnen Eier und Speck zum Frühstück anbieten. »Ich weiß nicht recht«, erwidert das Schwein. »Du musst dazu nur einen Beitrag leisten, aber mein Einsatz ist erheblich höher!« Dieser »Einsatz« der Tiere nimmt enorme Ausmaße an: Man schätzt, dass in den USA jährlich 20 Milliarden Tiere zu Nahrungszwecken getötet werden; in Großbritannien sind es jeden Tag 25 Millionen.

Unser Umgang mit Tieren steht immer häufiger im Mittelpunkt intellektueller Debatten. Parallel dazu entscheiden sich mehr und mehr Menschen für eine vegetarische Lebensweise. In Großbritannien geht man davon aus, dass etwa sieben Prozent[1] der Bevölkerung Vegetarier sind, wobei der Anteil der Frauen deutlich höher liegt. Sogar bei Kindern lässt sich ein solcher Trend beobachten, was vielleicht dem Einfluss von Filmen wie *Ein Schweinchen namens Babe* oder Roald Dahls provokantem Gedicht »The Pig« geschuldet ist; in Letzterem geht es darum, dass ein schlaues Schwein dem Bauern zuvorkommt und ihn

---

1 In Deutschland rund acht Prozent, Anm. d. Verl.

tötet und verspeist, bevor dieser es zum Schlachter bringen kann.

Der Grund für den Verzicht auf Fleisch ist nicht immer moralischer Natur, er kann auch durch persönliches Geschmacksempfinden oder gesundheitliche Bedenken motiviert sein. Allerdings gibt es auch eine solide ethische Grundlage dafür, kein Fleisch zu essen.

Wenn man davon ausgeht, dass Tiere Rechte haben, zählt sicherlich zu den grundlegendsten Rechten das Recht zu leben und nicht getötet zu werden. Von dieser Warte aus gesehen mag es zwar Situationen geben, in denen das Töten von Tieren gerechtfertigt ist, jedoch nur dann, wenn das Überleben von Menschen davon abhängt. Dies ist aber angesichts der heutigen Ernährungslage in großen Teilen der Welt nicht der Fall, weil andere Nahrungsquellen zur Verfügung stehen. Wenn wir Tiere töten, um sie zu essen, sprechen wir ihnen daher in ungerechtfertigter Weise das Recht auf Leben ab.

Andere argumentieren, selbst wenn das Töten von Tieren zu Ernährungszwecken legitim sein könnte, ist die Behandlung von Tieren in der Viehhaltung grausam (obwohl sich kaum jemand, der im Supermarkt seinen Sonntagsbraten kauft, dessen bewusst ist). Um die Massennachfrage nach Fleisch kostengünstig zu befriedigen, pfercht man Tiere in regelrechten Tierfabriken auf engstem Raum zusammen oder hält sie in winzigen Käfigen, bis sie geschlachtet werden. Die Methoden, die angewandt werden, bis das Tier als Fleisch auf unserem Teller landet – etwa die Entschnabelung von Hühnern oder die Kastration von Schweinen – lassen völlig außer Acht, was die Tiere dabei an Schmerz und Leid erdulden müssen. Mag der Fleischverzehr theoretisch gerechtfertigt sein oder nicht, in der Praxis trägt er dazu bei, dieses grausame System zu unterstützen und aufrechtzuerhalten.

Fleisch zu essen wird als etwas so Normales empfunden, dass sich die meisten Nichtvegetarier wenige Gedanken darüber machen, welche moralischen Fragen damit verbunden sind. Wer den Fleischgenuss verteidigt, tut dies zumeist, weil er von den propagierten »Tierrechten« nicht überzeugt ist und an der Auffassung festhält, dass Tiere dazu da sind, menschliche Bedürfnisse zu befriedigen – wozu dann auch die Geschmacksvorlieben gezählt werden. Selbst wenn man Bedenken wegen der Grausamkeiten in der Nahrungsproduktion hat, muss man nicht zwangsläufig auf Fleisch verzichten. Man könnte beispielsweise auf Produkte aus ökologischer oder Freilandhaltung zurückgreifen. Außerdem, so argumentieren manche, verdankten viele Tiere ihre Existenz lediglich ihrer Bedeutung für die Nahrungsmittelindustrie, und da sie ohnehin sterben müssten, sei es nicht sonderlich problematisch, ihren Todeszeitpunkt von vornherein festzulegen, damit sie den Menschen als Nahrung zur Verfügung stünden.

Manche Christen ziehen auch die Bibel heran, um den Fleischverzehr zu rechtfertigen. Wenngleich Adam und Eva anscheinend Vegetarier waren und sich nur pflanzlich ernährt haben (Gen 1,29), gestattet Gott den Menschen nach der Sintflut, Fleisch zu essen (Gen 9,3). Eine vegetarische Lebensweise schreibt die Heilige Schrift weder den Juden noch den Christen vor, und sie spielt auch in der christlichen Tradition keine größere Rolle. In einer berühmten Geschichte rügt Gott vielmehr die Einstellung des Apostels Petrus gegenüber Nichtjuden, indem er ihn auffordert, unreine zu schlachten und zu verspeisen (Apg 10). Für die meisten Menschen – Christen und Nichtchristen – ist das Thema Fleischverzehr noch immer (zu Recht oder zu Unrecht) eher eine Frage des persönlichen Geschmacks als des sittlichen Gebots.

Tierversuche

Würde man Leute nach ihren Assoziationen zum Wort »Beagle« befragen, bekäme man oftmals so ungewöhnliche Antworten wie »Rauchen«, »Pfeife« oder »Zigarette«. Der Grund liegt darin, dass mit diesen Hunden Experimente über die Gefahren des Tabakgenusses für Menschen durchgeführt wurden. Bilder der rauchenden Hunde erlangten traurige Berühmtheit und wurden beinahe zu einem Symbol in der Debatte über Tierversuche. Neuerdings findet diese Debatte ihren bildlichen Niederschlag in dem verblüffenden Foto von einer Maus, der ein menschliches Ohr aus dem Rücken »wächst«.

Der Mensch hat in seiner Geschichte schon immer Experimente an Tieren durchgeführt (oft »Vivisektion« genannt), die eindeutig als unmoralisch angesehen würden, wenn Menschen die Versuchsobjekte wären. Schon im 6. Jahrhundert vor Christus wurde die Funktion des Sehnervs an lebenden Tieren demonstriert, indem man die Nervenstränge durchschnitt, wodurch die Tiere erblindeten. Historisch betrachtet wurden viele Entdeckungen in der Humanmedizin mithilfe von Tierversuchen gemacht. Zahlreiche neue medizinische Methoden und Medikamente wurden zuerst an Tieren erprobt, von Bluttransfusionen über Insulin bis hin zu Organtransplantationen und Polioimpfstoffen. Als es Ende des 20. Jahrhunderts möglich wurde, Tiere mittels Narkose zu betäuben, stieg in Großbritannien die Zahl der Tierversuche von einigen hundert im Jahr 1881 (dem Beginn der Aufzeichnungen) auf fast 100 000 zwanzig Jahre später. Im 20. Jahrhundert nahm diese Zahl weiter zu, fiel allerdings in den letzten Jahrzehnten aufgrund öffentlicher Proteste und strengerer Gesetzesauflagen drastisch ab. Nichtsdestoweniger wurden allein in Großbritannien im Jahr 2002 über 2,7 Millionen genehmigte Tierversuche durchgeführt[1], und eine Narkose hatten nur die wenigsten Tiere erhalten.

Innerhalb der Kategorie »Tierversuche« gibt es etliche Unterkategorien, und diese kann man anhand mehrerer Punkte ethisch differenzieren.

---

1 Zum Vergleich: 2005 kamen allein in Deutschland mehr als 2,4 Millionen Labortiere bei genehmigungs- oder anzeigepflichtigen Experimenten ums Leben, Anm. d. Verl.

Der Zweck des Experiments

Hier lässt sich weiter unterteilen in Versuche, die der medizinischen Forschung, der Produkterprobung (etwa bei Kosmetika) oder militärischen Zwecken dienen – obwohl es sogar bei diesen Unterscheidungen Grauzonen gibt. Die meisten Menschen haben eher Verständnis für Experimente, die zur Entdeckung oder Erprobung von Heilmitteln gegen schwere Krankheiten scheinbar unvermeidlich sind, als für solche, die der Entwicklung von Luxuskonsumgütern dienen.

Die bei den Versuchen verwendeten Tiere

Tierversuchsgegner neigen dazu, den Blick der Öffentlichkeit auf diejenigen Labortiere zu lenken, die beliebte Haus- und Streicheltiere sind (wie Kaninchen und Hunde), wohingegen die meisten Experimente – über 2 Millionen in Großbritannien[1] – an Mäusen und Ratten durchgeführt werden. Moralische Unterscheidungskriterien sind schwer aufrechtzuerhalten, wenn sie auf einem »Niedlichkeitsfaktor« beruhen, den wir bestimmten Tierarten zubilligen. Allerdings kommen auch andere Faktoren zum Tragen. So ist es bemerkenswert, dass in Großbritannien keine Tierversuche an Großaffen durchgeführt werden dürfen und auch Experimente an anderen Primaten als höchst bedenklich gelten.

---

1 In Deutschland machten Mäuse und Ratten 2005 knapp 2 Millionen der insgesamt 2,4 Millionen Tiere aus, Anm. d. Verl.

Das durch den Versuch zugefügte Leid

Die Arten von Tests und das Ausmaß an Schmerz, das den Tieren dabei zugefügt wird, kann sehr variieren, aber in den meisten Fällen muss das Tier Schmerz in einem gewissen (und oftmals erheblichen) Grad erleiden und wird am Ende des Tests getötet.

Der Wert des Experiments

Ein weiteres entscheidendes Kriterium ist natürlich der Wert des Versuchs an sich. Hier sind zwei Fragen zu berücksichtigen. Erstens: Welcher Nutzen entspringt daraus, wenn das Experiment die gewünschten Informationen liefert? Das können Erkenntnisse über die Wirksamkeit eines neuen Medikaments oder über die Reaktion von Tieren auf bestimmten Stress sein. Anhand einer Art Kosten-Nutzen-Analyse ließe sich bereits im Voraus feststellen, ob im Erfolgsfall die Vorteile den Einsatz rechtfertigen. Zweitens, und sehr viel schwieriger zu bestimmen: Wird das Experiment zu einem verwertbaren Ergebnis führen? Möglicherweise müssen Tiere leiden, ohne dass das Experiment ein Ergebnis liefert, und wenn doch, ist es auf den Menschen nicht unbedingt übertragbar.

Für die Verfechter der Tierrechte und des Anti-Speziesismus haben solche Unterscheidungen wenig oder gar keine Bedeutung. Sie setzen sich für das Verbot aller Experimente ein, die Tieren Schmerz und Tod bringen. Einige von ihnen, wie Richard Ryder, haben früher selbst an Vivisektionen mitgewirkt, sich dann aber von diesem ganzen Betrieb mit seiner Brutalität gegen Tiere – die praktisch Folter gleichkommt – empört abgewandt. All dies geschehe, so argumentieren sie, weil wir Menschen uns in beinahe religiöser Weise dem wissenschaftlichen Fortschritt sowie wirtschaftlichen und militärischen Interessen verschrieben hätten. So gesehen ist die Abschaffung solcher Experimente eine moralische Pflicht und ein absolutes Muss. Bemühungen, die Situation von Versuchstieren durch Gesetzesänderungen zu verbessern, genügen manchen Tierschützern nicht. Sie versuchen, durch gewaltfreie Aktionen Tiere zu befreien, die für Versuchszwecke eingesetzt oder eigens dafür gezüchtet werden. In den letzten Jahren haben jedoch besonders radikale Tierschützer nicht einmal vor Gewalt gegen Mitarbeiter von Tierversuchslabors zurückgeschreckt. Ihre Logik ähnelt der von radikalen Abtreibungsgegnern: Wer sich an solchen Praktiken beteiligt, muss damit rechnen, angegriffen zu werden, weil er oder sie daran mitwirkt, einem Geschöpf sein elementares Recht auf Leben streitig zu machen.

Viele Menschen, die Vivisektion nicht grundsätzlich ablehnen, reagieren entsetzt, wenn sie erfahren, wie grausam und unnötig Tierexperimente oftmals sind. Eine gängige Methode, Tierversuche zu verringern und einzuschränken, ist die »3-R-Regel«, die maßgeblich zu Gesetzesreformen in diesem Bereich beigetragen hat. Nach dieser Regel sollen sämtliche Tierversuche ersetzt (*replaced*), reduziert (*reduced*) und optimiert (*refined*) werden, um unnötige Grausamkeiten zu vermeiden.

Das erste »R« (»Replacement«/Ersatz) beinhaltet

die moralische Forderung, alternative Untersuchungsmethoden zu finden, bei denen keine Tiere gequält werden müssen. Hier ist es wichtig anzumerken, dass die medizinische Forschung bereits jetzt ganz überwiegend ohne Tierversuche auskommt.

Das zweite »R« (»Reduction«/Verminderung) zielt eigentlich nicht darauf ab, die Gesamtzahl der Tierversuche zu verringern, sondern bei jedem Experiment nur so viele Tiere zu verwenden, wie absolut notwendig sind, um die erforderlichen Ergebnisse zu erhalten.

Das dritte »R« (»Refinement«/Verfeinerung) beabsichtigt, jedes Experiment so weit zu optimieren, dass die Tiere so wenig wie möglich leiden müssen. Man geht heute davon aus, dass in Großbritannien die überwältigende Mehrzahl der an Tieren durchgeführten Experimente nur leichte (nicht mittlere oder starke) Schmerzen verursachen.

Dieses moralische System versucht also exzessives, unverhältnismäßiges Leid zu verhindern, akzeptiert jedoch, dass es in gewissen Situationen gerechtfertigt ist, wenn Tieren bei Experimenten Leid zugefügt wird.

Das Jagen von Tieren

Die andere Wortassoziation, die den meisten Leuten zu »Beagle« einfällt, ist paradoxerweise »Jagd«. Und damit kommen wir zu unserer dritten ethischen Streitfrage im Zusammenhang mit Tieren. Wie die Tierversuche und der Verzehr von Tieren hat die Jagd eine überaus lange Tradition, die aber mehr und mehr in Frage gestellt wird, weil viele Menschen eine veränderte Sicht auf das Tier haben und ihm einen höheren Status beimessen.

In Großbritannien wuchs seit vielen Jahren der Unmut über die traditionelle Fuchsjagd mit Hunden. Nach sieben vergeblichen Anläufen (dem ersten 1949), solche Hetzjagden zu verbieten oder einzuschränken, wurden sie in Großbritannien nach langer, kontroverser Debatte ab November 2004 praktisch ausnahmslos verboten.

Auch hier spielen die bereits erwähnten tiefer liegenden Kernfragen und Differenzen eine entscheidende Rolle bei der Entwicklung unterschiedlicher Perspektiven. Am vehementesten setzen sich Tierschützer gegen die Jagd ein, sie argumentieren, dass das Töten eines Tieres nach einer schier endlosen Hetzjagd nur um des Sports und der Unterhaltung willen eindeutig grausam und deshalb nicht zu rechtfertigen sei. Das Leid und der Tod eines Tieres würden dabei billigend in Kauf genommen (und vielleicht sogar als lustvoll empfunden). Dies sei keine Tugend, sondern ein Übel, das die Bosheit von Menschen belege. Selbst viele der gemäßigten Tierschützer halten die meisten, wenn nicht sogar alle Formen der Jagd, die über das Überlebensnotwendige hinausgehen, zumindest für moralisch fragwürdig. Das liegt daran, dass Tieren Schmerz und Leid zugefügt wird, ohne dass es dem Menschen einen nennenswerten Nutzen zu bringen scheint.

Die Befürworter der Jagd hingegen machen geltend, dass es im Tierreich – zu dem auch der Mensch gehört – völlig normal ist, dass Tiere einander jagen, und deshalb sei es nicht moralisch verwerflich. Außerdem sei es für den Fuchs nicht so grausam, wie oft behauptet wird; durch ein Jagdverbot müssten nämlich andere Methoden zur Schädlingsbekämpfung und zur Bestandserhaltung angewandt werden, beispielsweise durch Fallenstellen, Vergasen und Erschießen, was für die Tiere häufig noch mehr Schmerz und Leid bedeute. Wenn die Jagd also ein »Übel« sei, dann zumindest das »kleinere Übel«. Manche sind auch der Meinung, mit dem Jagdwesen sei ein erheblicher gesellschaftlicher und wirtschaftlicher Nutzen verbunden, der durch ein Verbot verloren gehe; das Wohl der Tiere gehe somit auf Kosten der Menschen.

Fazit

Aus Platzgründen können die Argumente, die die jeweiligen Parteien als Pro und Contra in diesen drei Streitfragen anbringen, nicht im Detail untersucht werden. Klar ist jedoch, dass die tiefer liegenden Gründe für die Differenzen philosophischer Natur sind. Sie stehen in Zusammenhang mit dem Status, den wir Tieren vor dem breiteren Hintergrund dessen, wie wir den Menschen in seiner Eigenheit und Besonderheit sehen, zugestehen. Zwar würde heute kaum noch jemand das Leid von Tieren als belanglos abtun (geschweige denn irgendetwas Gutes darin sehen), doch ab welchem Punkt es als »schlecht« oder »böse« zu betrachten ist, bleibt höchst umstritten. Mehr und mehr entwickelt sich ein Bewusstsein dafür, dass der Unterschied zwischen Mensch und Tier in der Vergangenheit überbetont worden ist. Manche halten fast jede derartige Unterscheidung – insbesondere wenn sie Leid und Tod rechtfertigen soll – für unlautere Ideologie (Speziesismus), die mit Rassismus vergleichbar ist, weil sie Menschen beziehungsweise Tieren fundamentale Rechte versagt. Die Vertreter dieser Meinung sind logischerweise grundsätzlich gegen Tierversuche und gegen die Jagd und ernähren sich ausschließlich vegetarisch. Am anderen Ende der Skala stehen diejenigen, die der Frage, ob man Fleisch essen, Tierversuche anstellen und Tiere jagen darf, wenig oder gar keine moralische Bedeutung beimessen, weil sie von der Überlegenheit des Menschen überzeugt sind. Zunehmend mehr Menschen machen sich jedoch eine Haltung zu eigen, wie man sie in ähnlicher Weise auch bei anderen Übeln wie etwa dem Krieg findet: Es besteht das Bedürfnis, das Ausmaß an Schmerz und Leid, das der Mensch seinen Mitgeschöpfen zufügen darf, zu begrenzen und zu kontrollieren; allerdings gehen die Meinungen darüber, wann die Grenze des Zumutbaren überschritten oder eine Verhaltensweise nicht mehr zu rechtfertigen sei, nach wie vor erheblich auseinander.

Umwelt

Kaum jemand, der gesehen hat, welche Verwüstungen die Wirbelstürme Katrina und Rita im September 2005 in New Orleans angerichtet haben, wird die Szenen so schnell wieder vergessen. Diese Ereignisse haben die industrialisierte Welt vielleicht zum richtigen Zeitpunkt wachgerüttelt. Wir haben gesehen, dass nicht einmal eine technisch hoch entwickelte, wohlhabende und moderne Zivilisation die Tatsache negieren kann, dass wir Menschen unseren Planeten nicht vollkommen beherrschen. Wir bleiben den Naturgewalten ausgeliefert, und diese können überaus zerstörerisch sein.

Unser Tun und Wirken hat meistens wohl nur einen sehr begrenzten Einfluss auf die Naturgewalten. Allerdings stellen wir zunehmend fest, dass manche menschlichen Handlungsweisen durchaus Folgen haben – insbesondere dann, wenn sie zum Lebensmodell für ganze Gesellschaften und Kulturen werden. Diese Folgen können positiv sein, häufiger aber schaden sie der Welt und damit letztlich auch uns selbst. Seit rund dreißig Jahren sind Umweltfragen und die Probleme, die sich durch menschliches Handeln in Hinblick auf die nicht menschliche Welt ergeben, mehr und mehr ins Blickfeld der Ethik geraten. Einige dieser Fragen wurden bereits in dem Kapitel über *Tiere* (S. 173) behandelt. Im Folgenden wird nun der Bezugsrahmen erweitert. Es werden verschiedene Sichtweisen, wie man die Umwelt betrachten kann, vorgestellt und ihre ethische Bedeutung erläutert. Im Anschluss daran wollen wir zwei der zahlreichen drängenden Umweltprobleme näher beleuchten, nämlich die Erderwärmung und die Entwicklung von gentechnisch veränderten Lebensmitteln.

Warum ist die Umwelt wichtig?

Zunächst muss geklärt werden, wie wir die nicht menschliche Welt sehen und warum sie ethisch von Belang sein kann. Wie bereits in anderen Kapiteln gibt es auch hier wieder mehrere tiefer gehende Weltanschauungen und Perspektiven. Diese wiederum führen zu unterschiedlichen Denkansätzen bei spezifischen ethischen Problemen. Allgemein gesagt lassen sich drei Ansätze unterscheiden, je nachdem, wer dabei im Mittelpunkt steht – die Menschen (die anthropozentrische Perspektive), die Erde als Ganzes (die geozentrische Perspektive) oder Gott (die theozentrische Perspektive).

Die anthropozentrische Perspektive
Schon unser Begriff »Umwelt« spiegelt die Tatsache wider, dass man in der westlichen Gesellschaft früher wie heute vorwiegend den Menschen als Mittelpunkt der Welt betrachtet. Der Rest des Planeten ist zweitrangig und bis zu einem gewissen Grad unwichtig, dieser Rest ist eben einfach nur das, was »um uns herum« ist. Aristoteles hat gesagt, dass »die Natur alle Dinge eigens für das Wohl des Menschen gemacht

hat«, und dies ist seitdem die vorherrschende Ansicht. Tiere, Bäume und Meere besitzen somit zwar einen Wert, jedoch nur einen *instrumentellen*. Mit anderen Worten, sie sind nur als Mittel zum Zweck wertvoll, weil sie die Menschen mit Ressourcen versorgen (wie zum Beispiel Nahrung, Mineralien oder Naturmedizin). Im Gegensatz zu den Menschen gesteht man ihnen einen *intrinsischen* Wert, einen Wert an sich oder einen Selbstwert, nicht zu.

In einem berühmten Aufsatz hat der Geschichtsprofessor Lynn White 1967 behauptet, dass dieser Anthropozentrismus hauptsächlich deshalb entstanden sei, weil »das Christentum, vor allem in seiner westlichen Ausprägung, die anthropozentrischste Religion ist, die es je auf der Welt gab«. Er zog den Schluss, dass die historischen Wurzeln der ökologischen Krise theologisch zu verstehen und zumindest teilweise durch das Christentum verschuldet seien. White bezog sich dabei insbesondere auf die christliche Sicht, dass der Mensch »nach Gottes Ebenbild« geschaffen sei, und schlussfolgerte, die Christen beanspruchten daher einen Teil der göttlichen Überlegenheit über die Natur für sich. Das Christentum »schuf nicht nur einen Dualismus von Mensch und Natur, sondern behauptete, es sei Gottes Wille, dass der Mensch die Natur seinen Zwecken unterwirft«. Diese spezielle Form des Anthropozentrismus habe Haltungen und Verhaltensmuster hervorgebracht, durch die die Natur ausgebeutet und zerstört werde. Laut White und seinen Anhängern hat das Bild der Menschen als gottähnliche Herrscher über die Welt zur Entstehung der ökologischen Krise beigetragen, deren Anfänge die Menschen Ende der sechziger und Anfang der siebziger Jahre des vorigen Jahrhunderts allmählich zu spüren begannen.

In jüngerer Zeit wurden anthropozentrische Argumente entwickelt, die einen behutsameren Umgang mit der Umwelt fördern sollen. In diesem »aufgeklärten« oder »besonnenen« Anthropozentrismus ist der Mensch zwar immer noch auf seine Eigeninteressen bedacht, er bezieht aber die längerfristigen Auswirkungen mit ein. Es wird anerkannt, dass unser Umgang mit der Umwelt letzten Endes Auswirkungen auf die ganze Menschheit haben kann. So mag es zutreffen, dass wir uns beispielsweise, wenn wir Luft und Wasser verschmutzen, kaum Gedanken über die Konsequenzen für uns selbst machen müssen (obwohl dieses Argument heutzutage kaum mehr nachvollziehbar ist). Trotzdem haben wir, so wird argumentiert, eine Verantwortung künftigen Generationen gegenüber, die davon betroffen sein werden, in welchem Zustand wir ihnen die Erde hinterlassen. Diese konsequentialistische Perspektive kann dazu motivieren, bestimmte Handlungen als falsch zu bewerten und sie wegen ihrer Folgen für unsere Kinder und Enkel zu unterlassen. Wohlgemerkt: Wiederum sind nicht die Folgen für die nicht menschliche Welt (die nach wie vor unwichtig ist) ausschlaggebend, sondern die langfristigen Auswirkungen für den Menschen, der weiterhin der Mittelpunkt der Welt bleibt.

Die geozentrische Perspektive

Diese umweltbewusste, konsequentialistische, aber dennoch anthropozentrische Sicht der Natur wurden von Denkern in Frage gestellt, die den Menschen aus seiner zentralen Stellung herausholen und der nicht menschlichen Welt einen intrinsischen Wert zugestehen wollen. Dass man sich über die Umweltverschmutzung nur deswegen Sorgen macht, weil sie sich auf unseren Lebensstandard auswirken kann, wurde von manchen als »oberflächliche Ökologie« abgelehnt. Stattdessen plädierten sie für eine »Tiefenökologie«. Teilweise aus Wertschätzung für nicht christliche Religionen, die Berge und andere Naturphänomene als heilig betrachten, legten die Entwickler dieser Theorie großen Wert auf den Begriff des »Biosphären-Egalitarismus«. Danach haben alle Dinge einen Wert an sich, unabhängig von ihrem Nutzen für die Menschen. Vordenker dieser Bewegung war Arne Naess, der die Grundsätze der Tiefenökologie formulierte. Diese beinhalten die folgenden acht Prinzipien für das Denken über die Umwelt und unsere Beziehung zu ihr:

1. Das Wohlergehen und Gedeihen menschlichen sowie nicht menschlichen Lebens haben einen Wert an sich (auch intrinsischer oder inhärenter Wert). Diese Werte sind unabhängig vom Nutzen der nicht menschlichen Welt für menschliche Zwecke.
2. Der Reichtum und die Vielfalt von Lebensformen tragen zur Verwirklichung dieser Werte bei und stellen ebenfalls Werte in sich selbst dar.

3. Menschen haben kein Recht, diesen Reichtum und diese Vielfalt zu beeinträchtigen, außer um lebensnotwendige Bedürfnisse zu befriedigen.
4. Der Mensch greift derzeit zu stark in die nicht menschliche Welt ein, was zu einer rapiden Verschlechterung der Situation führt.
5. Das Gedeihen menschlichen Lebens und menschlicher Kulturen ist mit einem beträchtlichen Bevölkerungsrückgang vereinbar. Das Gedeihen nicht menschlichen Lebens erfordert sogar einen solchen Rückgang.
6. Die Politik muss deshalb geändert werden. Der Politikwechsel betrifft grundlegende wirtschaftliche und technologische Strukturen. Der sich daraus ergebende Zustand der Dinge wird sich wesentlich von dem derzeitigen unterscheiden.
7. Der ideologische Wandel bezieht sich hauptsächlich darauf, die Lebensqualität (d. h. ein Verweilen in Zuständen, die inhärenten Wert besitzen) anzuerkennen, anstatt einen immer höheren Lebensstandard anzustreben. Man wird sich zunehmend der Tatsache bewusst werden, dass es einen Unterschied zwischen Quantität und Qualität gibt.
8. Diejenigen, die diese Prinzipien unterschreiben, haben die Verpflichtung, direkt oder indirekt dazu beizutragen, dass die notwendigen Veränderungen in Gang gesetzt werden.

Eine weitere, noch ausgefeiltere Variante der geozentrischen Perspektive stellt die sogenannte Gaia-Hypothese (benannt nach der griechischen Erdgöttin) dar.

Ihre unterschiedlichen Interpretationen gehen teilweise ins Spirituell-Mystische, im Kern wurde sie jedoch von dem Wissenschaftler James Lovelock entwickelt. Nach seiner Theorie ist die Erde als Ganzes eine »sich selbst regulierende Einheit mit der Fähigkeit, unseren Planeten durch die Kontrolle über die chemische und physikalische Umwelt gesund zu erhalten«. Die Erde ist daher größer als jeder seiner Bestandteile, einschließlich der Menschen. Lovelocks zentrale These lautet: »Wenn wir die Welt als Superorganismus betrachten, in dem wir ein Bestandteil sind – nicht sein Besitzer, nicht sein Mieter und auch nicht ein Passagier – könnten wir noch eine lange Zeit vor uns haben, und unsere Spezies könnte für die ihr ›zugeteilte Zeitspanne‹ überleben.«

Wer die Welt aus dieser geozentrischen Perspektive heraus betrachtet, wird die Fakten vermutlich anders interpretieren und sicherlich ganz andere ethische Schlussfolgerungen über die natürliche Welt ziehen als die Anhänger einer anthropozentrischen Denkweise.

Die theozentrische Perspektive

Nicht wenige Christen fühlen sich dazu aufgefordert, auf die Umweltkrise zu reagieren und insbesondere auf die Behauptungen von Lynn White und seinen Anhängern, wonach die Bibel und die christliche Theologie zu einem beträchtlichen Teil dafür verantwortlich seien. Die Kritik an der christlichen Denkweise konzentriert sich hauptsächlich auf die Deutung der Schöpfungsgeschichte im Buch Genesis mit ihrer klaren Privilegierung des Menschen und der expliziten Forderung, die Menschen »sollen herrschen« über alle Tiere und über die ganze Erde (Gen 1,26) und »die Erde bevölkern und sie unterwerfen« (Gen 1,28). Wie White jedoch selbst eingestand, gab es in der christlichen Geschichte ein breites Spektrum verschiedener Denkrichtungen. So könnte man nur wenigen christlichen Theologen vorwerfen, dass sie diese Bibelverse als göttliche Vollmacht für eine »Herrschaft« des Menschen über die nicht menschliche Schöpfung oder ihre »Ausbeutung« auslegen.

Ein wichtiger Bestandteil der neueren christlichen Umweltdebatte ist die These, dass sowohl die Schöpfungsgeschichte als auch andere Schriften die Menschen als »Verwalter« von Gottes Schöpfung betrachten, die Gott letztlich Rechenschaft darüber schuldig sind, ob sie sich gut darum gekümmert oder sie missbraucht haben. Wenngleich hier eine abgeschwächte Form von Anthropozentrismus vorliegen mag (insofern als die Menschen einen alleinigen Auftrag haben), steht doch Gott im Mittelpunkt.

Diese Haltung spiegelt zum Beispiel die »Evangelical Declaration on the Care of Creation« (etwa: Evangelische Erklärung über den achtsamen Umgang mit der Schöpfung) des Evangelical Environmental Network von 1994 wider, der ein biblischer Text aus den Psalmen zugrunde liegt: »Dem Herrn gehört die Erde und was sie erfüllt.« (Ps 24,1) Zu Beginn wird darin beteuert: »Weil wir den Schöpfer anbeten und verehren, suchen wir die Schöpfung zu pflegen und zu achten«, es wird jedoch auch zugegeben: »Wir haben versagt als Verwalter der Schöpfung … wir haben so viel von den Werken des Schöpfers verschmutzt, entstellt oder zerstört.« Wichtig dabei ist, dass sie – im Gegensatz zur Hauptströmung des christlichen Denkens (allerdings nicht der Bibel) – Gottes Werk der Erlösung auf die gesamte Schöpfung ausdehnt. Sie spricht von der Notwendigkeit, »der leidenden Schöpfung Christi Heil zu bringen« und sehnt die Zeit herbei, »wenn selbst die gequälte Schöpfung wieder ganz heil ist«, denn »in Christus ist Hoffnung, nicht nur für Männer, Frauen und Kinder, sondern auch für den Rest der Schöpfung, die an den Folgen menschlicher Sünde leidet«. Dieses Denkmodell erkennt die besondere Stellung und Rolle des Menschen an, ohne ihn als Despoten zu sehen, der allein über den Planeten herrscht. Stattdessen werden menschliche Fehler eingeräumt und Grenzen für das menschliche Handeln anerkannt. Die Erklärung führt sieben Degradationen der Schöpfung auf (Bodendegradation, Abholzung, Artensterben, Wasserdegradation, globale Vergiftung, Veränderung der Atmosphäre und menschliche und kulturelle Degradation), die »Zeichen dafür sind, dass wir im Begriff sind, die gottgegebenen Grenzen der Schöpfung zu überschreiten«. Besonders bedeutsam daran ist, dass diese christliche Vision eine Hoffnung bietet, die letztlich nicht vom menschlichen Tun abhängt, auch wenn sie uns alle auffordert, mit dem Planeten achtsam umzugehen.

Nach diesem Abriss über die drei Denkansätze im Hinblick auf unsere Beziehung zur Umwelt befasst sich der verbleibende Teil des Kapitels mit zwei wichtigen, derzeit höchst kontrovers diskutierten Themen der Ethikdebatte: der Erderwärmung und dem Klimawandel sowie der gentechnischen Veränderung von Pflanzen.

Erderwärmung und Klimawandel

Wissenschaftler gehen derzeit davon aus, dass die Durchschnittstemperatur auf der Erde in den nächsten hundert Jahren zwischen 1,5 und 6 Grad Celsius und der Meeresspiegel zwischen 9 und 90 cm steigen wird. Wenn man bedenkt, dass es heute im Schnitt nur 0,6 Grad Celsius wärmer ist als vor hundert Jahren und dass die Erde jetzt nur 4 bis 5 Grad wärmer ist als zur letzten Eiszeit, weil sich die Durchschnittstemperatur auf der Erde seit dem Beginn der menschlichen Zivilisation nur um knapp 1 Grad verändert hat, merkt man, wie gravierend dieser Wandel ist.

Es ist heute unbestritten, dass der Klimawandel hauptsächlich durch die Auswirkung bestimmter menschlicher Handlungen auf die Atmosphäre verursacht wird, gemeinhin als »Treibhauseffekt« bezeichnet. Der Treibhauseffekt ist eigentlich der natürliche Vorgang, bei dem die Atmosphäre Sonnenenergie auffängt und die Erde erwärmt. Neu daran ist, dass die Zunahme von »Treibhausgasen« wie Kohlendioxid z. B. durch Verbrennung fossiler Brennstoffe und Abholzung dazu beiträgt, diesen Treibhauseffekt zu verstärken, was zur Erderwärmung führt. Das Ausmaß der Veränderungen ist unübersehbar. Vor der Industriellen Revolution betrug die Konzentration von Kohlendioxid in der Atmosphäre zwischen 270 und 280 ppm (parts per million: Teile pro Million). Der jetzige Stand ist etwa 380 ppm, und in den letzten Jahren ist er jährlich um etwa 1,5 ppm gestiegen. Über die Folgen dieser Entwicklungen besteht allerdings weniger Klarheit.

Es lässt sich nur spekulieren, welche Auswirkungen diese prognostizierten Veränderungen sowohl auf das gesamte Ökosystem als auch auf den Menschen haben werden. Die Dimensionen sind so groß, dass der renommierte wissenschaftliche Regierungsberater Sir David King gewarnt hat, der Klimawandel sei eine größere Bedrohung für den Planeten als der internationale Terrorismus. Zu den möglichen Auswirkungen zählen: weitere Wasserverknappung in Regionen, wo bereits jetzt Wassermangel herrscht; Wetterveränderungen (schon heute nehmen Hitzewellen, Stürme und Überschwemmungen zu); und das Aussterben diverser Arten. Aufgrund der Folgen für die ärmsten Regionen der Welt könnte sich der Kampf gegen die Armut noch schwieriger gestalten – eine Mahnung an uns, dass Umweltprobleme auch soziale und politische Konsequenzen haben.

Angesichts dieser und anderer Umweltprobleme haben die Vereinten Nationen 1992 den »Erdgipfel« (offiziell: Konferenz der Vereinten Nationen über Umwelt und Entwicklung) in Brasilien abgehalten. Er trug dazu bei, das allgemeine Bewusstsein für die Risiken des Klimawandels und andere Entwicklungen zu stärken. Als Resultat dieses Gipfels und gestützt auf seine ursprünglichen Vereinbarungen wurde 1997 das Kyoto-Protokoll verabschiedet. Darin setzte man sich zum Ziel, den Ausstoß von Treibhausgasen in den Industrieländern zu reduzieren und in den Entwicklungsländern (Indien und China etwa zählen zu den Hauptverursachern von Treibhausgasen) zu überwachen. Zwischen 2008 und 2012 soll die Gesamtemission um 5 Prozent gegenüber dem Niveau von 1990 gesenkt werden, und die einzelnen Unterzeichnerstaaten haben zugesichert, ihren Beitrag zur Erreichung dieses Ziels zu leisten. Im Februar 2005 war das Protokoll von genügend Ländern (derzeit sind es 129) ratifiziert worden, um in Kraft zu treten. Höchst problematisch ist jedoch, dass die USA, die allein für ein Viertel aller Treibhausgase auf der Erde verantwortlich sind, und Australien nicht unterzeichnet haben.

Zu Anfang gab es vielversprechende Tendenzen: Die Gesamtemission sank im letzten Jahrzehnt des zwanzigsten Jahrhunderts um etwa 3 Prozent. Danach sind sie jedoch wieder stark angestiegen. Die Vereinten Nationen haben die alarmierende Prognose gestellt, dass der Ausstoß 2010 um 10 Prozent höher sein wird als 1990. Noch beunruhigender ist die Tatsache, dass nach Einschätzung vieler Wissenschaftler selbst das Erreichen der ursprünglichen Ziele nur einen minimalen Effekt hätte. Denn nach derzeitigem Wissensstand wäre eine Reduzierung um bis zu 60 Prozent nötig, um die schlimmsten Folgen der Erderwärmung zu verhindern.

Die Regierungen handeln die Vereinbarungen über die Verringerung des Ausstoßes von Treibhausgasen aus, und zu deren Umsetzung erlegt man zumeist der Wirtschaft Beschränkungen auf (zum Beispiel gibt es Schätzungen, wonach bis 2030 25 Prozent der Treibhausgase in Großbritannien durch den Flugverkehr verursacht werden könnten) und sucht nach alternativen Energiequellen (manche verweisen jetzt auf die Atomkraft). Es ist jedoch klar, dass auch die kleinen, individuellen Handlungen in ihrer Summe zur Erderwärmung beitragen. Lobbygruppen wie »Friends of the Earth« und Greenpeace fordern daher nicht nur strenge gesetzliche Vorgaben seitens der Regierungen, sondern auch ein umweltbewusstes Verhalten jedes Einzelnen. Jeder Mensch kann etwas tun, um die Erderwärmung zu verringern, indem er Energie spart, weniger Auto fährt und andere kleine Beiträge leistet. Wie beim Kauf von fair gehandelten Produkten, der zur Bekämpfung der Armut beiträgt, müssen wir uns auch hier darüber bewusst werden, dass wir durch unsere ganz alltäglichen Handlungsweisen auf wichtige, globale ethische Fragen Einfluss nehmen.

Genfood: gentechnisch veränderte Lebensmittel

Im Juli 1999 stürmte Lord Melchett zusammen mit über fünfundzwanzig anderen Greenpeace-Aktivisten ein zweieinhalb Hektar großes Feld in Norwich, um den darauf angebauten Genmais zu vernichten. Obwohl sie dies vor Gericht offen zugaben, wurden sie dafür im September 2000 nicht wegen Sachbeschädigung verurteilt – ein eindeutiger Hinweis darauf, dass die öffentliche Meinung ihre entschiedene Ablehnung genmanipulierter Pflanzen teilte oder dieser neuen Technologie zumindest höchst skeptisch gegenüberstand. Diverse Medienberichte über »Frankenstein-Food« haben sicherlich die Ängste und die Besorgnis gegenüber diesen neuen Entwicklungen geschürt. Ungeachtet dessen werden gentechnisch veränderte oder transgene Pflanzen bereits jetzt von Millionen von Bauern in über einem Dutzend Ländern auf der ganzen Welt angebaut.

Bevor wir auf die Hauptargumente für und gegen die gentechnische Veränderung von Pflanzen und anderen Lebensmitteln eingehen, sollten wir klären, worum es dabei eigentlich geht – nämlich um die Anwendung einer bestimmten Form von Gentechnik, wie sie bereits im Kapitel *Genforschung* (siehe S. 119) in Bezug auf den Menschen erläutert wurde, auf nicht menschliche Arten. Im allgemeinen Sprachgebrauch wird der Begriff »Genfood« für eine Vielzahl von Produkten verwendet, darunter auch alle Nahrungsmittel, die in irgendeinem Stadium ihrer Erzeugung gentechnisch verändert wurden, um etwas herzustellen, was es von Natur aus nicht gibt. Das können die Lebensmittel selbst sein oder Zutaten dafür, auch wenn sie danach so weiterverarbeitet werden, dass man sie von nicht veränderten Zutaten nicht mehr unterscheiden kann. Zum Genfood zählen zum Beispiel auch Tomaten, die nicht so schnell matschig werden und daher länger im Regal liegen können, oder Reis, der einen höheren Eisen- oder Vitamin-A-Gehalt besitzt und somit Krankheiten vorbeugt.

Im Folgenden wenden wir uns nun einigen Argumenten zu, die für eine Genmanipulation von Lebensmitteln sprechen.

Kosten

Es gibt Belege dafür, dass gentechnisch veränderte Pflanzen kostengünstiger sind als natürliche Pflanzen. Dies behaupten nicht nur die Züchter von Genpflanzen, sondern auch neutralere Quellen. So kam man zum Beispiel in dem 2003 veröffentlichen Bericht der »Strategy Unit« des britischen Premierministers zu dem Schluss, dass »Genpflanzen den britischen Bauern hinsichtlich der Kosten wie auch der Erzeugung Vorteile bringen könnten«, und weiter, dass »künftige Entwicklungen im Bereich gentechnisch veränderter Nutzpflanzen Bauern und Verbrauchern potenziell noch weiterreichende Vorteile bieten«.

Hilfe für arme Länder

Mit Genpflanzen lassen sich vermutlich größere Erträge erzielen, wovon arme Länder profitieren und was zur Bekämpfung des Hungers beiträgt. Im Dezember 2003 veröffentlichte das Nuffield Council on Bioethics, ein renommiertes Beratungsgremium zu bioethischen Fragen, einen Bericht, wonach man mithilfe von Genpflanzen sowohl landwirtschaftliche Probleme (wie Dürre und Bodenversalzung) als auch gesundheitliche Probleme in Entwicklungsländern in den Griff bekommen könnte.

Gesundheitliche Vorteile

Genmanipulierte Lebensmittel können zur Gesundheit beitragen, zum Beispiel wenn man Bestandteile aus Lebensmitteln entfernt, die bei manchen Verbrauchern Allergien oder Krankheiten auslösen.

Keine bekannten Gesundheitsrisiken

Es werden immer wieder große Bedenken über die Gesundheitsrisiken von Genfood geäußert, anstatt die möglichen gesundheitlichen Vorteile in den Vordergrund zu rücken. Zwar kann man Risiken nicht hundertprozentig ausschließen, doch sollte man anerkennen, dass sich neben der Royal Society auch die British Medical Association im März 2004 dahingehend äußerte, dass es »keinen gesicherten Beweis dafür gibt, dass gentechnisch veränderte Lebensmittel gesundheitlich bedenklich sind«. Trotzdem solle man die Forschung natürlich weiter fortsetzen.

Argumente gegen die gentechnische Veränderung von Lebensmitteln sind zum Beispiel:

Schaden für nicht veränderte Pflanzen

Was Lord Melchett und seine Mitstreiter vor allem befürchteten, war, dass durch den Anbau von Genpflanzen unweigerlich auch nicht veränderte Pflanzen in einem weiten Umkreis verseucht werden. Sowohl »Friends of the Earth« als auch ein Regierungsbericht haben Beweise für eine Querkontamination geliefert. Biolandwirtschaftsverbände sehen darin die Bestätigung, dass der Anbau von Genpflanzen letztlich auf eine Diskriminierung der Produzenten von gentechnikfreien Nahrungsmitteln hinausläuft.

Nutzen für Entwicklungsländer nicht erwiesen

Zu den Kritikern der Gentechnik zählen auch karitative Organisationen wie etwa Oxfam. Nach deren Einschätzung können Genpflanzen zwar einen gewissen Nutzen haben, doch die Ursachen des Hungers auf der Welt lassen sich nicht damit bekämpfen. Wenn man arme Länder abhängig macht von den großen Unternehmen, die genverändertes Saatgut herstellen, könnte das die regionalen Erzeuger in den ärmsten Ländern sogar noch mehr schwächen.

Nutzen für Biotechnologieunternehmen

Anstatt den ärmsten Ländern zu helfen, vergrößert der großflächige Anbau von Genpflanzen die Macht der großen Konzerne (wie Monsanto), die die Patente auf das Saatgut besitzen.

Gesundheits- und Umweltrisiken unbekannt

Da die Gentechnik noch eine relativ junge Technologie ist, kann man noch nicht absehen, welche Folgen die massenhafte Produktion und Verbreitung von Genfood haben wird. Es gibt Hinweise auf Gesundheitsrisiken für den Menschen und auf eine Bedrohung der Artenvielfalt.

Ganz allgemein herrscht noch große Unsicherheit und sogar Abneigung gegenüber genmanipulierten Pflanzen und anderen Nahrungsmitteln. Diese Abneigung wird zum einen durch mangelndes Wissen über Genforschung gefördert (was zum »Ekelfaktor« bei Neuentwicklungen führt), zum anderen durch Befürchtungen, dies könnte ein weiteres Beispiel dafür sein, dass menschliche Eingriffe in die Natur letztlich nur negative Folgen haben. Dem lässt sich entgegenhalten, dass die moderne Gentechnik nichts anderes darstellt als eine Weiterentwicklung dessen, was die Menschen schon seit jeher durch Zuchtwahl gemacht haben und dass es keine Beweise für eine Gefährdung des Wohlergehens der Menschen oder des ganzen Planeten durch diese neuen Technologien gibt.

Fazit

Natürlich sind wir zu Anfang des 21. Jahrhunderts mit sehr viel mehr Umweltrisiken konfrontiert, als wir im Rahmen dieses Buches behandeln können. Neben dem Klimawandel und genmanipulierten Pflanzen wären die sehr realen Gefahren eines massenhaften Artensterbens in der Tierwelt zu nennen oder die Auswirkungen der Umweltverschmutzung auf den Menschen und andere Lebewesen, die drohende Zunahme der Wasserknappheit und die Folgen großflächiger Entwaldungen in Ländern wie Brasilien. Tatsache ist auch, dass, wie bereits erwähnt, Umweltprobleme oft mit Armut gekoppelt sind. Sollen wir daher die ärmeren Länder daran hindern, die umweltschädliche Politik zu wiederholen, die die entwickelten Länder jahrzehntelang verfolgt haben, auch wenn das eine wirtschaftliche Benachteiligung für diese Länder bedeutet?

Vielleicht besteht das Hauptproblem darin, dass zwar immer mehr Menschen in den reichen Ländern erkennen, dass ihr Lebensstil von der Erde einen auf Dauer nicht umweltverträglichen Tribut fordert, eine Veränderung dieses Lebensstils aber große Opfer bedeuten würde. Jeder ernsthafte Versuch, den Schaden, den wir der Erde zufügen, zu verringern, erfordert ein gründliches Umdenken hinsichtlich unseres Lebensstils. Dazu gehören eine gewisse Selbstdisziplin – oder gar Selbstverleugnung – und Beschränkungen, die uns wenig lieb sein dürften. Dies steht im krassen Gegensatz zu der konsumorientierten, auf Bedürfnisbefriedigung ausgerichteten Haltung, die die Politik unserer Regierungen ebenso bestimmt wie unsere individuellen Entscheidungen. Vielleicht ist dieses Grundverständnis sogar das eigentliche Problem, mit dem wir uns bei der ethischen Betrachtung von Umweltfragen konfrontiert sehen.

Asyl und Immigration

Als im Februar 2005 die Spekulationen über bevorstehende Neuwahlen in Großbritannien lauter wurden, führte das Meinungsforschungsinstitut MORI die üblichen Umfragen durch um festzustellen, was die Wähler als die drängendsten Probleme des Landes ansahen. Ganz oben auf der Liste stand zum ersten Mal in der Geschichte »Beziehung zwischen Ethnien/Immigration/Immigranten«. Von den Befragten dachten 23 Prozent, dass dies das allerwichtigste Thema sei (die nächsten Ränge belegten das Nationale Gesundheitssystem und Verteidigung/internationale Angelegenheiten/internationaler Terrorismus mit jeweils 13 Prozent), und 40 Prozent nannten diese Frage als eine von mehreren wichtigen. Diese Zahlen dokumentieren die Spitze eines Trends, der um die Jahrtausendwende eingesetzt hat. Davor wurde dieses Thema nur von mageren fünf Prozent der Befragten als wichtig angesehen. Doch seit dem Jahr 2000 ist es kaum mehr unter 10 Prozent gerutscht und wurde durchweg von einem Viertel bis zu einem Drittel der Befragten als wichtig bezeichnet.

Mythos und Realität

Diese neu erwachten Ängste standen zweifellos im Zusammenhang mit der umfangreicheren Medienberichterstattung über Themen wie Asyl, Flüchtlinge und Immigration. Es gab tragische Geschichten wie die von den 21 ertrunkenen chinesischen Muschelsuchern in der irischen Morecambe Bay im Februar 2004 oder die von den 58 chinesischen Männern und Frauen, die man in Dover im Sommer 2000 erstickt in einem Lastwagen aufgefunden hat. Ein andermal ging es um die rapide Zunahme von Asylanträgen oder um angebliche Straftaten »illegaler Immigranten«, wodurch Ängste geschürt wurden, von »Scheinasylanten« überschwemmt zu werden. Da überrascht es nicht, dass MORI 2002 herausfand, 85 Prozent der Befragten assoziierten bei der Medienberichterstattung über Asylthemen negative Begriffe. Allerdings ist die Bevölkerung insgesamt bemerkenswert schlecht über die tatsächliche Situation informiert.

● Im Durchschnitt glauben die Briten, dass sich 23 Prozent aller Flüchtlinge und aller Asylsuchenden weltweit in Großbritannien aufhalten. Die genaue Zahl ist schwer zu beurteilen, aber schätzungsweise handelt es sich um weniger als 2 Prozent.
● Auf die Frage, wie groß der Anteil der Immigranten (also der im Ausland Geborenen) an der britischen Bevölkerung ist, lautete die durchschnittliche Antwort 21 Prozent. Tatsächlich sind es etwa 7 Prozent (nur 16 Prozent der Befragten bewegten sich im korrekten Bereich zwischen 6 und 10 Prozent).
● Im Durchschnitt wird angenommen, dass ein Asylsuchender 113 britische Pfund staatliche Unterstützung pro Woche erhält. Es sind aber nur etwa 37 Pfund.

Obwohl diese Beispiele zeigen, dass es einige grund-
verkehrte Vorstellungen von der Lebenswirklichkeit
in Großbritannien gibt, kann nicht bestritten werden,
dass sich die Lage in den letzten Jahren gravierend
verändert hat.

- Mitte der achtziger Jahre gab es jährlich etwa 4000
  Asylanträge. Diese Zahl stieg in den neunziger
  Jahren auf etwa 35 000 pro Jahr. Und 2002 waren
  es bereits über 85 000 – verglichen mit dem Vor-
  jahreswert ein Anstieg um 20 Prozent –, allerdings
  sinken diese Zahlen seither wieder.
- In den sechziger und siebziger Jahren war die Zahl
  der Menschen, die Großbritannien verließen, größer als die Zahl der Immigranten. Und zwischen
  1971 und 2001 stieg die Zahl der im Ausland geborenen Einwohner von 2,4 Millionen (4,5 Prozent der Bevölkerung) auf 4,3 Millionen (7,5 Prozent).
- Im Sommer 2005 wurde berichtet, dass sich in der
  zweiten Hälfte des Jahres 2004 etwa 130 000 Angehörige aus den zehn neuen EU-Mitgliedslän-
  dern in Großbritannien um Arbeit beworben hatten, darunter mehr als die Hälfte aus Polen.

Bevor wir uns mit einigen spezifischen ethischen Fragen befassen, die sich hinsichtlich der Asyl- und Immigrationspolitik stellen, ist es wieder einmal nötig,
sich ein Bild vom großen Ganzen zu verschaffen. In
diesem Fall heißt das, wir müssen klären, worüber genau wir sprechen, und dann die Situation in Großbritannien in den globalen Zusammenhang stellen.

Begriffsklärungen

Eines der Probleme bei der Diskussion dieses Themas liegt darin, dass Begriffe häufig mit mangelnder Sorgfalt und ohne ausreichende Klärung verwendet werden. Ob dies absichtlich geschieht oder nicht, jedenfalls führt es oft zu einer aufgeheizten Stimmung gegenüber »Fremden«, die ins Land kommen. Es ist also notwendig, zwischen verschiedenen Gruppen zu differenzieren und klar zu definieren, über wen genau wir sprechen. Das hilft uns zu vermeiden, dass wir Kategorien vermengen, die sowohl sprachlich als auch in unserem ethischen Denken über dieses Thema getrennt bleiben sollten.

Flüchtling

Dieser Begriff darf streng genommen nur auf Menschen angewendet werden, die in ein Land kommen und dort gemäß der Genfer Flüchtlingskonvention der Vereinten Nationen von 1951 unbegrenztes Aufenthaltsrecht erhalten. In dieser Konvention wird ein Flüchtling als eine Person definiert, die »aus der begründeten Furcht vor Verfolgung wegen ihrer Rasse, Religion, Nationalität, Zugehörigkeit zu einer bestimmten sozialen Gruppe oder wegen ihrer politischen Überzeugung sich außerhalb des Landes befindet, dessen Staatsangehörigkeit sie besitzt, und den Schutz dieses Landes nicht in Anspruch nehmen kann oder wegen dieser Befürchtungen nicht in Anspruch nehmen will; oder die sich als Staatenlose infolge solcher Ereignisse außerhalb des Landes befindet, in welchem sie ihren gewöhnlichen Aufenthalt hatte, und nicht dorthin zurückkehren kann oder wegen der erwähnten Befürchtungen nicht dorthin zurückkehren will.« Es handelt sich, anders gesagt, um Menschen, die ihre Heimat aufgrund von Verfolgung verlassen mussten.

Asylbewerber

In diese Kategorie fallen alle, die nach ihrer Ankunft in einem fremden Land dort den Flüchtlingsstatus beantragt haben, aber noch die juristische Entscheidung abwarten müssen, ob sie als Flüchtling anerkannt werden. Genau genommen kann es schon deshalb keine »Scheinasylanten« geben, weil alle Angehörigen dieser Gruppe auf eine richterliche Entscheidung warten, ob sie im oben genannten Sinne echte Flüchtlinge sind oder nicht.

Immigranten

Dieser Begriff bezeichnet im weitesten Sinne jeden, der nicht im Land seiner Geburt lebt. Natürlich schließt er Flüchtlinge und Asylbewerber mit ein, ist aber viel umfassender, weil es für Immigration eine Vielzahl von Gründen gibt. Manche Immigranten leben schon etliche Jahre hier (und werden oft als »integriert« bezeichnet), andere sind neue Immigranten, die erst kürzlich eingewandert sind. In Großbritannien werden fast die Hälfte aller Immigranten britische Staatsbürger.

Wirtschaftsimmigranten

So bezeichnet man diejenigen, die in einem anderen Land als dem ihrer Geburt auf der Suche nach Arbeit und wirtschaftlichem Wohlstand sind. Haben sie eine Erlaubnis, werden sie Gastarbeiter genannt. Auch Asylbewerber, denen der Flüchtlingsstatus verweigert wurde, könnten zu dieser Gruppe gezählt werden – sie sind nicht vor Verfolgung geflüchtet, sondern aus wirtschaftlichen Gründen.

Illegale Einwanderer

Dieser Begriff umfasst all jene, die sich ohne Aufenthaltsgenehmigung in ihrem Gastland aufhalten, zum Beispiel weil ihr Visum abgelaufen ist oder ihr Asylantrag abgelehnt wurde. Sie sind dann untergetaucht und im Land geblieben, wobei sie Verhaftung und Abschiebung riskieren.

Staatenlose

Als Staatenloser gilt jeder, der »unter nationalen Gesetzen keine Staatsbürgerschaft eines Landes besitzt«. Das trifft auf einige, jedoch nicht auf alle Flüchtlinge zu, aber auch auf viele andere.

Das gemeinsame Kennzeichen all dieser Menschen ist es, dass sie Staatsgrenzen überschritten haben und von einem politischen Territorium in ein anderes gezogen sind, um dort zu leben. Zu einer weiteren und zunehmend wichtigeren, wenn auch oft übersehenen Gruppe gehören die »Binnenvertriebenen«. Das UN-Büro für die Koordinierung humanitärer Angelegenheiten definiert diesen Kreis als »Personen oder Personengruppen, die zur Flucht gezwungen oder verpflichtet wurden oder die ihre Häuser oder üblichen Wohnsitze verlassen mussten, insbesondere als eine Folge von oder zum Zwecke der Vermeidung der Folgen von bewaffneten Konflikten, Situationen allgemeiner Gewalttätigkeit, von Verletzungen der Menschenrechte oder natürlichen oder durch Menschen gemachten Katastrophen, und die keine international anerkannte Staatsgrenze überquert haben«. Obwohl es in Europa schätzungsweise drei Millionen Binnenvertriebene gibt (also etwa doppelt so viele wie Flüchtlinge), spielen sie im britischen Alltag kaum eine Rolle, weil sie sich vornehmlich in Osteuropa und den Ländern der früheren Sowjetunion aufhalten. Dies ist ein weiterer Hinweis darauf, dass wir uns mit dem größeren globalen Bild vertraut machen müssen, wenn wir die grundlegenden ethischen Fragen im Zusammenhang mit unserer Einstellung zu Asyl und Immigration in Großbritannien wirklich verstehen wollen.

Der globale Zusammenhang und die Situation in Großbritannien

In den letzten Jahrzehnten haben Wanderungsbewegungen von Menschen überall auf der Welt massiv zugenommen. Während 1960 etwa 75 Millionen Menschen außerhalb ihres Heimatlandes lebten, waren es im Jahr 2000 bereits 175 Millionen. Auch wenn viele diese Grenzübertritte als etwas Positives erleben, ist es doch für Millionen von Männern, Frauen und Kindern eine durch und durch negative Erfahrung, die Heimat zu verlassen.

Weltweit gesehen stellen die Binnenvertriebenen die größte Herausforderung mit dem dringlichsten Handlungsbedarf dar. Seit der Jahrtausendwende hat es alljährlich etwa 25 Millionen Binnenvertriebene gegeben, knapp über die Hälfte davon in 19 afrikanischen Staaten, kürzlich beinahe 6 Millionen allein im Sudan. Obwohl man von ihnen oft als »Flüchtlingen« spricht, trifft auf sie die gesetzliche Definition eines Flüchtlings nicht zu, weshalb sie sich darauf verlassen müssen, dass ihnen die eigene Regierung und internationale Hilfsorganisationen Schutz gewähren und ihre existenziellen Bedürfnisse befriedigen.

Zu den Binnenvertriebenen kommen noch all die Menschen hinzu, die unter dem Schutz des Hohen Flüchtlingskommissars der Vereinten Nationen stehen. 2004 schätzte das Flüchtlingskommissariat, dass es zu diesem Zeitpunkt etwa 9,2 Millionen Flüchtlinge auf unserer Welt gab (eine Zahl, die seit 2000 gesunken und heute die niedrigste seit einem Vierteljahrhundert ist). Die Top Fünf der Aufnahmeländer waren Iran (Schätzung des UN-Flüchtlingskommissariats: 1 046 000), Pakistan (961 000), Deutschland (877 000), Tansania (602 000) und die USA (421 000).

Zusätzlich zu dieser Zahl offizieller Flüchtlinge gab es Ende 2004 weltweit noch schätzungsweise über 800 000 Menschen, die um Asyl baten. Das

Flüchtlingskommissariat rechnet außerdem mit mehr als 2 Millionen sonstigen »Staatenlosen«. Somit war diese Organisation Anfang 2005 für schätzungsweise 19,2 Millionen Menschen (einschließlich der fast 6 Millionen Binnenvertriebenen) zuständig.

Angesichts solch gigantischer globaler Wanderungsbewegungen von Millionen von vertriebenen und hilfsbedürftigen Menschen erscheinen die Fakten und Zahlen für Großbritannien vielleicht in einem neuen Licht.

- Jedes Jahr kommen etwa 500 000 Menschen nach Großbritannien, um mindestens ein Jahr dort zu leben und – in den meisten Fällen – zu arbeiten.
- Nach Schätzung der Regierung hielten sich im Sommer 2005 etwa ebenso viele Menschen (also 500 000) illegal im Land auf.
- Zwar wurden 2002 in Großbritannien knapp über 80 000 Asylanträge gestellt, 2004 ging die Zahl aber auf 35 000 zurück.
- In den vergangenen Jahren wurden zwischen 15 und 20 Prozent der Asylanträge anerkannt und den Bewerbern der Flüchtlingsstatus gewährt. Etwa ebenso vielen wurde mit einer Ausnahmegenehmigung der Aufenthalt bewilligt. Doch man geht davon aus, dass nur 20 Prozent derjenigen, deren Asylantrag abgelehnt wurde, das Land wieder verlassen haben.
- 2004 kamen in Großbritannien 0,7 Asylanträge auf 1000 Einwohner (entspricht ungefähr dem EU-Durchschnitt).

- 2004 stammten die Asylbewerber vor allem aus folgenden Ländern: Iran (10,2 Prozent); Somalia (7,6 Prozent); China (6,9 Prozent); Simbabwe (6 Prozent); Irak (5 Prozent); Pakistan (5 Prozent); Demokratische Republik Kongo (4,3 Prozent); Indien (4,1 Prozent); Afghanistan (4,1 Prozent) und Sudan (3,8 Prozent).

Worum es geht

Nachdem wir uns einen Überblick über die Situation verschafft und einige wichtige Unterscheidungen getroffen haben, widmen wir uns nun den ethischen Schlüsselfragen, die sich sowohl aus den globalen Herausforderungen als auch aus den landesbezogenen Problemen in Bezug auf Asyl und Immigration stellen.

Warum kommen die Menschen nach Großbritannien?

Wenn man den bekannten Spruch beherzigt und »das Übel an der Wurzel packen will«, hat es wenig Sinn, entschlossen gegenüber Asylbewerbern durchzugreifen, ohne ebenso entschlossen die Ursachen für Flucht und Vertreibung zu bekämpfen. Sieht man sich diejenigen Länder Europas einmal genauer an, aus denen die meisten Asylbewerber stammen, findet man eine Reihe entscheidender Faktoren, aufgrund derer sich Menschen gezwungen sehen, woanders Zuflucht zu suchen. Ganz oben auf dieser Liste stehen die

Behandlung von Minderheiten im Heimatland, ethnische Konflikte und Missachtung der Menschenrechte – also die klassischen Kriterien für die Anerkennung als Flüchtling. Weitere Gründe sind Bürgerkrieg, das Verhältnis von Binnenvertriebenen zur Gesamtbevölkerung sowie Armut. Die meisten Asylbewerber werden, wie es scheint, wohl nicht vom westlichen Reichtum angezogen, sie treibt Angst und die Notwendigkeit zur Flucht aus ihrem Heimatland. Also sind die Antworten auf die ethischen Herausforderungen von Krieg und Armut für die Themen Asyl und Immigration höchst relevant.

Was für Menschen kommen ins Land?

Inzwischen ist es beinahe allgemein anerkannt – selbst bei den Anhängern von Liberalismus und freier Marktwirtschaft, die den freien Warenverkehr ebenso wie die Freizügigkeit von Personen befürworten –, dass eine Politik der »offenen Grenzen« nicht realisierbar ist. Angesichts der massenhaften Menschenströme auf dem Globus muss es ein System der Grenzsicherung durch nationale Regierungen geben – insbesondere im Hinblick auf die Angst vor dem internationalen Terrorismus. Ebenso wird im Großen und Ganzen immer noch akzeptiert, dass echte Flüchtlinge ein Recht auf Asyl haben. Über 142 Länder, darunter auch Großbritannien, haben die Genfer Flüchtlingskonvention von 1951 unterzeichnet, und kein Land hat seine Unterschrift jemals zurückgezogen – obwohl es in jüngster Zeit entsprechende Forderungen in Großbritannien gab. Doch zwischen den beiden Polen »nicht jeder, der will« und »alle echten Flüchtlinge« gibt es eine ganze Reihe anderer Antworten, die sich entweder der Kategorie »Asylbewerber« oder der Kategorie »andere Immigranten« zuordnen lassen.

Hinsichtlich der Asylsuchenden lautet eine wichtige ethische Frage, wie man über die Stichhaltigkeit jedes einzelnen individuellen Antrags zügig und gerecht ein Urteil fällen kann. Eine andere betrifft die Behandlung der Asylbewerber in den verschiedenen Stadien dieses Prozesses: bei der Ankunft; wenn sie den Antrag stellen; bei der Berufung; nach der Ablehnung beziehungsweise nach ihrer Anerkennung als Flüchtlinge. Die gängige Praxis wird soeben durch neue Gesetzesvorhaben einer Prüfung unterzogen.

In den letzten Jahren hat sich eine Reihe ethischer Probleme hinsichtlich der Behandlung von Asylbewerbern aufgetan, was seinen Niederschlag in der künftigen Politik finden muss. Unter anderem,

- dass sich die Bearbeitung der Anträge sehr lange hinzieht und fraglich ist, ob die Asylbewerber ausreichenden Rechtsbeistand und Beratung erhalten.
- dass Antragsteller während des Verfahrens in Haft genommen werden können. Das wird von einigen als »Kriminalisierung« und ungerechte Strafe für schwache und verletzliche Menschen angesehen, von denen ja viele vor Misshandlungen geflohen sind. Andere hingegen argumentieren, dies sei eine notwendige Maßnahme, die aus den im folgenden Punkt genannten Gründen vielleicht noch häufiger ergriffen werden sollte.

- dass manche Asylbewerber »durch die Maschen schlüpfen« können. Denjenigen, die sich dem wachsamen Auge der Behörden entziehen, fehlt dann jegliche staatliche Unterstützung, sodass sie leicht Verbrechens- oder Missbrauchsopfer werden können (oder selbst kriminell werden).
- das Ausmaß finanzieller und anderer staatlicher Unterstützung für Asylbewerber (zum Beispiel für medizinische Versorgung, Bildung und Kindererziehung). Zur Zeit dürfen Asylbewerber im ersten Jahr nach der Antragstellung nicht arbeiten, die staatliche Unterstützung liegt allerdings 30 Prozent unter dem normalen Sozialhilfesatz.

Diese wie auch andere Beispiele zeigen das Spannungsverhältnis, das sich daraus ergibt, dass es sich bei allen Asylbewerbern zweifelsfrei um vergleichsweise hilflose und arme Personen handelt, die dringend auf die Hilfe und Unterstützung anderer angewiesen sind. Seitens der Medien und Teilen der Gesellschaft begegnen sie allerdings oft Angst, Misstrauen und Hass. Für Christen sind Bibelstellen aus dem Alten Testament über die Sorge für den »Fremdling« und den »Gast« im Land (Lev 19,33–34) sowie Christi Lehre, sich um die Hungrigen und Nackten zu kümmern (Mt 25), Antrieb, alles nur Erdenkliche zu tun, um diesen neu angekommenen, schwachen Nächsten mit Liebe zu begegnen. Viele von ihnen sind vor entsetzlicher Verfolgung geflohen und haben Familie, Freunde und allen Wohlstand zurückgelassen. Doch es steht auch fest, dass einige, die

Asyl beantragen, den internationalen Vereinbarungen nach nicht dazu berechtigt sind und dass sie unrechtmäßig nach Großbritannien einzureisen versuchen, um sich entsprechende Vorteile zu sichern. Für Christen wird hier die biblische Sorge, dass Gerechtigkeit walten und den Bedürftigen schnellstens Gerechtigkeit widerfahren muss, zu einem Imperativ. Das beinhaltet nicht nur eine faire Beurteilung der Asylanträge, sondern auch einen angemessenen Umgang mit der Frage, wann und wie diejenigen, die nur eine vorübergehende Aufenthaltsgenehmigung bekommen, das Land wieder verlassen und in ihre Heimat zurückkehren müssen.

Die Problematik im Zusammenhang mit der Immigration ist anderer Natur. Hier geht es weniger darum, ob ein Individuum in eine klar definierte Kategorie passt (etwa als »Flüchtling«), sondern um die Klärung, welchen Personengruppen in welcher Zahl die Immigration erlaubt werden soll und wie man mit denjenigen umgeht, die illegal ins Land kommen und dableiben. Es bereitet vielen Menschen sichtlich Sorge, dass die Immigrantenzahlen in den letzten Jahren gewachsen sind. Die Denkfabrik Migration Watch UK warnt vor einem Netto-Zustrom von mindestens 2 Millionen Menschen pro Jahrzehnt aus EU-Ländern und fordert eine »gemäßigte und geregelte« Immigrationspolitik, weil »massenhafte Einwanderung den Interessen unseres Gemeinwesens in allen Bereichen entgegensteht«.

Zwar bringt Immigration durchaus Probleme mit sich, selbstverständlich aber auch oft wirtschaftlichen Nutzen. Häufig werben Länder ausländische Arbeitskräfte an, um Lücken in ihrem eigenen Arbeitsmarkt zu stopfen, die durch mangelnde Qualifikation oder aus anderen Gründen entstanden sind. Entgegen der Ansicht, Migranten seien eine wirtschaftliche Belastung, tragen sie offensichtlich mehr zur Wirtschaft eines Landes bei, als sie Kosten verursachen. Außerdem zeigt der langfristige demographische Wandel, dass in Großbritannien weiterhin viel mehr alte Menschen als Menschen im erwerbsfähigen Alter leben werden. Auch das sollte uns ermuntern, jüngere, arbeitswillige Menschen aus dem Ausland anzuwerben.

Die gegenwärtigen Debatten darum, wie man Immigration am besten handhabt und kontrolliert, werden aus der Erkenntnis heraus geführt, dass das gegenwärtige System zu komplex und oft ineffektiv ist. Stattdessen sähen es manche lieber, wenn die Regierung Quoten festsetzen würde, wie viele Menschen pro Jahr ins Land gelassen werden. Die aktuellen Regierungsvorschläge hingegen favorisieren die Entwicklung eines einheitlichen Punktesystems, mit dem die Einwanderungswilligen ihren Fähigkeiten nach in vier Stufen eingeteilt werden. Selbstverständlich spiegelt jedes Punktesystem bestimmte moralische Wertvorstellungen wider. Ethische Bedenken ergeben sich, wenn vor allem der wirtschaftliche Nutzen für Großbritannien zählt – der sich zudem nur schwer messen lässt –, zu Lasten solcher Dinge wie Schutz der Bedürftigen oder Erhalt einer Familie.

Was passiert, wenn die Menschen hier sind?

Die meisten Aspekte der Frage »Wer kommt ins Land?« werden zwar verfahrensrechtlich von Politikern und Bürokraten entschieden, wir haben aber gesehen, dass bei all diesen Entscheidungsprozessen eine moralische Komponente enthalten ist, daher kann und muss das Thema Gegenstand einer ethischen Erörterung werden. Viel konkreter und weitreichender ist dann aber die Art der Beziehungen zwischen den Neuankömmlingen und denen, die sie empfangen. Allein durch die Situation wird von vornherein eine »Wir/Ihr«- beziehungsweise »Insider/Outsider«-Beziehung geschaffen. Die persönlichen und politischen Reaktionen hierauf werfen wichtige ethische Fragen auf. Eines der schwerwiegendsten moralischen Bedenken in den letzten Monaten und Jahren galt der Art der Berichterstattung in weiten Teilen der Medien. Schlagzeilen wie »Schmeißt den Abschaum raus« und »Migranten – ein Gesundheitsrisiko für Großbritannien« sind nicht gerade ein herzliches Willkommen! Solch eine Haltung und Ausdrucksweise verleitet die Alteingesessenen dazu, ihren neuen Nachbarn mit Angst und Misstrauen zu begegnen, anstatt sie verständnisvoll und als Gleiche unter Gleichen zu behandeln.

Zu Recht wird allerdings gefragt, welche Ansprüche und Beihilfen Immigranten automatisch zustehen sollen, aber tatsächlich auch, ob manche der Ankömmlinge aufgrund ihrer Fähigkeiten nicht »gleicher als andere« sein sollten. Zweifellos kann man es als gerecht ansehen, wenn diejenigen, die seit

Langem im Land wohnen und sowohl zum sozialen Leben als auch für die Wirtschaft und durch ihre Steuern ihren Beitrag geleistet haben, durch den Sozialstaat besser gestellt werden als diejenigen, die gerade erst neu im Land eingetroffen sind. Doch wenn man diesen Ansatz in das System der sozialen Fürsorge übernimmt, heißt das, Diskriminierung festzuschreiben, und man riskiert, dass sich Ungleichheit fortsetzt und Integrationsversuche fehlschlagen.

Was genau die von Immigranten erwartete »Integration« sein soll, ist ebenfalls ein heiß diskutiertes Thema. Norman Tebbitt, ein Politiker der Konservativen, hat vor einigen Jahren eine Kontroverse entzündet, als er sagte: »Ein großer Teil der asiatischstämmigen Bevölkerung in Großbritannien fällt beim Kricket-Test durch. Welche Seite unterstützen sie? Es ist ein interessanter Test. Gelten die Sympathien immer noch dem Land, aus dem man kommt, oder dem Land, in dem man lebt?« Dass er die britischen Asiaten ins Visier genommen hatte, spielte bei der harschen Reaktion mit eine Rolle, denn damit brachte er ein rassistisches Element in die Debatte ein und verlieh jenen Glaubwürdigkeit, die regelmäßig, wenn auch unnötig, das Immigrationsproblem zu einer Frage von Rasse und Hautfarbe machen. Ein Cartoon aus dieser Zeit demonstriert die Fragwürdigkeit des Kricket-Tests[1], indem er die alte Rivalität zwischen Schottland und England aufgreift: Ein Schotte im

1 Auch Tebbitt-Test genannt, Anm. d. Verl.

Kilt beklagt sich, dass er den Tebbitt-Test nicht bestanden hat.

Integration und sozialer Zusammenhalt ist sowohl für die Neuankömmlinge als auch für die Alteingesessenen eindeutig von Nutzen. Weder die Immigranten noch die einheimische Bevölkerung sollten ethnische Enklaven oder Ghettoisierungen befürworten. Doch man steht vor echten Herausforderungen, wenn man sich eingehender damit beschäftigt, wie weit man bei der Schaffung einer homogenen Identität gehen soll – was ist der kleinste gemeinsame Nenner im Charakter eines Volkes? – und inwieweit eine größere kulturelle und soziale Vielfalt akzeptiert und erwünscht ist. Vor allem ist das der Fall, wenn sich die Immigranten vornehmlich in bestimmten Landesteilen aufhalten: Ein Viertel der Londoner Bevölkerung wurde im Ausland geboren. Außerdem sind die verschiedenen Immigrantengruppen selbst von so unterschiedlicher Herkunft und verfügen über so unterschiedliche Fähigkeiten, dass manche von einer »Hyperdiversität« sprechen, zumal die letzten größeren Einwanderungswellen aus Osteuropa und nicht aus dem Commonwealth kamen.

Fazit

Obwohl das Thema Asyl und Immigration gern aus der Sicht persönlicher »Vor-Ort«-Erfahrungen abgehandelt wird, muss man es im Licht größerer, globaler Zusammenhänge betrachten. Dann wird klar, dass die ethischen Fragen, die in anderen Kapiteln diskutiert wurden, insbesondere in den Kapiteln über Krieg und Armut und zum Teil auch in dem Kapitel über die Umwelt, eine bedeutende Rolle dabei spielen, dass Millionen von Menschen überall auf der Welt aus ihrer Heimat abwandern, oft gegen ihren Willen und in großer Bedürftigkeit. Die in Großbritannien aufgeworfenen Fragen sind nur Teil eines größeren Ganzen.

Auch liegt den einzelnen, oft technischen politischen Detailfragen eine tiefere ethische Frage zugrunde – nämlich wie wir als Individuen, als Gemeinden und letztlich als eine Nation auf Fremde reagieren, insbesondere wenn diese in großer Not sind und sich stark von uns unterscheiden.

Bedauerlicherweise tun sich menschliche Gemeinschaften oft schwer damit, Menschen wirklich willkommen zu heißen, wenn sie so ganz »anders« erscheinen – sei es durch ihre Hautfarbe, ihre Sprache, ihre Sitten und Gebräuche oder sonstige Besonderheiten. Welche Schwierigkeiten das mit sich bringt, zeigt die Geschichte der christlichen Kirche. Dem Beispiel Jesu folgend, der für die Gläubigen eine Inkarnation Gottes ist, bemüht sich die Kirche seit alters her, Ausgestoßene und Fremde bereitwillig aufzunehmen. Trotzdem hatte sie anfangs große Schwierigkeiten, dies über die Juden hinaus auszudehnen und auch auf Nichtjuden (Heiden) anzuwenden, ohne zu erwarten, dass diese sich bekehren lassen und ebenfalls Juden werden. Die gleichen Spannungen treten seitdem immer wieder auf, wenn durch christliche Missionierung versucht wird, neue Menschen in die christliche Gemeinschaft aufzunehmen. Einerseits wird erwartet, dass diejenigen, die zum Christentum konvertieren, sich in das einfügen, was die Kirche bereits ist. Aber diese muss auch offen sein und bereit, sich von ihren »Neuzugängen« ändern zu lassen und neue Kulturen und Traditionen anzunehmen. Eine ähnliche Beziehungsdynamik erleben wir heute in den Nationalstaaten. Wir alle ringen mit den ethischen Fragen, die daraus entstehen, dass wir den Bedürfnissen derer gerecht werden wollen, die auf der Suche nach einer neuen Heimat, nach Arbeit oder nach Asyl unsere Landesgrenzen überschreiten, auch wenn wir gleichzeitig anerkennen, dass es Beschränkungen und Kontrollen geben muss.

Ehe und Sexualität

Dieses Kapitel behandelt kein neuartiges ethisches Problem, das uns erst seit wenigen Jahrzehnten beschäftigt, wie das bei einigen anderen Themen in diesem Buch der Fall war. Die Sexualität gehört schließlich zum »ältesten Gewerbe der Welt« und die Ehe geht laut Bibel bis auf Adam und Eva zurück. In diesem Sinne sind die damit verbundenen moralischen Fragen also schon von ihrer Definition her so alt wie die Menschheit. Allerdings muss man sich auch bewusst machen, dass sich innerhalb weniger Generationen in unserer Kultur ein tief greifender Wandel in Bezug auf unsere Einstellung zu Ehe und Sexualität wie auch unseren Umgang damit vollzogen hat. Zum einen haben wir die sogenannte »sexuelle Revolution« erlebt. Zum anderen wurde die menschliche Sexualität im 20. Jahrhundert, besonders seit Freud, sehr viel eingehender erforscht, was bei verschiedenen ethischen Fragen zu einem neuen Verständnis geführt hat.

Einige Fakten und Zahlen aus Großbritannien belegen, wie stark sich die Situation in bestimmten Bereichen, die im Folgenden behandelt werden – Sexualität, Ehe und eheähnliche Gemeinschaften sowie Homosexualität –, verändert hat.

● Eine 2005 in Großbritannien veröffentlichte Studie über die »Wollust« als eine der »sieben Todsünden« ergab, dass in den fünfziger Jahren des vorigen Jahrhunderts 53 Prozent der Frauen und 20 Prozent der Männer vor der Ehe keinen Geschlechtsverkehr hatten. In den neunziger Jahren war diese Zahl auf unter ein Prozent bei Männern und Frauen gesunken.

● Der Anteil der unehelich geborenen Kinder vervierfachte sich zwischen 1979 und 1999. 2003 wurden bereits über 40 Prozent der Kinder in England und Wales unehelich geboren.

● Bis 1967 war der Geschlechtsverkehr unter Männern – auch privat – ein Verbrechen. Seit Ende 2005 können gleichgeschlechtliche Paare eine eingetragene Lebenspartnerschaft eingehen und damit beinahe die gleichen Vorteile in Anspruch nehmen, die traditionell mit der Ehe verbunden sind.

Sexualität und Liebe

Obwohl sich also das Muster der sexuellen Beziehungen stark gewandelt hat, herrscht im Großen und Ganzen immer noch Einigkeit darüber, dass »gute Sexualität« – moralisch gesehen – etwas mit Liebe zu tun hat. Die beliebteste Lesung bei Trauungen ist und bleibt wahrscheinlich das 13. Kapitel des 1. Korintherbriefs des Apostels Paulus. Die Ehe wird zwar darin überhaupt nicht erwähnt, aber er schildert in eindrucksvollen Worten das Wesen der Liebe, besonders der im Neuen Testament beschriebenen Liebe, die im griechischen Original *Agape* genannt wird. Dieses Bild von der Liebe hat das moralische Denken der Christen geformt und auch das Verständnis von Liebe in allen Gesellschaften, die durch das christliche Evangelium beeinflusst sind. *Agape* bezeichnet die uneigennützig schenkende Liebe, die uns Gott in Jesus entgegenbringt. Sie ist die Liebe, die stets nach dem Wohl des Nächsten strebt, selbst wenn wir dafür Opfer bringen müssen und selbst wenn derjenige, den wir lieben, nicht liebenswert oder sogar unser Feind ist. Wie es im »Hohelied der Liebe« des Apostels Paulus heißt: »Die Liebe ist langmütig, die Liebe ist gütig. Sie ereifert sich nicht, sie prahlt nicht, sie bläht sich nicht auf. Sie handelt nicht ungehörig, sucht nicht ihren Vorteil, lässt sich nicht zum Zorn reizen, trägt das Böse nicht nach. Sie freut sich nicht über das Unrecht, sondern freut sich an der Wahrheit. Sie erträgt alles, glaubt alles, hofft alles, hält allem stand.« (1 Kor 13,4–7)

Aber natürlich hat die Liebe viele Formen und Ausprägungen, und wenn wir Jesu Gebot folgen und »unseren Nächsten wie uns selbst lieben«, dann ist die Liebe allumfassend und nicht auf Sexualität oder Ehe beschränkt. Es gibt verschiedene Arten der Liebe, die man traditionell nach vier altgriechischen Wörtern unterscheidet. *Agape* ist anders als die Liebe, die ich meinen Kindern entgegenbringe (*Storge*). Davon unterscheidet sich die Liebe, die ich für meine Freunde empfinde (*Philia*), und diese wiederum ist etwas anderes als die Liebe, die ich für meine Ehefrau empfinde (*Eros* oder Begierde).

Einer der tieferen Gründe für den Wandel in den sexuellen Beziehungen in den letzten Jahren liegt in der veränderten Auffassung und Erfahrung von »Liebe« in unserer Massen-, Konsum- und Marktgesellschaft. Die Liebe ist zu etwas geworden, was der Soziologe und Philosoph Zygmunt Bauman als »flüchtige Liebe« bezeichnet hat. Sie tritt jetzt in einer sich rasant bewegenden und ständig transformierenden Gesellschaft in Erscheinung, in der man vorsichtig damit ist, feste (und schon gar nicht bewusst dauerhafte) zwischenmenschliche Bindungen aufzubauen. Infolgedessen kommt es zu »Beziehungen«, die eher losen vertraglichen Vereinbarungen gleichen und jederzeit neu verhandelbar sind beziehungsweise aufgelöst werden können. Die engste Beziehung entsteht normalerweise dann, wenn man sich »verliebt«, und endet häufig dadurch, dass man sich wieder »entliebt«. So eine »flüchtige Liebe« unterscheidet sich grundlegend von der »beständigen Liebe«, die Paulus beschreibt und auf der das traditionelle Verständnis von Ehe beruht.

Die Ehe – das jüdisch-christliche Erbe

Die Ehe ist ein gesellschaftliches Phänomen, das es, wenngleich mit gewissen Variationen bezüglich ihrer gesellschaftlich und rechtlich akzeptierten Form, zu allen Zeiten in allen menschlichen Kulturen gegeben hat. Im Westen war die jüdisch-christliche Auffassung von Ehe und Sexualität besonders prägend. Diesem Verständnis zufolge weist der beinahe universelle Charakter der Institution Ehe mit ihren gesellschaftsübergreifenden Gemeinsamkeiten auf die tiefere Wahrheit hin, dass man die Ehe nicht auf eine nach Belieben veränderbare menschliche Erfindung reduzieren darf. Ebenso wenig wird sie allein durch die Wünsche der Beteiligten definiert.

Gemäß den Äußerungen Jesu in den Evangelien geht das christliche Verständnis der Ehe auf den »Anfang der Schöpfung« und die Schilderungen in den ersten Kapiteln des Buches Genesis zurück. Im Markusevangelium (Mk 10,6–8) antwortet Jesus auf die Frage nach der Ehe: »Gott hat sie als Mann und Frau geschaffen« und zitiert damit die Genesis 1,27. Auch im Matthäusevangelium (Mt 19,4–5) beruft er sich auf die Genesis (2,24), als er sagt: »Darum wird der Mann Vater und Mutter verlassen und sich an seine Frau binden und die zwei werden ein Fleisch sein.« Darauf basierend ist die Ehe nach christlichem Verständnis ein Teil von Gottes Schöpfung – zuweilen spricht man auch von einer von Gott geschaffenen Institution oder einem göttlichen Auftrag. Sie ist daher viel mehr als eine persönliche Entscheidung oder ein privater Vertrag zwischen zwei Menschen. Von dieser Warte aus gehört sie letztlich zu Gottes Schöpfungsplan und hat einen gottgegebenen Zweck.

Die Ehe stellt einen einzigartigen und ausschließlichen Bund zwischen einem Mann und einer Frau dar, die dadurch ein Leben lang in Liebe vereint sein wollen, innerhalb eines neues Gefüges, das sich gesellschaftlich von dem unterscheidet, in dem sie geboren und aufgewachsen sind. Die Hauptmerkmale des christlichen Ehebildes sind – abgesehen vom Bibelbezug und der theologischen Begründung – in den meisten traditionellen christlichen Gesellschaften auch bei der Zivilehe wiederzufinden. Die Ehe ist eine lebenslange, ausschließliche Bindung, die ein Mann und eine Frau eingehen.

Die Christen messen der Ehe jedoch noch eine tiefere Bedeutung zu. Sie behaupten, sie offenbare einen Teil von Gottes Wesen und seiner Liebe zu uns. Im alten Israel gab es eine Reihe jüdischer Propheten – hier ist ganz besonders der Prophet Hosea zu nennen –, die einen Zusammenhang herstellten zwischen dem von Gott gestifteten Ehebund und dem Bund Gottes mit seinem Volk durch seine selbstlose, treue, beständige und unverbrüchliche Liebe. Im Neuen Testament hat Paulus das in seinem Brief an die Epheser weiterentwickelt, indem er die Ehe mit der Beziehung Christi zu seiner Kirche vergleicht. Das erklärt, warum viele Christen die Ehe (wie die Taufe und die heilige Kommunion) als Sakrament bezeichnen. Und es erklärt zum Teil auch, warum Fragen der Sexualethik und Ehe oft heftige Kontroversen innerhalb der Christenheit auslösen.

Trotz dieser besonderen Achtung der Ehe genoss das Zölibat – also der Verzicht auf jegliche sexuelle Beziehung, um Gott voll und ganz dienen zu können – in der frühen christlichen Kirche sogar noch größeres Ansehen. Durch diese hohe Bewertung des Zölibats geriet die Ehe beinahe in den Ruf des Unmoralischen. Angesichts dieses Problems verfasste der Heilige Augustinus (354–430) – der später eher als sexualfeindlich galt – eine Verteidigungsschrift der

Ehe. Mit seinem Text über die »Güter der Ehe« schuf er die Grundlagen für das spätere christliche Eheverständnis. Von diesen Gütern benannte er drei: die Zeugung von Nachkommen (*proles*), die Treue dem Partner gegenüber (*fides*) und, bei der christlichen Ehe, *sacramentum* (womit er die Dauer der Ehe bis zum Tod als Zeugnis für Gottes unerschöpfliche Liebe meinte). Obwohl sein Ansatz im Lauf der Jahrhunderte oft in Frage gestellt, abgeändert und naturgemäß auch missverstanden wurde, ist sein Einfluss immer noch spürbar, was jeder feststellen kann, der heute einen modernen christlichen Traugottesdienst besucht und aufmerksam zuhört.

Vor Kurzem haben die Bischöfe der anglikanischen Kirche eine Erklärung zur Bedeutung der Ehe veröffentlicht. Die einleitenden Sätze ihrer Lehrschrift fassen prägnant zusammen, warum die Ehe wichtig ist und warum die Christen glauben, dass sie in jeder Betrachtung über Liebe und zwischenmenschliche Liebesbeziehungen einen herausragenden und ehrenvollen Platz einnehmen muss. Obwohl sich die Lehrschrift in christlichen Denkkategorien bewegt, werden auch Angehörige anderer Religionen (besonders des Judentums und des Islams) und Menschen ohne Religionszugehörigkeit einiges darin finden, was auch ihre Sicht von Liebe und Ehe und ihre Hoffnungen für die Ehe ausdrückt:

> »Gott ist die Liebe (1 Joh 4,16), und indem er die Menschen schuf, rief er uns auf zu lieben, sowohl ihn als auch einander … Gott hat uns als Teil der

Schöpfung die Ehe geschenkt, sie ist tief verwurzelt in unserem sozialen Empfinden, durch das ein Mann und eine Frau im Lauf ihres Lebens gemeinsam die Liebe erfahren können … Wenn wir öffentlich und vor dem Gesetz in den Stand der Ehe treten, verpflichten wir uns, zusammen zu leben und zu wachsen in dieser Liebe … Die geschlechtliche Vereinigung als Ausdruck aufrichtiger Verbundenheit ist ausschließlicher Bestandteil der Ehe … Durch die Ehe wird jeder der Partner reifer und mit ihrer Hilfe kann er persönliche Fehler und Unzulänglichkeiten überwinden … Mit der Ehe wird eine neue gesellschaftliche Einheit geschaffen: ein Paar, das stärker ist als die Summe seiner Mitglieder, zusammengehalten durch das Band innerer Freundschaft. Gemeinsam kann das Paar anderen Menschen Liebe geben: in erster Linie seinen Kindern, die natürlich zu diesem inneren Kreis gehören; aber nicht nur ihnen, sondern noch vielen anderen, die auf vielerlei Art mit ihnen zu tun haben.«

Sexualität und Ehe

Die traditionelle christliche Sexualethik wird von den Bischöfen wie folgt zusammengefasst: »Die geschlechtliche Vereinigung als Ausdruck aufrichtiger Verbundenheit ist ausschließlicher Bestandteil der Ehe.« Wie die Fakten und Zahlen zu Anfang des Kapitels veranschaulichen, lehnen immer mehr Menschen diese Moral ganz offen ab. Die damit verbundenen Beschränkungen werden oftmals als unrealistisch betrachtet, als eine Unterdrückung des natürlichen Begehrens und eine Einmischung in die persönlichen Entscheidungen über das Intimleben. Nach der vorherrschenden Meinung sollte es tendenziell eher dem Einzelnen selbst überlassen bleiben, ob er die Freuden der Sexualität genießen will oder nicht, sofern dabei gewisse moralische Grenzen eingehalten werden, nämlich dass es sich um einvernehmlichen Geschlechtsverkehr zwischen Erwachsenen handelt und man sich entsprechend vor Krankheiten und ungewollter Schwangerschaft schützt. Moralische Entscheidungen hängen von den spezifischen Umständen des betroffenen Paares ab, besonders davon, welcher Art ihre Beziehung ist und welche Wünsche und Erwartungen beide daran knüpfen. Das kann bei manchen zu einer eher konservativen Einstellung in Fragen der Sexualmoral führen, während andere freier damit umgehen.

Um die christliche Forderung, dass Sexualität nur innerhalb der Ehe stattfinden darf, logisch nachvollziehen zu können, muss man sich über die bereits erläuterte christliche Sicht der Ehe klar werden und auch den tieferen Sinn des Geschlechtsakts aus christlicher Sicht ergründen. Das erklärt nämlich die Skepsis der Christen gegenüber der Behauptung, Sexualität könne all das bedeuten, was die Beteiligten wünschen. Und es erklärt auch, warum die Sexualität im christlichen Denken so eng mit der Ehe verknüpft ist.

In der christlichen Tradition liegen Sinn und Bedeutung des Geschlechtsakts sowohl in der Vereinigung als auch in der Fortpflanzung (zur weiteren Diskussion darüber siehe *Künstliche Befruchtung beim Menschen*, S. 25). Was das verbindende oder vereinigende Gut betrifft, wird die Bedeutung der Sexualität in der bildhaften Sprache der Bibel so ausgedrückt, dass zwei Menschen »ein Fleisch werden«. Der Apostel Paulus verwendet diese Formulierung aus dem Buch Genesis sogar, um zu beschreiben, wie korinthische Christen zum heidnischen Tempel gehen, um mit einer Prostituierten Unzucht zu treiben (1 Kor 6). Dieses »ein Fleisch werden« bei der geschlechtlichen Vereinigung soll ein tieferes emotionales und geistiges »Einswerden« symbolisieren und fördern. Und diese Vereinigung findet nach christlichem Verständnis durch das Eingehen der Ehe als lebenslanger und ausschließlicher Bindung statt.

Wir sind also körperliche und geistige Wesen. Was wir mit unserem Körper machen, kann daher nicht von unserer Seele und von dem, was unsere Person ausmacht, losgelöst werden. Folglich muss es einen Zusammenhang geben zwischen dem, was wir mit unserem Körper ausdrücken, und dem, was wir durch unser Leben als Ganzes zum Ausdruck bringen. Wie Cameron Diaz in dem Film *Vanilla Sky* zu Tom Cruise sagt: »Weißt du nicht, dass wenn du mit jemandem schläfst, dein Körper ein Versprechen abgibt, ob du es willst oder nicht?« Die körperliche Botschaft der totalen Selbsthingabe und Verschmelzung, die während des Geschlechtsakts »ausgesprochen« wird, reflek-

tiert die spirituelle Botschaft des traditionellen Ehe-
versprechens: »in guten und in bösen Tagen, in Gesundheit und Krankheit, und dich zu lieben, zu achten
und zu ehren, bis dass der Tod uns scheidet«. Wenn
man die körperliche Botschaft in einem anderen Kontext »ausspricht«, gibt sie also ein falsches Versprechen ab. Dann wird die spezielle Form der körperlichen Liebe, die ausschließlich der ganz besonderen
ehelichen Beziehung vorbehalten ist, mit einer anderen, weniger dauerhaften Beziehung verknüpft.

Der Geschlechtsakt ist außerdem das Mittel, um
neues Leben in die Welt zu setzen. Für manche hat
diese simple Tatsache moralische Folgen, die man
nicht außer Acht lassen darf. Jede Vereinigung »zu
einem Fleisch« kann trotz der Anwendung von Verhütungsmitteln zur Entstehung neuen Lebens führen,
das Nahrung, Pflege, Erziehung und Liebe braucht.
Das heißt, dass man bei der körperlichen Liebe nicht
nur an sich selbst oder an die Paarbeziehung denken
darf, denn sie ist die natürliche Art, Kinder zu zeugen. Wenn die Partner moralisch verantwortungsvoll
sein wollen, müssen sie auch ein möglicherweise ent-
stehendes Kind annehmen und bereit sein, ihr Leben
so umzugestalten, dass dessen Bedürfnisse befriedigt
werden. Sollte sich dies am besten dadurch bewerk-
stelligen lassen, dass die Eltern eine echte Bindung
wie im Bund der Ehe eingehen, dann sollte auch die
Sexualität ausschließlich auf die Ehe beschränkt bleiben.

Und wie steht es nun mit anderen Arten von sexuellen Beziehungen? Manche davon (zum Beispiel käuf-

licher Sex oder One-Night-Stands) lassen sich moralisch nur schwer rechtfertigen, obwohl sie in bestimmten Fällen für manche hilfreich sein können. Andere kommen der Ehe sehr nahe und sollten vielleicht sogar als gleichwertig behandelt werden, auch wenn sie auf keiner formalen oder rechtlichen Grundlage beruhen. In Großbritannien wird das Zusammenleben ohne Trauschein heutzutage allgemein akzeptiert. Diese neue gesellschaftliche Realität wirft eine Reihe ethischer Fragen auf und bedarf der Diskussion.

Ehe und eheähnliche Gemeinschaften

Die zu Anfang dieses Kapitels genannten Zahlen zeigen, dass man heutzutage normalerweise einen Hausstand und eine Familie gründet, bevor man den »Bund fürs Leben« schließt. In mehr als drei Vierteln der Fälle geben die Partner bereits beim Bestellen des Aufgebots im Standesamt dieselbe Adresse an, und auch bei kirchlichen Trauungen haben die meisten Paare zuvor schon zusammengelebt. Das ist eine neue gesellschaftliche Norm geworden, und wie die jungen verliebten Paare früher einfach heirateten, ohne sich zu überlegen, ob es auch alternative Formen von Beziehungen geben könnte, so ziehen heutzutage die meisten zusammen, ohne dies als besonders »ethische« Entscheidung oder Ablehnung der Ehe zu betrachten. Die moderne eheähnliche Gemeinschaft zeigt, in von Fall zu Fall unterschiedlichem Maß, die zunehmende »Flüchtigkeit« von Liebesbeziehungen, wie Bauman sie beschrieben hat. Aber welche Argumente gibt es für und gegen sexuelle Beziehungen in Form von eheähnlichen Gemeinschaften?

Argumente für die eheähnliche Gemeinschaft

- Oft stehen praktische Gründe im Vordergrund: Eine feste Partnerbeziehung zu unterhalten kann gesellschaftlich und finanziell sehr aufwändig sein, wenn man nicht zusammenlebt. Außerdem sind die Kosten einer Hochzeit heutzutage enorm hoch (in Großbritannien durchschnittlich 25 000 Euro). Unter diesen Umständen kann man seine begrenzten Ressourcen an Zeit und Geld vielleicht am besten nutzen, wenn man vor der Hochzeit eine Weile zusammenlebt und währenddessen die Beziehung festigt und sich über eine Eheschließung Gedanken macht.

- Es fallen auch persönliche Faktoren ins Gewicht. Die Menschen treffen ihre Entscheidungen abhängig von ihrer persönlichen Situation und ihrem Wunsch nach einem glücklichen Leben. Viele haben negative Erfahrungen mit der Ehe gemacht – entweder mit der Ehe ihrer Eltern oder einer eigenen früheren Ehe – und wollen sich daher nicht zu einer Heirat entschließen. Durch das Zusammenleben ohne Trauschein kann man negative Erfahrungen überwinden und wieder Zuversicht und Vertrauen schöpfen.

- In unserer säkularen, »flüchtigen« Gesellschaft verlieren öffentliche, rechtliche und religiöse Elemente, die bei der Eheschließung wichtig sind, mehr und mehr an Wert. Als wichtigstes Gut wird die Qualität der Beziehung zwischen zwei Menschen (auch der sexuellen Beziehung) betrachtet, und das lässt sich auch ohne Trauschein erreichen (und fehlt sogar häufig in der Ehe). Die eheähnliche Gemeinschaft ist in der modernen Gesellschaft ein Ausdruck dieses Guts, und sie bietet einen Raum, in dem es wachsen kann.

● Angesichts der hohen Scheidungsrate kann das Zusammenleben als eine Art »Ehe auf Probe« fungieren. Wenn man zusammenzieht, geht man damit eine wichtige Verpflichtung ein, die möglicherweise zur Ehe führt, aus der sich beide Partner aber auch ohne einen qualvollen Rechtsstreit wieder zurückziehen können.

Argumente gegen die eheähnliche Gemeinschaft

● Die eheähnliche Gemeinschaft ist nicht unbedingt ein zuverlässiger Test für das Gelingen einer Ehe. Wie eine von der britischen Regierung in Auftrag gegebene Studie 1999 ergab, war bei Paaren, die vor der Ehe schon zusammengelebt hatten, das Risiko, dass ihre Ehe scheitert, höher als bei Paaren, die nicht zusammengelebt hatten. Die ausschlaggebenden Scheidungsfaktoren waren das Alter bei der Eheschließung, Kinder oder Schwangerschaft vor der Ehe, Zusammenleben vor der Ehe und frühere Ehen.

● Dass sich die Stabilität einer Ehe nicht durch ein vorheriges Zusammenleben prüfen lässt, ergibt sich daraus, dass die formelle, ausschließliche, lebenslange Bindung, die man mit der Ehe eingeht, eine radikal andere (»festere«) Beziehung schafft als eine eheähnliche Gemeinschaft.

- Die gesellschaftliche Anerkennung und Unterstützung der rechtmäßigen Ehe stärkt die Beziehung. Zwar ist die persönliche Beziehung ausschlaggebend, aber die gesellschaftliche Anerkennung und »Institutionalisierung« durch die Eheschließung kann sich ebenfalls positiv auswirken.

- Obwohl Missbrauch und Unterdrückung auch in der Ehe vorkommen können, bietet die Ehe doch einen rechtlichen Schutz, der in Beziehungen ohne Trauschein fehlt. Anders, als manche glauben, ist die »eheähnliche Gemeinschaft« nämlich kein anerkannter Rechtsstatus, sondern birgt größere Risiken und Unwägbarkeiten. Sie bietet daher keine Sicherheit, die dazu beitragen könnte, sich von leidvollen Erfahrungen in der Vergangenheit zu erholen.

- Eine Hochzeit muss nicht unbedingt teuer sein!

Wenn man nur diese Argumente für und wider die eheähnliche Gemeinschaft in Betracht zieht, verliert man vielleicht eine ganz andere Frage aus den Augen: Könnte man unverheiratet zusammenlebende Paare nicht einfach als verheiratet ansehen? Viele dieser Beziehungen weisen die moralische Disziplin einer Ehe auf. Sie demonstrieren und fördern eine ausschließliche, selbstlose gegenseitige Liebe und sind auf lebenslange Dauer angelegt. Daher könnte man mit Fug und Recht argumentieren, dass das Versäumnis zweier Partner, sich einer religiösen oder rechtlichen Zeremonie zu unterziehen, ihrer Beziehung nicht unbedingt den Status einer Ehe absprechen muss. Schließlich wurde die Trauzeremonie in England und Wales erst nach 1754 zur rechtlichen Voraussetzung für die Gültigkeit einer Ehe.

Auch wenn vieles für diese Argumentation spricht, gilt es doch zweierlei zu bedenken.

Erstens, wenn man die eheähnliche Gemeinschaft mit der Ehe gleichsetzt, verkennt man möglicherweise, was es bedeutet, wenn jemand explizit und vor den Augen der Öffentlichkeit eine lebenslang gültige Liebeserklärung abgibt, die die Voraussetzung für eine glückliche Ehe ist. Bedenkt man, welchen Stellenwert die individuellen Wünsche und die Wahlfreiheit in unserer Gesellschaft haben und welche Abneigung (oder Schlimmeres) man formalen öffentlichen Pflichtbekenntnissen entgegenbringt, stellt dies in den Augen vieler Christen ein bedeutendes Zugeständnis dar. Dessen ungeachtet hat die Kirche die Ehe immer als einen Bund zwischen zwei Menschen betrachtet und in ihrer Geschichte auch »heimliche Hochzeiten« ohne öffentliche Zeremonie anerkannt. Obwohl solche Beziehungen nie ausdrücklich empfohlen wurden – die Kirche stand ihnen für gewöhnlich eher kritisch gegenüber und strebte ein formelles, öffentliches Gelöbnis an –, wurden sie nicht immer als illegitim aufgefasst.

Zweitens, wenn man gewisse eheähnliche Gemeinschaften der Ehe gleichstellt, lässt man leicht außer Acht, was für eine Vielzahl von Beziehungen dann als »eheähnlich« gelten können und wie groß der Unterschied zwischen einer Ehe und den meisten dieser Beziehungen ist. Man kann eine eheähnliche Gemeinschaft erst dann mit einer Ehe gleichsetzen, wenn sie sich über einen langen Zeitraum hinweg als wirklich ebenbürtig erwiesen hat. Viele (wahrscheinlich die meisten) Beziehungen entsprechen nicht diesen Anforderungen, und Paare, die ohne Trauschein zusammenleben, drücken damit praktisch aus, dass sie sich im Augenblick nicht festlegen und ihre Beziehung durch die Eheschließung besiegeln möchten.

Wenn man bedenkt, welche Probleme die Gleichsetzung von Ehen und eheähnlichen Gemeinschaften aufwirft, ist es interessant zu wissen, dass Augustinus vor mehr als 1500 Jahren mit ähnlichen Schwierigkeiten zu kämpfen hatte. Er stellte die Frage, ob es eine Ehe ist, wenn zwei Menschen, die nicht verheiratet sind, eine von Treue geprägte sexuelle Beziehung unterhalten (selbst wenn sie keinen ausgesprochenen Kinderwunsch haben, der ein elementarer Bestandteil seines Denkens war). Er zog den Schluss, dass man »es vielleicht berechtigterweise als Ehe bezeichnen kann, wenn beide Partner fest entschlossen sind, bis zum Tod eines Partners zusammenzubleiben, und wenn sie die Zeugung von Kindern … nicht scheuen.« Das ruft uns in Erinnerung, dass die Absicht der beteiligten Personen letztlich mehr zählt als die Trauzeremonie. Wie der christliche Ethiker Paul Ramsey schrieb: »So schwer wir uns auch vorstellen können, dass es einen Fall gibt, der ohne rechtmäßige Zeremonie das Bestehen einer Ehe rechtfertigt, muss man dies doch als Möglichkeit in Betracht ziehen, und sei es nur deshalb, um der Bedeutung der Ehe, wie sie in der christlichen Tradition immer verstanden wurde, Rechnung zu tragen.«

Gleichgeschlechtliche Ehen?

Die ganze bisherige Diskussion hat sich ausschließlich auf Beziehungen zwischen Männern und Frauen bezogen, der traditionellen Struktur der Ehe. Soweit wir wissen, gibt es jedoch in den meisten menschlichen Gesellschaften Individuen, die glauben, ihre Erfüllung in Sexualität und Partnerschaft nicht in einer Ehe mit einem Angehörigen des anderen Geschlechts zu finden, sondern in einer gleichgeschlechtlichen Beziehung. In vielen Gesellschaften ist es nicht möglich, diese Überzeugung öffentlich zu vertreten und entsprechende sexuelle Neigungen offen auszuleben, da man riskiert, lächerlich gemacht und sogar verfolgt zu werden. In den letzten 40 Jahren hat sich jedoch in der westlichen Gesellschaft ein selbstbewusstes und positives homosexuelles Selbstverständnis entwickelt. Männer und Frauen bezeichnen sich als »schwul« und »lesbisch« und streben eine breite gesellschaftliche Akzeptanz und Anerkennung ihrer Partnerschaften an. In einigen Ländern werden mittlerweile gleichgeschlechtliche Ehen oder eingetragene Lebenspartnerschaften gesetzlich anerkannt (wie in Großbritannien oder auch in Deutschland), was eine Reihe weiterer ethischer Fragen aufwirft.

Homosexualität: Was wissen wir?

Es bleibt unklar und umstritten, wie verbreitet Homosexualität tatsächlich ist. Obwohl die Zahlen aus dem Kinsey-Report, wonach zehn Prozent der Bevölkerung homosexuell sind, immer noch überraschend oft zitiert werden, gelten sie heute als äußerst zweifelhaft. Unterschiedliche Untersuchungen und Definitionen bringen unterschiedliche Ergebnisse hervor, aber in den meisten Gesellschaften liegt die Zahl der Personen, deren sexuelle Orientierung vorwiegend oder ausschließlich homosexuell ist, annäherungsweise zwischen zwei und fünf Prozent. Ganz abgesehen von den tatsächlichen Bevölkerungsanteilen ist es in unserer heutigen Welt jedoch wichtig, sich darüber klar zu werden, wie gleichgeschlechtliche Beziehungen zu verstehen und moralisch zu bewerten sind.

Über die Ursachen der Homosexualität wird immer noch heftig gestritten. Trotz der gelegentlichen Medienhysterie über die Entdeckung von »Schwulen-Genen« liegen die Ursachen weitgehend im Dunkeln. Allgemein gesagt favorisieren die einen eine eher biologische Erklärung der gleichgeschlechtlichen Anziehung (nämlich dass sie von Genen oder Hormonen oder von der Gehirngröße beziehungsweise -struktur abhängt), während die anderen psychologische Ursachen ausmachen und sie auf Beziehungsmuster vor allem innerhalb der Familie zurückführen. Was genau unter »sexueller Orientierung« zu verstehen ist, ob sie durch die Natur oder die Erziehung geprägt wird oder ob – was vielleicht am wahrscheinlichsten ist – ein komplexes Zusammenspiel beider Faktoren dafür verantwortlich ist und es überhaupt kein einheitliches Schema gibt, wird weiterhin diskutiert werden, je mehr neue Erkenntnisse gewonnen werden. Aber welche Schlüsse man auch daraus zieht, die ethischen Fragen bleiben immer dieselben, weil es um die Lebensweise von Menschen geht, die sich aus welchen Gründen auch immer als homosexuell bezeichnen und daher eine Liebesbeziehung mit einem gleichgeschlechtlichen Partner anstreben.

Gesellschaftliche und rechtliche Veränderungen

In den fünfziger Jahren des vorigen Jahrhunderts drohte Personen, deren homosexuelle Aktivitäten bekannt wurden, ein Skandal und sogar das Gefängnis. Heute sind viele Prominente und Menschen des öffentlichen Lebens bekennende Schwule oder Lesben. Eine Zeitung hat sogar eine »Pink Power«-Liste mit den mächtigsten homosexuellen Persönlichkeiten Großbritanniens veröffentlicht. Das ist jedoch nur die eine Seite der Medaille. Die Schreckensmeldungen über Angriffe auf Homosexuelle und die Ermordung von Schwulen zeigen, dass es in unserer Gesellschaft immer noch viele intolerante und moralisch nicht zu rechtfertigende Reaktionen auf die Homosexualität gibt.

In diesem Zusammenhang entbrannte eine heftige ethische Kontroverse darüber, ob man das gesetzlich erlaubte Mindestalter für homosexuellen Geschlechtsverkehr senken und damit an die für Heterosexuelle geltenden Regelungen angleichen sollte und ob gleichgeschlechtliche Partnerschaften anerkannt werden und einen rechtsgültigen Status erhalten sollten. Die entsprechenden Gesetzesänderungen stießen auf harsche Kritik. Besonders unter den Christen und den Anhängern der anderen großen monotheistischen Religionen sind manche der Ansicht, dass solche Entwicklungen zum moralischen Verfall in der Gesellschaft beitragen und keineswegs Ausdruck von Fortschrittlichkeit und Aufgeklärtheit sind.

Homosexualität: die ethische Diskussion

Im Vorfeld der Gesetzesänderungen wurde das Thema aus verschiedenen Blickwinkeln diskutiert. Für diejenigen, die auf Änderungen drängen, liegt der hauptsächliche Beweggrund meist nur in dem Bedürfnis nach Anerkennung und Unterstützung gleichgeschlechtlicher Partnerschaften, damit diese die gleichen Vorteile wie Ehepaare genießen können. Zur Verteidigung dieser Position wird vorzugsweise das ethische Argument »gleiches Recht für alle« herangezogen. Von diesem Standpunkt aus ist jede rechtliche Privilegierung Heterosexueller gegenüber Homosexuellen diskriminierend und von Grund auf ungerecht.

Die Gegner von Gesetzesänderungen stellen das Wesen der sexuellen Orientierung und Identität in Frage (und somit die Gültigkeit einer Unterscheidung zwischen »homo« und »hetero«). Außerdem betonen sie die herausgehobene Stellung der Ehe zwischen Mann und Frau gegenüber den oft als unmoralisch empfundenen homosexuellen Beziehungen.

Es gibt die unterschiedlichsten Argumente zur Verteidigung der gleichgeschlechtlichen »Ehe«. Das Hauptargument besteht meist in der Feststellung, dass es ungerecht ist, die Ehe zwischen Mann und Frau zu privilegieren, da es eben auch Menschen gibt, die homosexuell veranlagt sind. Auch wenn Homosexuelle nicht heiraten können, gehen sie dennoch eine Liebesbeziehung ein, die sämtliche moralischen Qualitäten aufweist, die auch bei heterosexuellen Partnerschaften wie der Ehe vorhanden sind und als positiv wahrgenommen werden. Wenn man bedenkt, dass homosexuelle Partnerschaften lange Zeit gesellschaftlich abgelehnt und sogar bekämpft wurden, verdienen sie jetzt umso mehr Anerkennung und Unterstützung, und zwar sowohl in der Gesellschaft als auch – so die Überzeugung mancher Christen – in der Kirche. Wie bei Heterosexuellen muss man auch bei Homosexuellen beständige und verbindliche Beziehungen fördern und ermutigen, gleichzeitig soll so flüchtigen sexuellen Abenteuern mit häufig wechselnden Partnern entgegengewirkt werden. Diese Formen von Beziehungen könnte man »gleichgeschlechtliche Ehe« nennen oder auch anders – falls der Begriff »Ehe« heterosexuellen Paaren vorbehalten bleiben soll. Die Bezeichnungen sind zweitrangig, solange nur der Gerechtigkeit genüge getan wird. Diese Argumentation diente auch als Grundlage für die Einführung der eingetragenen Lebenspartnerschaft in Großbritannien Ende 2005[1].

---

1 In Deutschland gibt es das Gesetz zur eingetragenen Lebenspartnerschaft seit 2001, Anm. d. Verl.

Gegen diese Argumente gibt es jedoch eine Reihe von Einwänden, weshalb gleichgeschlechtliche Beziehungen nicht wie eine Ehe betrachtet oder als moralisch gleichwertig behandelt werden sollen. Diese beziehen sich entweder auf die Heilige Schrift oder auf andere anerkannte Quellen und weitergehende Überlegungen. Auf dieser Grundlage wird argumentiert, dass die Ehe allgemein als Vertrag zwischen zwei Menschen von verschiedenem Geschlecht betrachtet wird, was auch dadurch begründet ist, dass sie der Fortpflanzung dienen soll. Von daher ist die Ehe ein Grundstein der menschlichen Gesellschaft und lebenswichtig für ihren Erhalt und ihr Gedeihen.

In den ersten Kapiteln der Genesis wird von der Erschaffung des Menschen als Mann und Frau und als Abbild Gottes berichtet und davon, wie Eva von Gott für Adam erschaffen und von Adam als »Bein von meinem Bein und Fleisch von meinem Fleisch« gepriesen wird. Die meisten Christen sehen darin einen Hinweis darauf, dass die Aufteilung des Menschen in zwei Geschlechter von grundlegender Bedeutung ist. Wenn man die Institution der Ehe auch auf gleichgeschlechtliche Paare ausdehnt, setzt man sich über das biblische Zeugnis hinweg, dass die Ehe eine Beziehung zwischen Mann und Frau ist, und außerdem auch über die Schöpfungsordnung im weiteren Sinn, die von den meisten Gesellschaften als »natürlich« betrachtet wird. Von diesem Standpunkt aus betrachtet ist die gleichgeschlechtliche Ehe nicht nur ein Novum, sondern ein Widerspruch in sich. Doch auch wenn das eine terminologisch schlüssige

Begründung ist, bedeutet es nicht, dass man gleichgeschlechtlichen Beziehungen, die der Ehe ähneln, aber sich dennoch von ihr unterscheiden, jegliche Anerkennung verweigern muss.

Wenn man die formale Anerkennung gleichgeschlechtlicher Beziehungen als falsch beurteilt, stellt man damit auch das Wesen und die Bedeutung der homosexuellen Identität in Frage und ignoriert die Tatsache, dass es nun einmal Menschen mit homosexuellen Neigungen gibt, die ein Recht auf ihr Sexualleben haben. Drei Hauptargumente sind hier zu beachten.

Erstens wird angeführt, dass die bloße Anerkennung der Existenz eines Phänomens noch nicht seine Billigung impliziert. Nach traditionellem christlichem Verständnis wird die Existenz von homosexuellen Neigungen zwar nicht geleugnet, aber darauf zurückgeführt, dass sich die Betreffenden weigerten, sich Gott und seinem Willen zu unterwerfen. Bis in die siebziger Jahre des vorigen Jahrhunderts wurde Homosexualität als psychische Störung betrachtet, die sich medikamentös behandeln lässt. Manche behaupten noch immer, dass eine Therapie oder eine Art christlicher Heilung Menschen dabei helfen kann, ihre sexuellen Vorlieben umzukehren, ja sogar ein heterosexuelles Leben zu führen. Falls diese Annahme zutrifft, wäre es unklug, gleichgeschlechtliche Beziehungen gesellschaftlich anzuerkennen.

Zweitens: Selbst wenn sich eine solche Umorientierung für viele als unmöglich erweist, kann es trotzdem Menschen geben, die sich als homosexuell bezeichnen und dennoch eine Ehe eingehen. Tom Robinson, der den Song »Glad to be Gay« geschrieben hat (der noch 1977 auf BBC nicht gespielt werden durfte – ein weiterer Beweis dafür, dass sich die Zeiten ändern), ist ein berühmtes Beispiel dafür. Er heiratete später, was der allzu simplen und scharfen Trennung der Menschen in zwei feste sexuelle Orientierungskategorien widerspricht. Da es noch eine dritte Kategorie zu geben scheint, die »Bisexualität« (obwohl es vielleicht nichts bringt, ein drittes Etikett hinzuzufügen), kann man, wie auch Robinson, argumentieren, jeder Mensch solle vollkommen frei in der Wahl seiner sexuellen Beziehungen sein und dabei unterstützt werden. Andere wenden ein, dass es gute Gründe dafür gibt, die Ehe als Norm zu betrachten. Wenn man sie auf die gleiche Stufe mit anderen Partnerschaften stellt, untergräbt man sie letztlich und hält Menschen, die in einer Ehe glücklich werden würden, möglicherweise sogar vom Heiraten ab.

Drittens: Selbst wenn man zugesteht, dass es homosexuelle Menschen gibt, die in einer heterosexuellen Ehe keine Erfüllung finden, lässt sich daraus nicht zwangsläufig ableiten, dass die Gesellschaft aus rechtlichen Gründen oder um der Gerechtigkeit willen ihre moralische Bewertung von Partnerschaften neu überdenken muss. Analog dazu gibt es das Beispiel »polyamourös« veranlagter Menschen, die sich in mehrere Personen gleichzeitig verlieben und mit ihnen sexuelle Beziehungen unterhalten. Das heißt jedoch nicht, dass es diesen Menschen gegenüber ungerecht ist, die ausschließliche, lebenslange

Ehe zu befürworten. Genauso wenig folgt daraus, dass Ehen umgekehrt so definiert werden müssen, dass sie auch Polygamie oder einen befristeten Ehevertrag ermöglichen.

Manche gehen noch weiter und betrachten gleichgeschlechtliche Partnerschaften als grundsätzlich unmoralisch. Sie stützen sich dabei hauptsächlich auf das Argument, dass die Bibel homosexuelles Benehmen ausdrücklich als unmoralisch verurteilt. Sowohl Bibelstellen im Alten Testament (zu nennen sind hier die klassische Geschichte von Sodom, Gen 19, sowie zwei Verse im Buch Levitikus in den Vorschriften des Alten Testaments) als auch im Neuen Testament (am deutlichsten der erste Paulusbrief an die Römer, der neben männlichen Homosexuellen auch Lesbierinnen einschließt) sprechen sich eindeutig gegen homosexuelles Verhalten aus. In der Bibel gibt es keine einzige positive Äußerung zur Homosexualität, sie wird durchweg verdammt. Das war jahrhundertelang die Ansicht der Christen, und auch heute noch ist die Mehrheit der Christen wie auch der Juden und Muslime dieser Überzeugung. Sie – und viele andere – behaupten manchmal, dass die Homosexualität nicht nur »unbiblisch«, sondern auch »unnatürlich« sei.

Zunehmend häufiger stellen sich Christen jedoch die Frage, ob wir uns Gottes Ablehnung der Homosexualität wirklich so sicher sein können. Ihre verschiedenen Argumente lassen sich hauptsächlich zwei Kategorien zuordnen: Die einen sind der Ansicht, dass die Kirche die Bibel schlicht falsch ausgelegt hat und von kulturellen Vorurteilen geprägt war. Die Bibelstellen sprächen sich gegen bestimmte Formen homosexueller Praktiken aus (zum Beispiel Gruppenvergewaltigungen in Sodom), nicht aber gegen liebevolle, dauerhafte, treue und stabile Paarbeziehungen, in denen die Sexualität ein Ausdruck der Liebe ist. Die anderen führen an, dass die Christen nie sämtliche Gebote der Bibel wörtlich genommen haben und wir heute viel mehr über die menschliche Sexualität wissen, was uns erkennen lässt, dass manche homosexuellen Beziehungen gut und tugendhaft sind. Die Kirche sollte daher ihre traditionelle Position überdenken, wie sie es im Lauf der Jahrhunderte auch in anderen Bereichen getan hat, in jüngster Zeit etwa in ihrer Einstellung zur Priesterschaft von Frauen. Traditionell sei die Homosexualität deshalb abgelehnt worden, weil sie nicht der Fortpflanzung dient und daher als unnatürlich galt. Heute wissen wir jedoch, dass die Homosexualität für manche Menschen »natürlich« ist. Und da wir auch Verhütungsmittel und nicht der Fortpflanzung dienende heterosexuelle Sexualität akzeptieren, können wir homosexuelles Verhalten nicht mehr rundheraus ablehnen.

Fazit

Das Thema Ehe, Sexualität und Partnerschaft ist ein Gebiet, auf dem weite Teile der Gesellschaft eine »privatisierte« moralische Einstellung vertreten, derzufolge jeder Mensch weitgehend das tut, was er selbst für richtig hält. Verglichen mit vielen anderen Problemen in diesem Buch gibt es darüber relativ wenige moralische Diskussionen in der Öffentlichkeit, obwohl in diesem Bereich – anders als bei den meisten anderen Themen – jeder von uns regelmäßig moralische Entscheidungen treffen muss, von denen er selbst manchmal ganz gravierend betroffen ist.

Es wird heute allgemein akzeptiert, dass bestimmte sexuelle Verhaltensmuster nicht als gesetzeswidrig gelten sollen, sofern sie sich innerhalb gewisser Grenzen bewegen und kein anderer zu Schaden kommt, auch wenn manche Menschen sie für abscheulich und anstößig halten. Immerhin ist der Ehebruch, der immer noch als unmoralisch betrachtet wird, ein beliebtes Thema in Soaps und beim Gesellschaftsklatsch. Eine Moraldebatte findet normalerweise erst dann statt, wenn eine wichtige Person des öffentlichen Lebens in die Schlagzeilen gerät und manche ihr »moralisches Verhalten« (was oftmals nichts anderes heißt als ihr »Sexualleben«) für unvereinbar mit einem öffentliche Amt halten.

Im Gegensatz dazu scheint die christliche Kirche von diesem Thema manchmal geradezu besessen zu sein – ganz besonders von der Homosexualität –, als gäbe es keine anderen wichtigen ethischen Fragen. Dies ist teilweise auf eine verzerrte Darstellung durch die Medien zurückzuführen, aber es gibt auch noch drei schwerwiegendere Faktoren. Erstens sind sich die Christen (und auch die Angehörigen vieler anderer Religionen) darüber bewusst, dass unsere intimsten menschlichen Beziehungen, das, was wir mit unserem Körper tun und wie wir unser sexuelles Verlangen ausdrücken, nicht nur reine Privatsache sind. Vielmehr sind sie ein Ausdruck dessen, wie wir Menschen uns selbst sehen und welches tiefere Verständnis wir von Gott und unserer Beziehung zu ihm haben. Zweitens wurde, wie dieses Kapitel gezeigt hat, die »traditionelle« Sexualmoral stark von christlichen Vorstellungen geprägt. Da diese durch neue Erkenntnisse und eine Neubewertung der früheren Normen in Frage gestellt wird, müssen sich die Christen jetzt zwangsläufig damit auseinandersetzen, wie sie auf dieses neue kulturelle Ethos reagieren sollen. Schließlich, wenn wir unser Denken, Sprechen und Handeln in Bezug auf Ehe, Sexualität und Partnerschaft so anpassen wollen, dass es dem Wohl des heutigen Menschen dienlich ist, dann kann uns die christliche Tradition die notwendigen Kategorien und Werkzeuge liefern (wenn auch nicht alle Antworten), die in unserer flüchtigen, individualistischen, konsumorientierten und oft hedonistischen Gesellschaft fehlen.

Armut

Schätzungsweise 3 Milliarden Menschen haben am 2. Juli 2005 die LIVE-8-Konzerte gesehen. Wenngleich sich manche nur für die Musik und die Stars interessiert haben, fühlten sich viele ebenso von dem angezogen, wofür dieses Großereignis stand: »Make Poverty History« (Macht Armut zur Vergangenheit), lautete die Forderung an die Regierungschefs der USA sowie Kanadas, Großbritanniens, Frankreichs, Deutschlands, Italiens, Japans und Russlands, die sich als Vertreter der mächtigsten Länder der Welt zum bevorstehenden G8-Gipfel trafen. Dieser Kampagne ist es – wie zuvor schon der Jubilee 2000-Kampagne – gelungen, Bevölkerungsschichten zu erreichen, die sich durch traditionelle politische Gruppierungen nicht angesprochen fühlen. Das Aktionsbündnis umfasst mehr als 400 Organisationen und hat das Bewusstsein für die globale Armut, für Ungleichheit und Ungerechtigkeit und die zugrunde liegenden Ursachen geschärft.

Armut sichtbar machen

Was das öffentliche Bewusstsein für Armut angeht, haben wir es zunächst oft mit dem Problem zu tun, dass die meisten von uns Armut in ihrem Alltag überhaupt nicht wahrnehmen. Und das betrifft nicht nur die Armut im Land, sondern auch die in unserer nächsten Umgebung. Wie in Jesu Parabel vom armen Lazarus (die im Evangelium in Lukas 16 wiedergegeben wird) haben Reiche und Wohlhabende anscheinend die Fähigkeit, die Existenz von Armut schlicht ignorieren zu können – selbst extremste Armut, und sogar direkt vor der eigenen Haustür. Häufig sehen wir auch nicht über unsere Landesgrenzen hinaus, trotz Medienberichten aus aller Welt und verstörender Bilder von verhungernden Kindern. Die Fakten sprechen eine klare Sprache, allerdings hat man bis vor Kurzem wenig in der Öffentlichkeit darüber gehört:

- Die Hälfte der Weltbevölkerung muss mit weniger als 2 Dollar pro Tag auskommen. In Schwarzafrika haben mehr als 300 Millionen Menschen weniger als 1 Dollar pro Tag zum Leben.
- Viele der ärmsten Länder geben mehr für ihren Schuldendienst aus als für das Gesundheitswesen und die Bildung.
- Mehr als 1 Milliarde Menschen weltweit haben keinen gesicherten Zugang zu sauberem Trinkwasser.
- Jedes Jahr sterben etwa 10,6 Millionen Kinder unter fünf Jahren, mehr als vier Millionen davon in Asien und im pazifischen Raum.
- In Afrika erhalten mehr als 44 Millionen Kinder im Grundschulalter keine Schulbildung.
- Nach Schätzungen der Vereinten Nationen sterben alljährlich 7 Millionen Kinder an Ursachen, die leicht zu beheben wären, vor allem an heilbaren Krankheiten und verunreinigtem Trinkwasser.

- In diesem Jahr werden mindestens 1 Million Afrikaner an Malaria und 2 Millionen an AIDS sterben.
- Die Armut kostet jeden Tag etwa 30 000 Menschen das Leben.

Was läuft verkehrt?

Die Reaktion auf diese Fakten ist – anders als bei den meisten anderen ethischen Themen in diesem Buch – einmütig: Eine derartige Situation wird allgemein als schlecht und daher als veränderungsbedürftig empfunden. Von manchen wird sie sogar als ein »Übel« bezeichnet. Armut ist schlecht, weil sie dem menschlichen Wohl abträglich ist. Sie beraubt die Menschen ihrer Fähigkeit, sich zu entwickeln und ihre Potenziale auszuschöpfen, und ist letztlich tödlich, nicht nur im spirituellen, sondern auch im physischen Sinn.

Aus christlicher Perspektive ist extreme Armut nicht hinnehmbar. Die am häufigsten thematisierte »ethische Frage«, die Israels Propheten hinsichtlich der Auserwähltheit ihres Volkes stellten, war die nach der ungerechten Verteilung von Gütern, und sie ist auch von zentraler Bedeutung in der Botschaft Jesu, die er eine »frohe Botschaft für die Armen« nannte. Seit dem Auszug der hebräischen Sklaven aus Ägypten hat Gott stets gezeigt, dass er den Armen besonders zugetan ist. Die Existenz von Armut negiert den jedem Menschen gleichermaßen und an sich innewohnenden Wert, Gottes Ebenbild zu sein. Sie negiert auch, welche Bestimmung Gott dem Menschen gegeben hat, indem er ihm durch seine Schöpfung so viele materielle Güter zur Verfügung gestellt hat. So stellt das Zweite Vatikanische Konzil der katholischen Kirche fest: »Gott hat die Erde mit allem, was sie enthält, zum Nutzen aller Menschen und Völker bestimmt; darum müssen diese geschaffenen Güter in einem billigen Verhältnis allen zustatten kommen.«

Die Erwähnung des »billigen Verhältnisses« verweist auf ein Problem, das mit Armut zusammenhängt, aber auch davon getrennt betrachtet werden sollte. Was das Ausmaß an globaler Armut besonders schockierend und skandalös macht, sind die Unterschiede in Lebensstandard und Lebensqualität zwischen den Armen auf der Welt und vermutlich all denen, die gerade dieses Buch lesen. Nach dem Verständnis mancher Menschen ist jegliche ökonomische Ungleichheit als Ungerechtigkeit zu betrachten und muss daher beseitigt werden. Die meisten halten eine absolut gleichmäßige Verteilung sämtlicher Güter hingegen weder für machbar noch für wünschenswert. Wenn jedoch eine massive Ungleichheit bei der Verfügbarkeit elementarer Güter wie Bildung und Gesundheit besteht und die materielle Kluft zwischen Arm und Reich so groß ist, dass den Ärmsten buchstäblich zu wenig zum Leben bleibt, ist eine solche Ungleichheit moralisch nicht mehr haltbar.

Unbestritten ist nicht nur, dass hier echte, gravierende Probleme vorliegen, sondern es herrscht auch zunehmend Einigkeit darüber, auf welche Ungerechtigkeiten diese Probleme zurückzuführen sind. Für einige der ärmsten Länder stellt die Korruption innerhalb ihrer Regierung und ihrer sozialen und wirtschaftlichen Strukturen zweifelsohne eine große ethische Herausforderung dar. Diese Faktoren gehen oft mit einer tyrannischen Diktatur einher. Manchmal sind die Politiker armer Länder auch wegen ihres verschwenderischen Umgangs mit den Staatsfinanzen zu kritisieren, etwa in Kenia, wo das Parlament 2003 beschloss, jeden seiner Abgeordneten mit einem neuen Wagen auszustatten, was das Budget mit zehn Millionen Dollar belastete. Die Kluft zwischen armen und reichen Ländern ist zwar erschreckend groß, doch gibt es auch innerhalb armer Länder erhebliche Diskrepanzen, wenn die Mächtigen ohne Rücksicht auf die Armen enorme Reichtümer anhäufen. Die Innen- und Wirtschaftspolitik mancher armer Länder wirft sicherlich ernsthafte moralische Fragen auf. Dabei sollte man aber nicht vergessen, dass sich oftmals auch in den reichen Ländern die Gutsituierten und die Mächtigen auf Kosten der Armen im eigenen Land bereichern. Die fundamentalen Probleme sind also nicht auf arme Gesellschaften beschränkt. Vielmehr setzt sich mehr und mehr die Erkenntnis durch, dass die eigentlichen Gründe auf internationaler Ebene zu suchen sind und mit unserem globalen Wirtschaftssystem zusammenhängen. Insbesondere sind die Strukturen des internationalen Handels und der Kreditvergabe wesentliche Ursachen für Ungerechtigkeit und Armut.

Eine ethische Wirtschaft?

In unserer gegenwärtigen Situation ist es paradox, dass man sich einerseits über die zerstörerische Wirkung von Armut empört, andererseits aber noch immer weitgehend die Meinung vorherrscht, die Wirtschaft sei eine »Wissenschaft«. Als solche müsse sie von ethischen und moralischen Fragen gänzlich abgekoppelt sein und sich eine Art »Objektivität« bewahren. Tatsächlich gibt es aber durchaus gesetzliche Regelungen, die auf einer moralischen Basis beruhen und sogar für »freie Märkte« gelten. Sie dienen beispielsweise dazu, Gewaltanwendung und Betrug im wirtschaftlichen Austausch zu verhindern. Wie wir gesehen haben, wird durch das Unvermögen gewisser ärmerer Länder, diese Gesetze zu befolgen, der Korruption Vorschub geleistet, was wiederum ein Faktor ist, der Armut fördert. Das tiefer liegende Problem besteht jedoch in der Weigerung, über Theorie und Praxis der Wirtschaft in ethischen Kategorien nachzudenken. Darüber nachzudenken würde zwangsläufig die Frage aufwerfen, welches Grundprinzip hinter Begriffen wie »freie Marktwirtschaft« und »globaler Kapitalismus« steckt. Zudem würde es die ungleiche Machtverteilung in der Weltwirtschaft thematisieren, die für das Fortbestehen zahlreicher Ungerechtigkeiten sorgt.

Zu den Prämissen der Wirtschaftstheorie, die unser gegenwärtiges internationales Wirtschaftssystem formt, gehört, dass die Freiheit und die Rechte des Individuums im Mittelpunkt des wirtschaftlichen Austauschs stehen. Vor allem sind es die Eigentumsrechte, die den Eigentümern von Gütern gestatten, über diese zu verfügen und mit ihnen Handel zu treiben, um daraus eigenen Nutzen und größtmöglichen Gewinn zu ziehen. Der Vision des Wirtschaftstheoretikers und Moralphilosophen Adam Smith zufolge würde ein solcher freier Markt durch die sogenannte »unsichtbare Hand« der Marktgesetze jedem Menschen dank seines eigennützigen Strebens wirtschaftlichen Nutzen bringen. Allerdings erweist sich diese Theorie angesichts der bitteren Realität der weltweiten Armut als unbrauchbar, und darauf beruhende Wirtschaftsstrukturen erscheinen als fragwürdig.

Da das derzeitige Wirtschaftssystem in Theorie wie auch Praxis ungenügend ist, könnte es sich anbieten, ältere ökonomische Ansätze, die unsere wirtschaftlichen Transaktionen vor einem viel breiteren ethischen Hintergrund sehen, wiederzubeleben und für die aktuellen Probleme heranzuziehen. Innerhalb dieses historischen Wirtschaftsdenkens, das zu einem Großteil von der jüdisch-christlichen Weltsicht geprägt war, war das Verhältnis zu materiellen Gütern und ihrer Verteilung eine zentrale *ethische* Frage. Privatbesitz und Reichtum waren zulässig – im Gegensatz zu manchen späteren marxistischen und anarchistischen Wirtschaftstheorien –, man betrachtete materielles Gut aber viel mehr als Treuhandgut, das zum Nutzen der ganzen Gemeinschaft eingesetzt werden sollte. Es durfte nicht zum privaten Nutzen angehäuft werden. Auch konnte der individuelle Besitzer nicht völlig frei von moralischen Beschränkungen und Verpflichtungen über seinen Besitz verfügen. Beim Warenaustausch gab es überdies die Kategorie des »gerechten Preises«, der sich nicht einfach aus dem freien Spiel der Marktkräfte ergab. Wenn diese »freien Marktkräfte« nicht in einen breiteren Kontext, der das Wohlergehen der Menschheit insgesamt berücksichtigt, eingebettet und damit beschränkt werden, sind die Ärmsten immer die Schwächsten beim Aushandeln von Marktpreisen. Damit sind die Armen von der Gunst derer abhängig, die dank ihrer wirtschaftlichen Macht den Markt beherrschen und ungerecht handeln können.

Gerechter Handel?

Ein gewichtiger Grund für die dauerhafte Armut in weiten Teilen der Welt liegt darin, dass die in diesen Ländern produzierten Güter so wenig Gewinn abwerfen, dass die Menschen keine Zukunftsinvestitionen in Gesundheit und Bildung tätigen können. Manchmal reicht es nicht einmal zum Überleben. Zu dieser Situation tragen verschiedene wirtschaftliche Strukturen und Praktiken bei. Manche schließen daraus, dass das eigentliche Problem nicht bei den Produzenten in den armen Ländern und der Qualität ihrer Waren liegt, sondern in einem internationalen Wirtschaftssystem besteht, das schlicht ungerecht ist. Welche Auswirkungen Veränderungen in diesem System hätten, lässt sich schwer abschätzen, aber sie könnten gewaltig sein. Die im Folgenden genannten vier Aspekte des Wirtschaftslebens tragen in erheblichem Maß zur Armut in der Welt bei. Auch wenn manche behaupten, man solle in die Selbstregulierung der Wirtschaft durch Handel, Gewinnspannen und freie Märkte nicht eingreifen, ergeben sich daraus erhebliche ethische Spannungsfelder.

Subventionen und Dumpingpreise

In den meisten Ländern ist es üblich, dass bestimmte Produkte von der öffentlichen Hand subventioniert werden. Wenn dies jedoch reiche Länder mit ihrer relativ starken Wirtschaft für bestimmte Produkte tun, kann dies für ärmere Länder, die auf den Handel mit eben diesen Produkten angewiesen sind, verheerende Folgen haben. Die reichen Länder geben jeden Tag eine Milliarde Dollar für Agrarsubventionen aus. Die Überschüsse, die sie auf den heimischen Märkten nicht absetzen können, werfen sie dann oft zu Dumpingpreisen auf den Weltmarkt. (So »verschleudert« beispielsweise die EU fünf Millionen Tonnen Zucker auf dem Weltmarkt.) Für ärmere Länder ist das nicht selten eine Katastrophe.

Ein klassisches Beispiel ist die US-amerikanische Baumwollindustrie. Die USA subventionieren ihre Baumwolle stärker als jedes andere Land, mit 4,5 Milliarden Dollar jährlich. So erhalten die 25 000 amerikanischen Baumwollfarmer einen Zuschuss von rund 570 Dollar pro Hektar Anbaufläche, was insgesamt mehr als dreimal so viel ist, wie die USA an Entwicklungshilfe für die 500 Millionen Menschen in Afrika zahlen. Infolgedessen exportieren die Vereinigten Staaten 75 Prozent ihres Baumwollertrags und haben einen Weltmarktanteil von 40 Prozent. Dies hat wesentlich dazu beigetragen, dass die Baumwollpreise zwischen 2004 und 2005 um 30 Prozent gefallen sind. Auf Mali und andere baumwollproduzierende Länder in Afrika – die zumeist billiger produzieren – hat sich dies gravierend ausgewirkt. Aufgrund der US-Subventionen haben die vier west- und zentralafrikanischen Baumwollproduzenten (Benin, Burkina Faso, Tschad und Mali) – wo mehr als 10 Millionen Menschen von der Baumwollproduktion leben – seit 2001 Exporteinbußen von schätzungsweise 382 Millionen Dollar hinnehmen müssen.

Handelsbarrieren

Zusätzlich zu den Subventionen für Exportgüter schränken viele reichere Länder den Zugang zu ihren Märkten durch Einfuhrzölle ein. Wenn ärmere Länder versuchen, ihre Waren in die reichen Länder zu exportieren, werden diese mit hohen Abgaben belegt. Eine Folge dessen ist, dass die reichen Länder Rohstoffe (etwa Kakao) importieren, weiterverarbeiten und die so entstandenen Produkte (etwa Schokolade) mit hohen Gewinnspannen auf dem Weltmarkt weiterverkaufen können. Ärmere Länder, die versuchen, es ihnen gleichzutun und sich vor Importen zu schützen, laufen Gefahr, keine Kredite und Hilfsgelder mehr zu bekommen, wenn die reicheren Länder durch diese Handelsbarrieren ihre Interessen verletzt sehen. Für ärmere Länder, die ihre Waren auf dem

Weltmarkt loszuschlagen versuchen, sind die Importzölle bis zu viermal so hoch wie für reiche Länder. Man schätzt, dass den Entwicklungsländern durch die Handelsschranken der reichen Länder Einbußen von rund 100 Milliarden Dollar pro Jahr erwachsen, was doppelt so viel ist, wie sie an Entwicklungshilfe erhalten. Davon besonders betroffen sind Schwarzafrika (2 Milliarden Dollar), Indien und China (mehr als 3 Milliarden Dollar).

Veränderungen könnten hier eine Menge bewirken. Wenn es gelänge, den Anteil der armen Länder am weltweiten Export nur um 1 Prozent anzuheben, könnte man mit den Mehreinnahmen 128 Millionen Menschen aus der Armut helfen. In Afrika würde zum Beispiel eine einprozentige Exportsteigerung 70 Milliarden Dollar einbringen – mehr als das Fünffache, was der Kontinent an Zuwendungen erhält.

Arbeitsbedingungen

Neben den Hürden beim Marktzugang gibt es auch Ungerechtigkeiten, die schon bei der Warenproduktion beginnen. Reiche multinationale Konzerne können Arbeitern in armen Ländern viel schlechtere Arbeitsbedingungen und niedrigere Löhne diktieren als in ihrem eigenen Land. Besonders offensichtlich tritt dies in der Nahrungs- und Bekleidungsindustrie zutage, und die Betroffenen sind vor allem Frauen. In der Oxfam-Studie »Unsere Rechte im Ausverkauf« wurde beispielsweise festgestellt, dass von den chilenischen Obstpflückerinnen derzeit ganze 75 Prozent nur einen Zeitarbeitsvertrag haben. Sie arbeiten während der Saison 60 Stunden die Woche, dennoch verdient ein Drittel von ihnen weniger als den Mindestlohn. In Bangladeschs Textilfabriken haben weniger als die Hälfte der Frauen einen Arbeitsvertrag, und die meisten erhalten weder Mutterschutz noch Lohn im Krankheitsfall.

Rohstoffpreise

Viele der ärmsten Länder der Welt sind wirtschaftlich auf die Erzeugung oder Gewinnung von Rohstoffen angewiesen – also von Produkten, die noch nicht weiterverarbeitet sind, wie Kaffeebohnen, Baumwolle oder Kupfer. Man schätzt, dass in mehr als 50 Entwicklungsländern drei oder weniger Rohstoffe über die Hälfte der Exporteinnahmen ausmachen. Problematisch dabei ist, dass diese Rohstoffe auf dem Weltmarkt oft zu sehr niedrigen und äußerst instabilen Preisen gehandelt werden. Das klassische Beispiel ist Kaffee. In den letzten Jahren gab es einen massiven Preisverfall. So fielen zwischen 1999 und 2000 die Kaffeepreise um 50 Prozent auf ein 30-Jahres-Tief, sodass der Kaffee real nur um ein Viertel teurer war als 1960. Für die 25 Millionen Kaffeeproduzenten weltweit hatte dies verheerende Folgen, während die Profite der großen Konzerne davon weitgehend unbelastet blieben.

Diesen Herausforderungen versucht man auf zwei verschiedenen ethischen Ebenen zu begegnen. Das Ziel dabei ist, das Ungleichgewicht aufzuheben und gerechtere Handelsbedingungen zu schaffen, was wiederum zu einer Verringerung der weltweiten Armut beitragen würde.

Politischer Druck auf internationale Wirtschaftsorganisationen

Wie sich im Vorfeld des G8-Gipfels 2005 in Edinburgh zeigte, ist die Öffentlichkeit mit der gegenwärtigen Situation zunehmend unzufrieden. Auf die Regierungen der reichen Nationen wird immer mehr Druck ausgeübt, über Institutionen wie die Welthandelsorganisation darauf hinzuwirken, dass das gegenwärtige internationale Handelssystem reformiert wird. Hilfsorganisationen wie Oxfam und das breitere »Make Poverty History«-Bündnis setzen sich unermüdlich dafür ein, dass die Regierungen über den Tellerrand ihrer nationalen und regionalen Eigeninteressen hinausschauen und gerechtere Handelsabkommen schließen, die den Armen auf der Welt zugutekommen. Solche Maßnahmen brauchen allerdings Zeit, und viele Regierungen stehen Veränderungen argwöhnisch gegenüber, die ihren heimischen Produzenten und Konsumenten und somit auch ihrer eigenen Popularität schaden könnten.

Mehr Fairtrade-Produkte

Neben den groß angelegten Kampagnen zur Ausübung politischen Drucks gibt es auch eine Entwicklung hin zu alternativen Handelsformen, bei denen ethische Belange, wie gerechtere Preise und bessere Arbeitsbedingungen, berücksichtigt werden. Eine der großen Erfolgsgeschichten ist hier der Fairtrade-Kaffee (der noch immer Marktanteile hinzugewinnt), aber den Konsumenten steht auch eine zunehmend größere Palette an anderen Fairtrade-Produkten zur Verfügung. In Großbritannien wurde 1992 die *Fairtrade Foundation* gegründet, und die von ihr zertifizierten Produkte müssen eine Reihe von klar umrissenen Kriterien erfüllen.[1] Die Verkaufszahlen für fair gehandelte Produkte steigen stetig, teilweise um mehr als 40 Prozent pro Jahr, da mehr und mehr Verbraucher ihre Einkaufsgewohnheiten ändern und Strukturen unterstützen wollen, die sich nicht an den ethisch dubiosen Praktiken der Weltmärkte orientieren. Mit dieser Entwicklung wird uns vor Augen geführt, dass sogar das Einkaufen eine erhebliche ethische Dimension hat und jeder von uns – wenn auch nur im Kleinen – mit seinen Entscheidungen dazu beiträgt, ob das gegenwärtige System oder eine gerechtere Alternative unterstützt wird.

Schuldenerlass?

Neben den Strukturen des Welthandelssystems sind auch die globalen Finanzsysteme im letzten Jahrzehnt ins Visier einer kritischen Ethik geraten. Es ist immer offensichtlicher geworden, dass die Kreditvergabepolitik sowohl von Banken als auch von den Regierungen reicher entwickelter Länder einen An-

---

1 In Deutschland heißt das Gütesiegel für fairen Handel *TransFair*, Anm. d. Verl.

teil an der Aufrechterhaltung und Verschärfung der Armut in Afrika und anderen Teilen der Welt hat. In den sechziger und siebziger Jahren des letzten Jahrhunderts haben die reichen Länder sowie internationale Finanzinstitutionen die ärmsten Länder zur Aufnahme von Krediten ermuntert. Das Ergebnis ist, dass heute die Niedrigeinkommensländer den reichen Ländern mehr als 500 Milliarden Dollar schulden und ihre Kredite jeden Tag mit über 100 Millionen Dollar bedienen müssen.

Als infolge sinkender Rohstoffpreise, steigender Ölpreise und höherer Zinsen die internationale Schuldenkrise Ende der achtziger Jahre einen Höhepunkt erreichte, geriet sie auch ins Blickfeld der Öffentlichkeit. Zwischen 1980 und 1990 verdoppelte sich die Gesamtschuldenlast der Entwicklungsländer. Offenbar waren in manchen Ländern die Kredite nicht für sinnvolle Investitionen, die der Bevölkerung gedient hätten, sondern missbräuchlich verwendet worden. Allerdings hätten das die Kreditgeber in vielen Fällen wissen müssen, denn so mancher auf Milliardenhöhe angewachsene Schuldenberg rührt von Krediten her, die an diktatorische Regimes vergeben wurden. Noch gravierender war, dass diese Schuldenberge niemals abgetragen werden konnten, vor allem aufgrund der hohen Zinsen für die Kredite. Die armen Länder saßen in der Schuldenfalle: Sie bekamen zwar finanzielle Hilfe von den reicheren Ländern, diese reichte jedoch nicht einmal, um ihren Kreditverpflichtungen nachzukommen. So erhielten die ärmsten Länder Afrikas zwischen 1970 und 2002 Kredite in Höhe von

294 Milliarden Dollar, zahlten aber 298 Milliarden Dollar an Zinsen und Kapitaltilgungen zurück – und schulden ihren reichen Geldgebern trotzdem noch mehr als 200 Milliarden Dollar. Nigeria beispielsweise hat sich 17 Milliarden Dollar geliehen und 18 Milliarden Dollar zurückgezahlt, hat aber immer noch Schulden in Höhe von 34 Milliarden Dollar. Die momentane Situation sieht so aus, dass Niedrigeinkommensländer für jeden erhaltenen Dollar Entwicklungshilfe drei Dollar zurückzahlen. Kurz gesagt: Infolge der Schuldenkrise werden die Reichen noch reicher und die Allerärmsten noch ärmer.

1996 riefen die bedeutendsten Finanzinstitutionen – die Weltbank und der Internationale Währungsfonds – einen Hilfsplan zur Schuldenreduzierung für sogenannte Hochverschuldete Entwicklungsländer (»Heavily Indebted Poor Countries«, HIPCs) ins Leben. Dabei sollte das Augenmerk mehr auf die Situation als Ganzes, weniger auf die einzelnen Schulden gerichtet sein, und in diesem Rahmen sollte es auch einen Erlass von Verbindlichkeiten gegenüber Weltbank und IWF geben.

1997 wurde eine Initiative gegründet, die sich bemerkenswerterweise in Inhalt und Namensgebung von einem ziemlich obskuren jüdischen Gesetz aus einem der unbekanntesten Bücher des Alten Testaments inspirieren ließ: dem Gesetz des »Jubeljahrs« in Levitikus 25,18–12. Mit diesem sollte die Anhäufung von Grundbesitz im alten Israel verhindert werden, und zwar indem erworbenes Land nach 50 Jahren an den ursprünglichen Besitzer zurückgegeben werden musste. Die Initiative machte sich diese Idee ökonomischer Gerechtigkeit zu eigen und griff dabei auch auf eine Erklärung von Papst Johannes Paul II. zurück. Er hatte 1994 mit Blick auf das Millennium gesagt: »So werden sich im Geist des Buches Levitikus die Christen zur Stimme aller Armen machen müssen, indem sie das Jubeljahr als eine passende Zeit hinstellen, um unter anderem an eine Überprüfung, wenn nicht überhaupt an einen erheblichen Nachlass der internationalen Schulden zu denken, die auf dem Geschick vieler Nationen lasten.«

Von diesem Gedanken inspiriert, wurde die weltweite Jubilee 2000-Kampagne gegründet, zu der sich Gläubige aller Konfessionen wie auch Nichtgläubige zusammenfanden. Gewissermaßen als Vorgriff auf Edinburgh 2005 bildeten im Mai 1998 in Birmingham – wo der damalige G7-Gipfel tagte – 70 000 Menschen eine 9 Kilometer lange Menschenkette, um so für einen Schuldenerlass zu demonstrieren. Bis zur Jahrtausendwende hatten fast 25 Millionen Menschen aus 166 Staaten eine Petition unterzeichnet, in der es hieß: »Der Beginn des neuen Millenniums sollte eine Zeit sein, in der wir den verarmten Völkern der Welt neue Hoffnung geben.« Und weiter: »Zum Zweck eines Neuanfangs halten wir es für geboten, die Fehler, die sowohl Gläubiger als auch Schuldner gemacht haben, hinter uns zu lassen und den ärmsten Ländern ihre nicht rückzahlbaren Schulden zu erlassen.« Auch wenn diese Forderungen nicht erfüllt wurden, hatte die Kampagne bewirkt, dass die Öffentlichkeit für diese Frage sensibilisiert wurde und einige neue Maßnahmen ergriffen wurden, die zumindest in die richtige Richtung gehen.

Das gegenwärtige System ist noch immer auf das fixiert, was Weltbank und IWF als »Hochverschuldete Entwicklungsländer« (HIPCs) klassifizieren. Damit ein HICP für eine Schuldenreduzierung in Frage kommt, muss es zwei Hauptkriterien erfüllen, nämlich:

● »auch nach der Anwendung aller herkömmlichen Schuldenerleichterungs-Mechanismen noch immer eine untragbare Schuldenlast haben«;
● den Nachweis erfolgreicher Reformen und einer soliden Politik nach den Vorgaben von Weltbank und IWF erbringen.

Wenngleich diese Kriterien offensichtlich das Ziel verfolgten, einen Missbrauch des Schuldenerlassprogramms zu verhindern, machen sie es manchen armen und bedürftigen Staaten schwer, sich dafür zu qualifizieren. Außerdem können den betroffenen Ländern auf diese Weise wirtschaftspolitische Maßnahmen wie Liberalisierungen und Privatisierungen auferlegt werden. Viele glauben, dass diese Maßnahmen nicht zum Wohl der verschuldeten Länder sind, und halten es für falsch, dass sie von undemokratischen Organisationen, die von Vertretern der reichen entwickelten Länder dominiert werden, festgelegt und aufgezwungen werden.

Insgesamt 42 Länder haben sich als HICPs für Schuldenerlässe qualifiziert und befinden sich in verschiedenen Stadien des Programms. Im Anschluss an den G8-Gipfel in Edinburgh wurde beschlossen, dass 18 dieser Länder 100 Prozent ihrer bei der Weltbank, dem IWF und dem Afrikanischen Entwicklungsfonds ausstehenden Schulden gestrichen werden. Obwohl mit dieser 100-Prozent-Streichung ein wichtiger Präzedenzfall geschaffen wurde, ist vielen anderen Ländern damit noch nicht geholfen. Vertreter von Entschuldungskampagnen weisen darauf hin, dass nicht weniger als 60 Länder einen hundertprozentigen Schuldenerlass bräuchten, um die Ziele des Millennium-Gipfels (siehe dazu unten) erreichen zu können.

Das Alte Testament enthält viele Textstellen, in denen der Geldverleih gegen Zinsen verurteilt wird, insbesondere wenn die Schuldner arm und bedürftig sind. Jesus forderte seine Jünger bekanntlich auf, zu geben, ohne eine Gegenleistung zu erwarten. Infolgedessen war die christliche Kirche jahrhundertelang gegen jegliche Zinserhebung, und der Islam verurteilt sie noch heute. Wie alle Formen von Amnestie und Vergebung können auch Schuldenstreichungen als ungerecht und als Belohnung für diejenigen empfunden werden, die schlecht gewirtschaftet haben oder gar korrupt waren. Doch wenn es irgendeine Möglichkeit gibt, »Armut zur Vergangenheit zu machen«, dann scheinen weitere und großzügigere Entschuldungsprogramme unerlässlich.

Die Entwicklungsziele des Millennium-Gipfels

In Anbetracht der vielfältigen Aufgaben, die hinsichtlich der globalen Armut gelöst werden müssen, haben sich im September 2000 alle 191 Mitgliedsstaaten der Vereinten Nationen verpflichtet, bis 2015 folgende acht Ziele zu erreichen:

1. Bekämpfung von extremer Armut und Hunger
2. Grundschulbildung für alle Kinder
3. Förderung der Gleichstellung der Geschlechter und Stärkung der Rolle der Frauen
4. Reduzierung der Kindersterblichkeit
5. Verbesserung der Gesundheitsversorgung von Müttern
6. Bekämpfung von HIV/AIDS, Malaria und anderen Krankheiten
7. Gewährleistung von ökologischer Nachhaltigkeit
8. Aufbau einer globalen Entwicklungspartnerschaft

Für jedes dieser Ziele wurden bestimmte Zielmarken vereinbart. Beispielsweise soll zur Bekämpfung der Armut der Anteil derjenigen Menschen, die weniger als 1 Dollar am Tag verdienen, von 1990 bis 2015 auf die Hälfte reduziert werden, ebenso der Anteil derer, die Hunger leiden. Während in manchen Regionen und bei manchen Zielen deutliche Fortschritte zu verzeichnen sind, steht bereits jetzt fest, dass die Ziele in vielen Teilen der Welt – hauptsächlich in Schwarzafrika – bis zum vorgegebenen Datum keineswegs erreicht werden. Anfang 2005 räumte der damalige britische Finanzminister Gordon Brown ein, bei der momentanen Entwicklungsgeschwindigkeit würde es bis 2130 dauern, ehe das erste Ziel in Schwarzafrika erreicht wäre. Von daher steht außer Frage, dass in Anbetracht der Handelspolitik, der Schuldenfrage und anderer politischer Maßnahmen – wobei nicht zuletzt auch Umfang und Struktur der internationalen Entwicklungshilfe zu nennen sind – das ethische Problem der globalen Armut weiterbestehen wird.

Fazit

Sofern Sie nicht außerordentlich schnell lesen, sind in der Zeit, die Sie für die Lektüre dieses Kapitels gebraucht haben, mehr als 200 Menschen auf der Welt verhungert, die meisten von ihnen Kinder. Mehrere Dutzend afrikanische Kinder sind zudem an Malaria gestorben. Von all den ethischen Themen, die in diesem Buch erörtert worden sind, ist die Armut vielleicht das brisanteste. Und es ist auch ein Skandal sondergleichen, wenn man bedenkt, welchen Reichtum und welche technischen Möglichkeiten es auf unserer Welt gibt. Natürlich steht die Armut nicht für sich allein und ohne Bezug zu den anderen Themen. Die Probleme, mit denen wir im Zusammenhang mit Umwelt und vor allem mit Krieg konfrontiert sind, tragen zusammen mit den hier besprochenen wirtschaftlichen Problemen zu den Ungerechtigkeiten bei, aus denen so viel menschliches Leid entspringt.

Es ist ein Mythos, dass wir das Problem der Armut lösen könnten, ohne dass es uns selbst etwas kostet. Und wegen dieses Mythos sind die Reformen bei den Handelsregelungen und Entschuldungsprogrammen bisher verhältnismäßig geringfügig und ineffizient gewesen. Tatsache ist, dass unser relativer Wohlstand durchaus mit der absoluten Armut vieler anderer Menschen, mit denen wir uns diesen Planeten teilen, zusammenhängt. Wie es der frühchristliche Theologe Ambrosius ausdrückte: »Es ist das Brot des Hungrigen, das du aufhebst, es ist das Kleid des Nackten, das du im Zimmer bewahrst, es ist das Geld, das du in der Erde vergräbst, welches der Preis für die Erlösung und Befreiung des Armen ist.« In Anbetracht dieser Situation kann Armut im Grunde nur dann zur Vergangenheit gemacht werden, wenn die Reichen Opfer bringen. Die Worte des großen jüdischen Propheten Jeremia klingen nach über 2000 Jahren wie eine Drohung des Gottes der Armen: »Weh dem, der seinen Palast mit Ungerechtigkeit baut, seine Gemächer mit Unrecht, der seinen Nächsten ohne Entgelt arbeiten lässt und ihm seinen Lohn nicht gibt.« (Jer 22,13)

Sterbehilfe

»Ich habe keine Angst vor dem Sterben, ich möchte bloß nicht dabei sein, wenn es passiert«, witzelte Woody Allen. Doch so, wie wir den Anfang unseres Lebens nicht bestimmen können, haben wir in der Regel auch keinen oder nur wenig Einfluss auf dessen Ende. Der Tod kommt zu uns. Trotzdem streben wir für uns selbst immer häufiger nach einem »guten Tod« (der wörtlichen Übersetzung von »Euthanasie«), indem wir paradoxerweise »dabei sind, wenn es passiert«, weil wir den Tod selbst herbeiführen.

Unter »Sterbehilfe« oder »Euthanasie« (wegen der Assoziationen zur »Rassenhygiene« und den Patiententötungen im Nationalsozialismus wird der Begriff »Euthanasie« im Deutschen heute meist nicht mehr als Synonym zu »Sterbehilfe« verwendet, Anm. d. Verl.) versteht man eine bewusst gewollte Unterstützung zur Tötung eines anderen Menschen, und zwar nicht aus Zorn oder in Form einer Hinrichtung wegen Fehlverhaltens, sondern weil das Leben dieses Menschen als nicht lebenswert erscheint. Wie es Papst Johannes Paul II. formulierte: »Unter Euthanasie wird hier eine Handlung oder Unterlassung verstanden, die ihrer Natur nach oder aus bewusster Absicht den Tod herbeiführt, um so jeden Schmerz zu beenden. Euthanasie wird also auf der Ebene der Intention wie auch der angewandten Methoden betrachtet.«

Nach einem kurzen Überblick darüber, was unter »Tod« zu verstehen ist, werden wir uns in diesem Kapitel mit den verschiedenen Arten von Sterbehilfe befassen und was sie für den Betroffenen bedeuten. Dann werden wir die zentralen Punkte der Debatte untersuchen, indem wir uns dem Unterschied zwischen Töten und Sterbenlassen, dem Prinzip der Doppelwirkung, der Frage, ob man ein Recht auf Sterben hat, und einigen anderen ethischen Fragen und Problemen zuwenden, die auftreten, wenn Sterbehilfe zu einer anerkannten Praxis wird.

Wann tritt der Tod ein?

»Er hat das Zeitliche gesegnet. Dieser Papagei ist nicht mehr. Er hat aufgehört zu sein. Er ist abberufen worden und eingegangen zum Herrn. Das ist die seelenlose Hülle eines Papageien. Der Lebensodem ist aus ihm gewichen, er ruhet im ewigen Frieden. Wenn Sie ihn nicht festgenagelt hätten, würd er längst die Radieschen von unten besehen. Er hat den Schirm zugemacht und zwitschert jetzt Halleluja auf seiner himmlischen Wolke. Dies ist ein Expapagei.«

Der berühmte Wutausbruch von John Cleese in *Monty Python's Flying Circus* wirft die Frage auf, wann wir sozusagen »Exmenschen« werden. Hier wie auch bei der Frage nach dem Beginn des Lebens (siehe dazu das Kapitel über *Embryonen*, S. 50) muss jedes Urteil die biologische Faktenlage und den medizinischen Standpunkt gebührend berücksichtigen. Alte religiöse Texte leisten dabei wenig konkrete

Hilfe, und Mitte des 20. Jahrhunderts stellte Papst Pius XII. klar: »Die Aufgabe, den exakten Todeszeitpunkt zu bestimmen, obliegt den Ärzten.« Tatsächlich liegt dieser Augenblick keineswegs so klar auf der Hand, wie man meinen könnte, nicht zuletzt dank unserer wachsenden Kenntnisse und neuerer Technologien.

Am einfachsten und naheliegendsten wäre es, wenn man sagen könnte, jemand sei dann tot, wenn er zu atmen aufgehört hat. Das war auch die gängige Lehrmeinung bis ins 17. Jahrhundert. 1628 stellte man dann fest, dass das Herz Blut pumpt, woraufhin das zum entscheidenden Kriterium wurde, was man wahrscheinlich von jedem Laien als Antwort zu hören bekäme: Der Tod tritt ein, wenn das Herz zu schlagen aufhört. Damit gab man sich bis in die sechziger Jahre des 20. Jahrhunderts zufrieden, als Chirurgen erstmals Herzoperationen wie Bypass-OPs durchführten und dabei den Herzschlag des Patienten stoppten. Bald darauf wurde es möglich, Menschen wiederzubeleben, wenn man sie schnell ins Krankenhaus brachte und künstlich beatmete, auch wenn die Schäden am Hirn so groß waren, dass die Patienten nach Abschaltung der Geräte nicht mehr lange leben würden. Anscheinend hat der Inhaber des Papageiladens nicht ganz unrecht: Ob jemand oder etwas tot ist, ist nicht immer so leicht festzustellen, wie man meint!

Nach der modernen, allgemein akzeptierten medizinischen Definition ist der Tod eingetreten, wenn jemand »hirntot« ist. 1968 wurde vom *Harvard Com-*

mittee der Hirntod als das entscheidende Kriterium für die Feststellung des Todes erklärt, statt wie bisher das Ende des Herzschlags und der Lungenfunktion.[1] Zu beachten ist hierbei, dass das Hirn als Ganzes seine Funktion aufgegeben haben muss und nicht nur höhere Hirnfunktionen ausgefallen sind. Problematisch ist hier, dass eine auf solche Art für tot erklärte Person durchaus noch lebende Organe besitzen kann, zumal durch die moderne Gerätemedizin einzelne Körperfunktionen voneinander getrennt und künstlich aufrechterhalten werden können. So ist es denkbar, dass jemand hirntot ist, aber dank bestimmter Apparate weiterhin beatmet wird, beispielsweise um eine Organtransplantation vorzunehmen.

Wachkoma

Obwohl es sich eher um Sonderfälle handelt, wurden Wachkomapatienten in Großbritannien und in den USA zum Gegenstand schlagzeilentauglicher Diskussionen um das Pro und Kontra von Sterbehilfe. 2005 beherrschte der Fall von Terri Schiavo die Medien. Nachdem sie fünfzehn Jahre im Wachkoma gelegen hatte, setzte ihr Mann – dessen Beweggründe

1 Der Wissenschaftliche Beirat der Bundesärztekammer stellte 1991 fest, man könne von Hirntod sprechen, wenn »die Gesamtfunktion des Großhirns, des Kleinhirns und des Hirnstamms bei einer durch kontrollierte Beatmung künstlich noch aufrechterhaltenen Herz-Kreislauffunktion« erloschen ist, Anm. d. Verl.

nicht allen lauter erschienen – gegen den Willen ihrer Eltern und anderer Angehöriger durch, dass die lebenserhaltenden Maßnahmen beendet wurden. Dabei ging man genauso vor wie zehn Jahre zuvor in einem anderen Aufsehen erregenden Fall, damals in Großbritannien. Man ließ den jungen Tony Bland, der bei der Hillsborough-Katastrophe 1989 schwer verletzt wurde und seitdem im Wachkoma lag, sterben, indem man ihm kein Wasser und keine Nahrung mehr zuführte; allerdings waren sich hier Ärzte wie auch Angehörige über das Vorgehen einig.

Die beiden Fälle gelten als Präzedenzfälle, denn Wachkoma-Patienten sind eindeutig lebendig und könnten ohne größere invasive Eingriffe weiterleben, auch wenn sie aufgrund ihrer Schäden an der Großhirnrinde kaum oder gar nicht zu einer sinnvollen Interaktion mit anderen Menschen imstande wären. Die Entscheidung, sie nicht weiter zu behandeln, bedeutete daher ganz klar, ihr Leben zu beenden.

Ein Exmensch?

Eine gängige Rechtfertigung für solche Maßnahmen lautet, dass Patienten, die lange im Wachkoma liegen, zwar noch leben, aber keine Menschen mehr sind. Ihnen (wie auch denen, die an bestimmten anderen Krankheiten leiden) fehlen die grundlegenden Eigenschaften, die wir mit dem Menschsein verbinden. Dazu gehören die Interaktion mit anderen Menschen, ein Bewusstsein, die Fähigkeit, Freude und Leid zu empfinden sowie in ihrem Leben Prioritäten zu setzen und seine Richtung zu bestimmen. In Ermangelung all dessen gelten sie nicht mehr als Menschen (wie auch Embryonen im Frühstadium, die von dieser Warte aus gesehen ebenfalls keine vollwertigen Menschen sind). Deshalb ließ Terri Schiavos Ehemann auf ihren Grabstein schreiben, sie habe »diese Welt verlassen«, als sie ins Wachkoma fiel, aber erst seit ihrem Tod ruhe sie »in Frieden«. Wenn wir jemanden als »Exmenschen« betrachten, haben wir vielleicht die Freiheit, hinsichtlich unserer Achtung vor seinem Leben anders mit ihm umzugehen. Manche würden sogar postulieren, dass wir anders mit ihm umgehen *sollten*, wie wir es ja auch mit Tieren tun.

Die Mehrzahl der Christen hat sich strikt gegen solche Vorstellungen ausgesprochen, wie sie von Moralphilosophen wie Peter Singer und John Harris entwickelt wurden. Sie legen Wert auf die Feststellung, dass alle Menschen die Geschöpfe Gottes und nach seinem Ebenbild geschaffen sind – vielleicht sogar besonders die Schwächsten, Verletzlichsten und Hilfsbedürftigsten. Deshalb dürfen wir keine Unterkategorie für »echte« Menschen einführen, die die Nichtdazugehörenden entwertet und sie zu »Exmenschen« macht, die man auch töten darf. Zudem gibt es Bedenken, Fälle wie der von Tony Bland könnten eine Abwärtsbewegung in Gang setzen, die immer mehr ähnlich Betroffene erfasst und in deren Folge sich ein Umgang mit ihnen einbürgert, der ihr Leben wertlos erscheinen lässt. Das wiederum weckt bei anderen Ängste, sie könnten irgendwann ebenso in der Kategorie »Exmensch« landen. In Großbritannien berufen sich immer mehr Menschen auf das ursprünglich sehr eng gefasste Urteil, das es gestattete, Tony Bland und anderen Wachkoma-Patienten Wasser und Nahrung vorzuenthalten. Deshalb hat Lee Burke, der an einer degenerativen Hirnerkrankung leidet, gerichtlich durchgesetzt, dass er auch dann noch weiter mit Wasser und Nahrung versorgt wird, wenn er das Bewusstsein verloren hat.

Manche Christen befürchten jedoch, die Definition des Menschseins könnte allein auf ein biologisches Verständnis von Leben reduziert werden. Sie argumentieren, die Berufung zu Gottes Ebenbild bedeute, dass zwar »biologisches Leben« vorhanden sein mag, weil der Mensch im biologischen Sinn lebt, aber kein »biografisches Leben«, weil es ihm gänzlich unmöglich ist, jemals wieder ein bewusstes, interagierendes Ich zu werden. Wenn die Befähigung fehlt, diese Berufung Gottes zu erkennen und darauf zu reagieren, also ein eigenverantwortliches Leben zu führen, ist die zu respektierende »Heiligkeit des menschlichen Lebens« möglicherweise nicht mehr im vollen Umfang gegeben.

Arten der Sterbehilfe

Die Beispiele von Tony Bland und Terri Schiavo veranschaulichen, dass es unterschiedliche Formen von Sterbehilfe gibt, je nachdem, welche Rolle der Patient bei der Entscheidungsfindung spielt. Die beiden hier erwähnten Patienten waren aufgrund ihres medizinischen Zustandes offensichtlich nicht in der Lage, zur Entscheidungsfindung in irgendeiner Weise beizutragen. In anderen Situationen sind die Patienten allerdings wesentlich stärker beteiligt. So urteilten die britischen Gerichte in dem berühmten Fall von Dianne Pretty im Jahr 2001, dass es ihrem Ehemann nicht gestattet ist, ihr bei ihrem Freitod behilflich zu sein. Die schwerkranke Frau hatte aufgrund eines fortschreitenden Nervenleidens, das sie nahezu bewegungsunfähig machte, diesen Wunsch geäußert.

In der Diskussion um Sterbehilfe werden oft die folgenden Unterscheidungen getroffen:

Unfreiwillige Sterbehilfe

Hier will die betreffende Person nicht, dass ihr Leben beendet wird, doch ihr Wille wird nicht beachtet. Das klassische Beispiel hierfür ist das Euthanasie-Programm der Nazis, das die Vernichtung »lebensunwerten Lebens« zur Staatsdoktrin machte.

Nichtfreiwillige Sterbehilfe

Hier ist die betreffende Person außerstande, ihren Willen zu artikulieren, aber ihr Leben wird dennoch beendet (wie bei Tony Bland und Terri Schiavo).

Freiwillige Sterbehilfe

Hier bringt die betreffende Person klar zum Ausdruck, dass ihr Leben beendet werden soll (wie im Fall von Dianne Pretty), oder stimmt ihrer Tötung zu.

Der Fall Dianne Pretty demonstriert eine andere Art der Tötung, die meist ebenfalls zur Sterbehilfe gezählt wird. Streng genommen hätte ihr Ehemann sie nicht getötet, sondern ihr dabei geholfen, Selbstmord zu begehen. Diese Form der Sterbehilfe nennt man »Beihilfe zur Selbsttötung« oder »assistierter Suizid«. Eine Sonderform ist der von einem Arzt assistierte Suizid, wenn dazu medizinische Kenntnisse erforderlich sind. In Großbritannien sind beide Formen strafbar.

Aktive und passive Sterbehilfe?

Manchmal wird unterschieden in aktive und passive Sterbehilfe. Bei der aktiven Form ist direktes Handeln erforderlich, um den Tod der betreffenden Person herbeizuführen. Ein berühmtes Beispiel ist der Fall von Lillian Boyes, einer an chronischer Polyarthritis leidenden Frau, die oft den Wunsch zu sterben geäußert hatte. Im August 1991 injizierte ihr Hausarzt Dr. Nigel Cox ihr schließlich eine große, tödliche Dosis Kaliumchlorid, woraufhin sie einen Herzinfarkt bekam und verstarb. Bei passiver Sterbehilfe hat man sich gegen ein bestimmtes, direkt zum Tod führendes Handeln entschieden.[1] Dass es schwierig ist, die beiden Kategorien auseinanderzuhalten, zeigt sich, wenn Wasser und Nahrung vorenthalten werden.

---

1 Gemeinhin versteht man unter »passiver Sterbehilfe« den Verzicht auf sogenannte lebensverlängernde Maßnahmen, Anm. d. Verl.

Ist es aktive Sterbehilfe, wenn Nahrungssonden entfernt werden, oder passive Sterbehilfe, weil lediglich etwas Lebensnotwendiges nicht verabreicht wird, das nun als »medizinische Behandlung« gilt?

In vielen Fällen ist die Unterscheidung nicht nur schwierig, sie ist auch aus ethischer Perspektive belanglos. Moralisch bedeutsam ist nämlich einzig, was beiden gemeinsam ist: die Absicht, jemanden zu töten, egal ob durch aktives Handeln oder passives Unterlassen. Nur wenn man diese entscheidende Tatsache vergisst, kann man passive Sterbehilfe mit »sterben lassen« gleichsetzen, was aus moralischer Sicht jedoch keineswegs dasselbe ist.

Töten und sterben lassen

Die Absicht zu töten ist ein zentraler, aber umstrittener Punkt, wenn es um Sterbehilfe und die Frage geht, was letztlich passive Sterbehilfe von »Sterbenlassen« unterscheidet. Es stand immer außer Frage, dass Patienten das Recht haben, eine Behandlung zu verweigern, ohne dass man ihnen deshalb vorwerfen könnte, sie wollten vorsätzlich in den Tod gehen. Die Behandlung könnte beispielsweise extrem belastend sein oder nur geringe Erfolgsaussichten haben, und der Patient ist nicht moralisch verpflichtet, alles in seiner Macht Stehende zu tun, um am Leben zu bleiben. Ein naheliegendes und gängiges Beispiel ist die Entscheidung, die lebenserhaltenden Geräte abzuschalten. Hier liegt vermutlich keine Tötungsabsicht vor – würde die betreffende Person am Leben bleiben, würde die Entscheidung nicht als falsch angesehen werden –, auch wenn in beinahe allen Fällen der Tod das vorhersehbare Ergebnis ist.

Komplizierter ist der Sachverhalt, wenn die Entscheidung, nicht einzugreifen, von jemand anderem anstelle des Patienten getroffen wird, insbesondere wenn der Patient ein Kind ist. 2004 und 2005 hatten die Eltern der schwerkranken einjährigen Charlotte Wyatt vergeblich durchzusetzen versucht, dass die Ärzte Wiederbelebungsmaßnahmen ergreifen, falls das Kind wieder zu atmen aufhört. Hier handelte es sich nicht um einen Fall von vorsätzlicher Tötung des Babys durch passive Sterbehilfe, sondern um »sterben lassen«. Während in bestimmten Situationen die Entscheidung, jemanden durch Verweigerung oder Beendigung einer Behandlung »sterben zu lassen«, einer »Tötung durch Unterlassung« gleichkommen kann – dazu würden manche auch eindeutig den Entzug von Wasser und Nahrung zählen –, muss dies nicht zwangsläufig als eine Art von Sterbehilfe angesehen werden.

Das Prinzip der Doppelwirkung

Der andere komplexe Themenbereich, dem wir uns zuwenden müssen, ehe wir das Pro und Kontra von Sterbehilfe untersuchen, ist das Prinzip der Doppelwirkung (siehe dazu auch die Diskussion über »strikte Unterscheidung« im Kapitel über Krieg, S. 134).

Zuweilen wird eine größere Akzeptanz von Sterbehilfe mit dem Argument gefordert, sie sei in der Pal-
liativmedizin bereits gang und gäbe, dort würden
Medikamente zur Tötung von Patienten verabreicht.
Wieder ist hier die Frage nach der Intention von ganz
wesentlicher Bedeutung.

Wie jedermann weiß, der die Beipackzettel phar-
mazeutischer Produkte liest, haben alle Medikamente Nebenwirkungen. Wenn wir Medikamente einnehmen, möchten wir normalerweise nicht die Nebenwirkungen erzielen, sondern die Hauptwirkung – die
Heilung von der betreffenden Krankheit. Ähnlich
verhält es sich, wenn Ärzte Schmerzmittel verabreichen: Sie tun es nicht mit der Absicht zu töten. Andernfalls täten sie besser daran, Dr. Cox' Vorbild zu
folgen und Kaliumchlorid oder ein anderes tödliches
Mittel zu spritzen. Vielmehr wollen sie Schmerzen
lindern, was eine gute und ehrenwerte Absicht ist.
Zwar kann es geschehen, dass als Nebenwirkung
(oder »Doppelwirkung«) dieser Vorgehensweise das
Leben des Patienten verkürzt wird, aber das ist nicht
das angestrebte Ziel. Hier ist es wichtig, zwischen
den Zielen und Intentionen einerseits und den Konsequenzen und Resultaten andererseits zu unterscheiden. Die Folge einer bestimmten Handlung kann dieselbe sein wie bei einer anderen Handlung, aber das
heißt nicht, dass die beiden Handlungen moralisch
gleichwertig sind. Die eine Handlung könnte die Folge anstreben und herbeizuführen suchen; die andere
könnte die Folge zwar voraussehen, aber nicht herbeiführen wollen.

Das Recht zu sterben?

Wie bei vielen sonstigen aktuellen Moraldiskussionen geht es denen, die sich für eine größere Akzeptanz von Sterbehilfe einsetzen, im Kern darum, Rechte geltend zu machen. Wir hätten, so behaupten sie, das »Recht zu sterben«. Allerdings sollte man sich darüber im Klaren sein, dass dieses »Recht« sich von allen sonst postulierten Rechten ganz wesentlich unterscheidet. Erstens wird durch die Inanspruchnahme dieses Rechts die Person ausgelöscht, die auch die anderen Rechte für sich beanspruchen könnte. Zweitens wird durch dieses Recht legitimiert, etwas vernichten zu dürfen, in diesem Fall unser eigenes Leben. So gesehen drängt sich die Frage auf, ob man ein unumschränktes Recht auf etwas hat, das man meint, zerstören zu dürfen.

Zwei miteinander zusammenhängende Einwände können gegen dieses »Recht zu sterben« ins Feld geführt werden. Erstens ist es schwierig, vielleicht sogar unmöglich, den Anspruch auf eine so absolute und unumschränkte Verfügungsgewalt über das eigene Leben zu rechtfertigen. Mein Leben ist ein Leben, das ich mit anderen teile, und zwar am unmittelbarsten mit meiner Familie und meinen engsten Freunden. Deshalb kann man sagen, sie haben ein Interesse an dem, wofür ich das Recht beanspruche, es zerstören zu dürfen. Ihr Leben ist direkt davon betroffen, wenn ich mir mein »Recht zu sterben« nehme. Die Erfahrung des Selbstmordes zeigt, wie negativ und zerstörerisch sich die vorsätzliche Beendigung des

eigenen Lebens auf nahe stehende Menschen aus-
wirkt. Kurz gesagt: Mein Leben gehört nicht nur mir,
daher kann mein Anspruch, es auslöschen zu dürfen
– mein »Recht zu sterben« –, nicht fraglos und bedingungslos akzeptiert werden.

Christen und andere Theisten führen diesen Gedanken noch einen Schritt weiter, indem sie das Leben als Geschenk Gottes bezeichnen. Somit gehört
unser Leben uns nicht in dem Sinn, dass wir es nach
eigenem Gutdünken beenden können. Folglich haben
die christlichen Kirchen das Ansinnen, unmittelbar
und vorsätzlich den Tod eines unschuldigen Menschen herbeizuführen, stets abgelehnt. Denn es steht
für die Aneignung und Auslöschung von etwas, das
vielmehr mit Dankbarkeit und im Vertrauen darauf,
dass es Gottes Geschenk an uns ist, angenommen
werden sollte.

Doch wie man manche Weihnachtsgeschenke nicht
haben möchte, kann auch unser Leben so voller Einschränkungen oder Qualen sein, dass wir dieses Geschenk nicht annehmen wollen. Hier verbinden die
Verfechter der Sterbehilfe ihre Berufung auf die Rechte des Individuums mit einem Protest gegen das Leid,
um die gesetzliche Zulassung von Sterbehilfe zu erreichen.

Von wem und wie wird die Entscheidung getroffen?

Es ist selbstverständlich eine schwierige Aufgabe festzulegen, wer darüber zu entscheiden hat, ob ein Leben »nicht lebenswert« ist, und auf welcher Grundlage ein »Recht zu sterben« legitimerweise eingefordert werden kann. Fast alle Ethiker betonen, dass Sterbehilfe nur aus freien Stücken möglich sein darf, und lehnen eine staatlich verordnete Euthanasie, wie es sie im nationalsozialistischen Deutschland gab, einhellig ab. Doch am Beispiel von Tony Bland und Terri Schiavo wird deutlich, dass in einigen der bewegendsten Fälle die Patienten keineswegs bewusst ihrem Tod zugestimmt haben. Was uns wiederum vor Augen führt, dass niemand allein auf dieser Welt ist – Entscheidungen, die wir für uns selbst treffen, prägen den gesellschaftlichen Kontext und die gesellschaftlichen Erwartungen, wenn andere eine Entscheidung für sich oder einen Mitmenschen treffen müssen.

Hinter der Befürwortung der Freiwilligkeit von Sterbehilfe steht der wichtige Gedanke der Patientenautonomie, der Wahlfreiheit des Einzelnen. Allerdings liefert diese keine Basis, anhand derer man bestimmen könnte, ob eine bestimmte Wahl gut ist oder nicht. Wenn ich das »Recht zu sterben« habe, kann ich es dann jederzeit einfordern, wie es mir beliebt, oder muss ich bestimmte Kriterien erfüllen? Nur wenige würden argumentieren, es sollte keinerlei Beschränkungen geben. Wenn wir mit einem selbstmordgefährdeten Menschen zu tun haben, versuchen wir ja auch, ihn vom Selbstmord abzuhalten. Aber wie sollen wir in diesem Fall die Grenzen festlegen, und wie eng sollen wir sie ziehen?

Wenn wir sagen, manchen Menschen sollte der Wunsch nach Sterbehilfe versagt werden (selbst wenn der Patient ihn selbst und ausdrücklich und aus freien Stücken formuliert), anderen hingegen nicht, dann tun wir damit zweierlei. Erstens erkennen wir an, dass der Mensch kein universelles »Recht zu sterben« hat in dem Sinne, wie er beispielsweise ein Recht auf Nahrung und Wasser hat – nur wer bestimmte Bedingungen erfüllt, kann also dieses Recht in Anspruch nehmen. Mit anderen Worten: Der Freiheit des Einzelnen, sich für den Tod zu entscheiden, werden Grenzen gesetzt. Zweitens räumen wir ein, dass in manchen Situationen die Entscheidung gegen das Leben und der Wunsch, getötet zu werden, angemessen und akzeptabel sein kann. Dadurch aber, so befürchten Sterbehilfegegner, könnte es als unzumutbar und gesellschaftlich inakzeptabel angesehen werden, wenn sich Menschen in eben solchen Situationen für das Weiterleben und gegen ihre Tötung entscheiden. Dies könnte besonders dann der Fall sein, wenn das Weiterleben nur mit einer kostspieligen und ressourcenaufwändigen medizinischen Versorgung möglich ist. Wenn es als angemessen erscheint, dass Menschen, die an bestimmten Krankheiten leiden oder ein bestimmtes Alter erreicht haben, eine Beendigung ihres Lebens wünschen und dies auch immer mehr Menschen in solchen Situationen tun, dann steigt der Druck auf die anderen, die sich in vergleichbaren

Situationen befinden, der Allgemeinheit nicht mehr zur Last zu fallen und sich für Sterbehilfe zu entscheiden. Schließlich führen sie ja ein Leben, das die Gesellschaft – zumindest in manchen Fällen – als eigentlich nicht lebenswert beurteilt. Von daher fällt es dann schwer, dieses Leben bedingungslos zu bejahen.

Schutz der Schwachen und Hilfsbedürftigen

Eines der Hauptargumente gegen Sterbehilfe ist, dass gesetzliche Verbote und eine die Sterbehilfe ablehnende gesellschaftliche Grundhaltung einen wichtigen und notwendigen Schutz für die Schwachen und Hilfsbedürftigen darstellen. Wer eine Beendigung seines Lebens wünscht, ist ja beinahe naturgemäß mit seinem Leben unzufrieden und schwach, auch wenn er Stärke und Willenskraft demonstriert wie etwa Dianne Pretty, als sie um ihre »Rechte« kämpfte. Wenn Sterbehilfe erlaubt wäre, stünde zu befürchten, dass diejenigen, die sich ohnehin schon als übermäßige und nicht hinnehmbare Bürde für ihre Mitmenschen empfinden, noch mehr unter Druck geraten.

Natürlich wäre man bei Rechtsreformen darauf bedacht, diejenigen zu schützen, die weiterleben wollen. Doch die Erfahrung aus den Ländern, in denen Sterbehilfe erlaubt ist, lässt argwöhnen, dass dieser Schutz nicht ausreichend gewährleistet werden kann. Insbesondere die Erfahrungen aus den Niederlanden liefern denen Argumente, die darin einen gefährlichen Weg sehen. Schätzungsweise jeder vierzigste Todesfall in den Niederlanden geht auf assistierten Suizid oder freiwillige Sterbehilfe zurück. Die Kategorie »unerträgliches Leid« ist so weit gefasst worden, dass auch Fälle vorkamen, die nichts mit tödlichen Krankheiten und körperlichen Qualen zu tun hatten. Außerdem weist einiges darauf hin, dass von manchen Ärzte bedenkenlos Medikamente verabreicht werden, die den Tod schneller herbeiführen, und zwar ohne die Einwilligung der Betroffenen.

Wer macht es?

Die niederländischen Erfahrungen beleuchten ein weiteres Problem im Zusammenhang mit der Sterbehilfe: Welche Auswirkungen hat sie auf die Ärzteschaft? Wenn Menschen ein (obgleich eingeschränktes) »Recht zu sterben« haben, scheint daraus zu folgen, dass jemand die Verantwortung oder die Pflicht hat, sie zu töten oder ihnen zumindest beim Suizid behilflich zu sein. Es mag sein, dass – wie im Fall Dianne Pretty – die Verantwortung dafür von den Angehörigen übernommen wird. Das ist allerdings auch nicht ganz umproblematisch, vor allem wenn die Angehörigen vom Tod des Patienten profitieren – wie im Fall Terri Schiavo. Wahrscheinlicher ist, dass die Ärzte beratend, unterstützend und gegebenenfalls auch als aktive Sterbehelfer hinzugezogen werden. Für viele Ärzte wäre dies ein grundlegender Wandel (und sogar eine Perversion) ihres Berufsethos. Es würde die Rolle und das Image der Ärzte verändern, sie wären nicht mehr Heiler, Schmerzenslinderer und Lebensbewahrer, sondern potenzielle Todesbringer.

Fazit

Dass die öffentliche Befürwortung von Sterbehilfe scheinbar zunimmt, liegt zweifellos an der Angst vor einem schmerzvollen Tod, bei dem man zusehends von anderen abhängig und mit modernstem medizinischen Gerät am Leben gehalten wird. Wie schon erwähnt, sollte unterschieden werden zwischen Sterbehilfe und der Weigerung, exzessive medizinische Eingriffe vornehmen zu lassen. Wie es einmal ein Dichter des 19. Jahrhunderts formulierte: »Du sollst nicht töten; musst's aber auch nicht übertreiben, am Leben zu bleiben.« Wichtig ist überdies festzustellen, dass Abhängigkeit, wie frustrierend sie auch sein mag, ein wesentliches Merkmal des menschlichen Daseins ist und nicht an sich schon etwas Menschenunwürdiges oder Unmenschliches. Es bleibt jedoch das Problem des Schmerzes. Gibt es keine medizinische Alternative zur Sterbehilfe?

Seit ihrer Gründung durch Dame Cicely Saunders in den sechziger Jahren des 20. Jahrhunderts bietet die moderne Hospizbewegung eine Alternative zum schmerz- und leidvollen Sterben: die palliative Pflege. Der Grundgedanke ist, dass Ärzte und Schwestern trotz medizinischer Fortschritte ab einem gewissen Punkt zwar nicht mehr heilen, aber weiterhin für eine Linderung der Schmerzen des Sterbenden und für eine liebevolle, unterstützende Umgebung sorgen können. Aufgrund dieser Alternative zur Sterbehilfe haben sich viele gläubige Menschen weiterhin unbeirrt gegen Sterbehilfe ausgesprochen, auch und gerade, als diesbezügliche Gesetze in Großbritannien liberalisiert werden sollten. Denn nach Meinung der meisten Christen besteht im Angesicht von Schmerz, Leid und Tod die Berufung der Christen und aller nach Gottes Ebenbild geschaffenen Menschen darin, stets für den Nächsten Sorge zu tragen und nicht, ihm das Leben zu nehmen.

Bibliografische Information der Deutschen Bibliothek
Die Deutsche Bibliothek verzeichnet diese Publikation in der
Deutschen Nationalbibliografie; detaillierte bibliografische
Daten sind im Internet über http://dnb.ddb.de abrufbar.

© 2008 Verlag Kreuz GmbH
Postfach 80 06 69, 70506 Stuttgart

www.kreuzverlag.de

Alle Rechte vorbehalten
Text copyright © 2006 Andrew Goddard. Originalausgabe in
Englisch unter dem Titel »A Pocket Guide to Ethical Issues«
bei Lion Hudson plc, Oxford, England, erschienen.
Copyright © Lion Hudson plc 2006

Umschlaggestaltung: Bergmoser + Höller Agentur, Aachen
Umschlagmotiv: © Miller/mediacolors
Satz: de·te·pe, Aalen
Druck: CPI – Clausen & Bosse, Leck

ISBN 978-3-7831-3029-4